AF569727

Horst Dreier

Staat ohne Gott

Edition der
Carl Friedrich von Siemens
Stiftung

Horst Dreier

Staat ohne Gott

Religion in der säkularen Moderne

C.H.Beck

2., durchgesehene Auflage. 2018

Satz: Fotosatz Amann, Memmingen
Druck und Bindung: Druckerei C.H.Beck, Nördlingen
Umschlaggestaltung: Rothfos & Gabler, Hamburg
Gedruckt auf säurefreiem, alterungsbeständigem Papier
(hergestellt aus chlorfrei gebleichtem Zellstoff)
Printed in Germany
ISBN 978 3 406 71871 7

www.chbeck.de

Inhalt

ANHANG

Vorwort

Manche Bücher haben eine längere Vorgeschichte. Dieses zählt dazu. Die Rückschau umfaßt mehr als ein halbes Jahrzehnt. Während meiner Münchener Zeit als Fellow der Carl Friedrich von Siemens Stiftung im akademischen Jahr 2011/12 arbeitete ich neben einigen anderen Projekten an einem Vortrag für den Gesprächskreis «Grundlagen des Öffentlichen Rechts» in der Vereinigung der Deutschen Staatsrechtslehrer. Ich hatte mir das Thema «Säkularisierung und Sakralität» vorgenommen. Ausgesprochen wertvoll waren für mich seinerzeit einige längere, teils bis in die tiefe Nacht reichende Gespräche, die ich mit Heinrich Meier, dem Geschäftsführer der Stiftung, führen konnte. Er war es auch, der in der Folgezeit mit großer Beharrlichkeit darauf drängte, sich des Gegenstandes in Gestalt eines etwas breiteren thematischen Formates anzunehmen. Ich freue mich darüber und bin stolz darauf, daß das Ergebnis meiner Bemühungen nun in der *Edition der Carl Friedrich von Siemens Stiftung* erscheint – Heinrich Meier sei Dank.

Besonderer Dank gebührt auch dem Exzellenzcluster «Religion und Politik» der Universität Münster. Dort wurde mir im Wintersemester 2016/17 die Ehre zuteil, die kurz zuvor geschaffene Hans-Blumenberg-Gastprofessur zu bekleiden. Die aus diesem Anlaß gehaltene Vortragsserie unter dem Titel «Herausforderungen des säkularen Verfassungsstaates» umfaßte die Themen der ersten vier Kapitel des vorliegenden Buches. Ich möchte mich ausdrücklich für die vielen interessanten Diskussionen und Gespräche bedanken, die ich während dieser Zeit führen durfte und die für die schriftliche Ausarbeitung der Vortragstexte von großer Wichtigkeit waren. Ohne irgendjemanden aus dem vielköpfigen Kreis der am Exzellenzcluster beteiligten Personen ausschließen zu wollen, möchte ich neben meinem früheren Schüler und heutigen Kollegen, Fabian Wittreck, vor allem Thomas Gutmann, Nils

Jansen, Detlef Pollack und Ludwig Siep nennen. Dem Schlußkapitel über das Böckenförde-Diktum liegt ein Vortrag zugrunde, den ich am 21. Februar 2017 in Bremen auf Einladung der dortigen Juristischen Gesellschaft gehalten habe.

Meinen wiederholten Dank möchte ich nicht zuletzt Helmuth Schulze-Fielitz aussprechen, der – wie seit vielen Jahren – auch diese Texte in ihrer Entwurfsfassung genau studiert und mit konstruktiv-kritischen Hinweisen versehen hat. Möge diese Art des intensiven Gedankenaustausches und der freundschaftlichen Kooperation noch manches weitere Jahr andauern! Schließlich danke ich dem Verlag C.H.Beck und namentlich meinem Lektor Dr. Stefan Bollmann sowie Angelika von der Lahr für die vorzügliche Zusammenarbeit.

Würzburg, den 31. Oktober 2017 Horst Dreier

EINFÜHRUNG

Der säkulare Staat als religiöser Freiheitsgewinn

«Staat ohne Gott» heißt nicht: Welt ohne Gott, auch nicht: Gesellschaft ohne Gott, und schon gar nicht: Mensch ohne Gott. Was aber heißt es dann? Die titelgebende Wendung zielt zentral auf den Umstand, daß der Staat in der modernen, säkularen Grundrechtsdemokratie auf jede Form religiöser Legitimation zu verzichten hat und sich mit keiner bestimmten Religion oder Weltanschauung identifizieren darf. Die religiös-weltanschauliche Neutralität des Staates bildet die Kehrseite der Religionsfreiheit, die alle Bürger genießen. In einem solchen Staat ohne Gott leben Menschen gemäß ihren durchaus unterschiedlichen religiösen oder sonstigen Überzeugungen, während der Staat sich zur absoluten Wahrheitsfrage distanziert verhält und sie weder beantworten will noch kann, weil ihm dafür schlicht die Kompetenz fehlt. Religionsfreiheit der Bürger und weltanschaulich-religiöse Neutralität des Staates sind die beiden Säulen, auf denen die Säkularität des freiheitlichen Verfassungsstaates ruht.[1] Dabei ist Säkularität des Staates nicht zu verwechseln und schon gar nicht gleichzusetzen mit der Säkularität (oder gar der massiv betriebenen Säkularisierung) der Gesellschaft im Sinne einer laizistischen Kampfparole. Mit nicht erlahmender Energie hat Martin Heckel, der Doyen des deutschen Staatskirchenrechts, immer wieder auf die «Selbstbeschränkung des säkularen Staates auf das Säkulare»

1 Böckenförde 2007, S. 12ff.; Gärditz 2010, § 5 Rn. 19ff., 37ff.; Dreier 2013, S. 12ff.; Heimann 2016, S. 26.

und darauf hingewiesen, daß dieser sich eben gerade nicht des Religiösen bemächtigen oder sich als «säkularisierender Staat» gerieren dürfe.[2] Der freiheitliche, säkulare Verfassungsstaat versteht sich nicht als Widerpart des Glaubens, sondern bietet diesem eine Plattform. Staat ohne Gott und kraftvolle Religiosität in der Gesellschaft schließen sich mithin keineswegs aus. Im Gegenteil: Die verschiedenen religiösen Gruppen können sich überhaupt nur dann ungehindert als gleichberechtigte Freiheitsträger mit umfänglichen Betätigungsmöglichkeiten entfalten, wenn der Staat selbst sich weltanschaulich strikt neutral verhält und nicht Partei ergreift. Die gleiche Freiheit aller auch in Fragen des Glaubens und der Weltanschauung bedingt die korrespondierende Enthaltsamkeit des Staates. Die Säkularisierung des Staates ist daher freiheitsnotwendig und entfaltet – nur scheinbar paradox – religionsbegünstigende Wirkungen.[3] Ganz in diesem Sinne hat Bischof Wolfgang Huber in einer Rede aus dem Jahre 2007 über den «Dialog der Religionen in einer pluralen Gesellschaft» zutreffend davon gesprochen, daß die Religionsfreiheit als universales Menschenrecht «nur verwirklicht und gesichert werden kann, wenn die staatliche Ordnung einen säkularen, demokratischen Charakter trägt und eine Pluralität von Meinungen und Gruppen zulässt».[4]

«Staat ohne Gott» ist mithin keine Streitschrift für einen kämpferischen Atheismus. Es ist überhaupt keine Streitschrift, sondern eine Analyse. Diese mag allerdings insofern als streitbar verstanden werden, als sie aufzeigt, daß die säkulare Grundrechtsdemokratie des Grundgesetzes mit jedweder Form eines Gottesstaates, einer Theokratie, einer sakralen Ordnung oder eines christlichen Staates gänzlich unvereinbar ist. Im freiheitlichen Verfassungsstaat ist die Autorität des Rechts von der Autorität eines bestimmten Glaubens oder einer bestimmten Weltanschauung abgekoppelt. «Der moderne Verfassungsstaat ist ein innerweltliches Projekt.»[5] Sosehr auch der freiheitliche säkulare Staat mit

2 Statt vieler Belege nur Heckel 2007, S. 59.

3 Lübbe 2008, S. 12, 23. Ähnlich schon Schlaich 1985, S. 438.

4 Rede anlässlich der Verleihung der Ehrenmedaille des EAK zum Gedenken an Hermann Ehlers, leicht abrufbar unter: ekd.de

5 Mahlmann 2016, S. 59.

seinen Regelungen und Maßnahmen zuweilen tief in das Leben der Menschen eingreift, sowenig maßt er sich dabei Entscheidungskompetenzen über die fundamentalen metaphysischen Fragen nach dem Sinn der Welt und unseres Daseins in ihr an. Der Staat soll Frieden stiften und Freiheit gewährleisten, Wohlfahrt und Ordnung garantieren und das Miteinander der Menschen auf eine allseits verträgliche Weise organisieren. Doch so wichtig diese Aspekte zweifelsohne sind, so klar ist auch, daß sie nur Fragen unserer äußeren Lebensverhältnisse und insofern «vorletzte» Fragen betreffen. Die Antwort auf die *letzten* Fragen nach dem Sinn unserer Existenz, dem Warum, Woher und Wozu – sie überläßt er jedem Einzelnen. Ausdrücklich hat das Bundesverfassungsgericht festgehalten, «daß das Grundgesetz den Staat nicht als den Hüter eines Heilsplanes versteht, kraft dessen er legitimiert erschiene, dem Menschen die Gestaltung seines Lebens bis in die innersten Bereiche des Glaubens und Denkens hinein verordnen zu dürfen».[6] Er ist keine sinnstiftende Instanz. «Der moderne säkulare Verfassungsstaat hat ausdrücklich auf die Legitimationsressource ‹Religion› verzichtet, und nur dadurch konnte er die Religionsfreiheit gewähren.»[7] Um es in Anspielung auf einen berühmten Satz des Römerbriefes zu sagen: Die Obrigkeit des freiheitlichen Verfassungsstaates ist *nicht* von Gott. Hier geht, wie es das Grundgesetz in Artikel 20 formuliert, alle Staatsgewalt vom Volke aus. Nach diesem Prinzip der Volkssouveränität gründet sich staatliche Herrschaft weder auf das Gottesgnadentum eines Monarchen oder das Charisma überragender Führergestalten noch auf eine metaphysische Idee oder sakrale Instanz, sondern allein auf den Willen der zum Staatsvolk zusammengefaßten Individuen. «We the People» – das sind die berühmten ersten drei Worte der US-Verfassung von 1787. Jenseits dieses Volkes gibt es für den irdischen Staat und das weltliche Recht keine weitere Legitimationsinstanz oder Sinnstiftungsquelle.[8] Umso kräftiger strahlt daher ein anderer biblischer Satz: «Mein Reich ist nicht von dieser Welt.»

6 BVerfGE 42, 312 (332).

7 Schnädelbach 2009, S. 100. Desgleichen Gärditz 2010, § 5 Rn. 20.

8 Goerlich 2011, S. 43.

Müssen sich Politik und Religion, Herrschaft und Heil, Staat und Glaube trennen und der Staat sich ohne Transzendenzbezug etablieren und legitimieren, führt das weder zur Heillosigkeit der Welt noch zum verordneten Atheismus, sondern entpuppt sich gerade unter den pluralen Bedingungen der säkularen Moderne als heilsam: heilsam vor allem für die friedliche Koexistenz verschiedener Religions- und Weltanschauungsgemeinschaften und für die allen Menschen gleichermaßen zustehende Möglichkeit, sich zu einer dieser Gemeinschaften zu bekennen und das eigene Leben an deren Lehren auszurichten – oder sich von ihnen gänzlich fernzuhalten. Entscheidend ist die Einsicht, daß die nach langen und schweren Kämpfen erreichte «politische Neutralisierung religiöser Wahrheitsansprüche» nicht automatisch einen umfassenden Bedeutungsverlust der Religion zur Folge haben muß oder gar nur als «Resultat einer allgemeinen Vergleichgültigung dieser Bekenntnisse»[9] zu begreifen wäre. Auch erfaßt die zweifellos besonders markante Sentenz des protestantischen Kirchenrechtlers Rudolph Sohm, der Staat an sich sei ein «geborener Heide»,[10] die Sachlage nicht recht, weil diese Charakterisierung schon wieder als Stellungnahme zu*un*gunsten der Religion verstanden werden könnte. Davon kann aber keine Rede sein. Denn der säkulare Staat befindet sich in einem Verhältnis der Äquidistanz zu allen religiösen wie weltanschaulichen Positionen, nicht in einer Oppositionshaltung zu ihnen.

Die eigentliche Pointe der historischen Entwicklung liegt nämlich gerade darin, daß die Ausdifferenzierung der Sphären die Religion keineswegs zwingend schwächt, vielmehr durchaus zu ihrer Stärkung als Glaubensmacht führen kann.[11] Jedenfalls ist mit dem säkularen Staat mitnichten ein erster Schritt in Richtung Religionslosigkeit getan.

9 Beide Zitate: Lübbe 1986, S. 75f. Dort heißt es weiter: «Die politische Neutralisierung religiöser und konfessioneller Wahrheitsansprüche resümiert nicht fortschreitenden religiösen und konfessionellen Indifferentismus.»

10 Die Wendung entstammt offenkundig einer Rede, die Sohm im September 1895 bei einem Kongreß der Inneren Mission in Posen gehalten hat. Eine exakte schriftliche Fundstelle scheint nicht zu existieren. Bezugnahme auf die Sohmsche These etwa bei Theodor Heuss im Parlamentarischen Rat (Parl. Rat V, S. 519).

11 Siehe Fischer 2009, S. 11, 41f., 52; Dreier 2013, S. 39f. m. w. N.

Säkularität des Staates ist «kein anti-religiöses Projekt».[12] Denn gerade weil umfassende Religionsfreiheit gewährt wird, ist insbesondere den Glaubensgemeinschaften breiter Raum zur Entfaltung, zur hör- und sichtbaren Praxis, auch zur Einmischung in öffentliche Angelegenheiten gegeben. Religiöse Freiheit meint gerade nicht den «Rückzug der Kirchen in den Bereich des Privaten und auf das Feld einer individualistisch verkürzten Frömmigkeit».[13] Sie kann sich auch darin äußern, sich kraftvoll in das gesellschaftliche Geschehen einzumischen. Keineswegs ausgeschlossen ist demzufolge «das politische Eintreten für Ziele und Forderungen, die sich aus religiöser Motivation herleiten».[14] Dies alles zeigt klar: Der säkulare Staat perhorresziert Religion nicht, ordnet sie aber der Sphäre der Gesellschaft zu. Sie ist nicht länger Fixpunkt und Legitimationsanker politischer Herrschaft, sondern Gegenstand persönlichen Glaubens und Handelns. Zutreffend hat man es als den dogmatisch wie rechtshistorisch springenden Punkt bezeichnet, daß Säkularisierung «nicht zur Religionsbekämpfung, sondern zum Schutz der religiösen Selbstbestimmung der Religionsgemeinschaften und ihrer Anhänger»[15] geschah. Und so, wie sich Religion jetzt ganz ohne institutionelle Verquickung mit politischen Institutionen auf sich selbst, ihr Proprium, konzentrieren konnte, so wurde auch die Politik von Transzendenzbezügen und entsprechenden Heilserwartungen entbunden. Zugespitzt hat Hermann Lübbe von der «Evidenz» gesprochen, daß Religionsfreiheit ein «Institut der Förderung der Interessen der Kirchen selber ist», weil der «Entzug politischer Herrschaftsrechte die Kirche nicht beraubt, vielmehr entlastet» und die Entfaltung religiösen Lebens begünstigt habe.[16] In diesem Sinne bedeutet Säkularisierung «nicht

12 Mahlmann 2016, S. 63.

13 Huber 2006, S. 541. Zur irreführenden Redeweise von Religion als Privatsache jüngst Schuppert 2017, S. 136ff.

14 Böckenförde 2007, S. 14. Siehe auch Goerlich 2011, S. 39.

15 Heckel 2009, S. 367. Klar ist somit, daß «das Neutralitätsgebot nicht auf eine laizistische Zurückdrängung der Religion aus der öffentlichen Sphäre in den Privatbereich zielt» (Fateh-Moghadam 2014, S. 150); deutlich auch Mückl 2012, S. 55ff.

16 Lübbe 2008, S. 25f. Von der «Befreiung des Religiösen durch eine säkulare Distanz des Staates» spricht Heun 2006, Sp. 2076.

Funktionsverlust der Religion, sondern deren Verselbständigung».[17] Nun kann sich die Eigenlogik von Recht, Religion und Politik entfalten. Für die Gläubigen ist Säkularisierung insofern geradezu ein Glücksfall.[18]

Wiewohl man also mit guten Gründen annimmt, daß der Säkularisierungsprozeß auch der Religion einen «Freiheitsgewinn beschert»,[19] sollten wir nicht die Augen davor verschließen, daß dieser Freiheitsgewinn durchaus seine Kosten haben kann und in ihm gewisse Risiken liegen, die in den letzten anderthalb Jahrzehnten mit zuweilen zerstörerischer Kraft zutage getreten sind. Wir dürfen, anders gesagt, niemals die Ambivalenz des Religiösen vergessen.[20] Religiöse Orientierung kann durchaus zu einer substantiellen Ressource für ein freiheitliches politisches Gemeinwesen werden, kann dieses aber genausogut durch Desinteresse gefährden, durch Mißachtung diskreditieren oder aufgrund konträrer Ordnungsvorstellungen gezielt torpedieren. Es gibt keinen Automatismus, demzufolge Religion immer zugunsten der Stabilisierung freiheitlicher und friedensverbürgender Verfassungszustände wirken würde. Das anzunehmen wäre ganz ahistorisch und uninformiert. Der «politische Sprengstoff, den die Religion in sich birgt»,[21] steht uns heutzutage ohnehin nur allzu deutlich vor Augen. Dabei kann das «Potential an Intoleranz und Gewaltneigung» im übrigen auch nicht vornehmlich oder ausschließlich auf monotheistische Offenbarungsreligionen begrenzt werden.[22] Das Problem ist wegen des absoluten religiösen Wahrheits- und Befolgungsanspruches ein allgemeines: «Sosehr Religion den Menschen humanisieren kann, so sehr kann sie ihn auch

17 Hahn 2003, S. 345, der fortfährt: «Damit wird das Religiöse radikal zum Religiösen, sowie sich das Politische zum Politischen *politisiert*.»

18 So Gerhardt 2007, S. 132ff.

19 Fischer 2009, S. 11.

20 Appleby 2000; Heinig 2003, S. 40; Dreier 2008, S. 11ff.; Graf 2013, S. 13ff.; ferner die Beiträge in Oberdorfer/Waldmann 2008 und in Enns/Weiße 2016.

21 Meier 2013, S. 306.

22 Siehe Leonhardt 2017, S. 11ff. (Zitat: S. 12).

barbarisieren, und die eine religiöse Bewußtseinsgestalt kann sehr schnell in die andere umschlagen; auch sind die Übergänge fließend.»[23]

Weil Religion also keineswegs nur befriedende und konfliktmindernde, sondern oft auch konfliktverschärfende Effekte zeitigt und dadurch selbst zum Konfliktfaktor wird, kann schließlich und endlich aus dem vielfältigen Mit- oder auch Nebeneinander unterschiedlicher Religionen in einer Gesellschaft rasch ein Gegeneinander werden. Die gewachsene religiöse Diversität stellt höhere Anforderungen an die Kompatibilität unterschiedlicher Freiheitsansprüche im Sinne der Verwirklichung religiös geprägter Verhaltensweisen.[24] Lange Zeit hieß Religionsfreiheit in Deutschland ja kaum mehr als: Bikonfessionalität. In den ersten Jahrzehnten nach Gründung der Bundesrepublik herrschten zwischen den beiden großen christlichen Konfessionen und dem Staat klare und übersichtliche Verhältnisse, so daß sich auch das Religionsverfassungsrecht «in bemerkenswerter Ruhe»[25] entwickeln konnte. Die Kirchen wirkten sozial kohäsiv, Religion war aufgrund der kulturellen Harmonie eine integrierende und stabilisierende Größe. Das hat sich mit der Entwicklung Deutschlands hin zu einer multireligiösen und multikulturellen Gesellschaft, in der der Anteil der Konfessionslosen permanent wächst und in der auch dezidiert atheistische Bürger leben, entscheidend verändert. Spürbar sind frühere kulturelle wie soziale Selbstverständlichkeiten weggebrochen und stillschweigende Einverständnisse entfallen. Entsprechend scharf schälen sich Konfliktfelder zwischen den Anhängern verschiedener Glaubensrichtungen sowie zwischen ihnen und der Staatsgewalt heraus. Friedrich Wilhelm Graf konstatiert nüchtern:

> «Mehr Verschiedenheit bedeutet potentiell mehr Konflikt. Die weiter wachsende Zahl miteinander konkurrierender religiöser Akteure macht es für den parlamentarisch-demokratischen Rechtsstaat jedenfalls nicht leichter, den

23 Graf 2013, S. 14.

24 Näher Dreier 2008, S. 16ff., 21ff.; weiter Überblick zum Umgang mit kultureller und religiöser Pluralität bei Schuppert 2017.

25 Unruh 2017, S. 210.

schnell entzündlichen Mentalstoff ‹Gottesglaube› unter bürokratisch-rationaler Kontrolle zu halten.»[26]

Das vorliegende Buch will nun aber nicht die seit langer Zeit intensiv geführte Debatte um den Zusammenprall der Kulturen im allgemeinen und die Herausforderung freiheitlicher westlicher Gesellschaften durch den Islam im besonderen fortführen. Den zahlreichen und längst nicht mehr überschaubaren Publikationen zu den notorischen Streitfällen (Kopftuch und Kreuz im Klassenzimmer oder im Gerichtssaal, Schwimmunterricht für muslimische Mädchen, Zulassung des Schächtens, Tragen der Burka, Abdruck von Mohammed-Karikaturen usw.)[27] soll nicht noch eine weitere hinzugefügt werden. Vielmehr erscheint gerade wegen dieser chronischen Konfliktlinien eine Besinnung auf die Grundstrukturen und Grundfragen des säkularen Staates geboten – sein Programm, sein Profil, seine Problematik.

Dazu suchen die folgenden sechs Kapitel des Buches beizutragen. Jedes von ihnen behandelt ein in sich abgeschlossenes Thema und sollte demgemäß aus sich heraus verständlich sein. Dennoch ist die Reihenfolge der Kapitel keine beliebige. Das erste Kapitel sondiert wichtige terminologische Fragen und trägt dem Umstand Rechnung, daß die Verwendung des Begriffs «Säkularisierung» von einer auf den ersten Blick verwirrenden Vielfalt ist, was immer wieder zu Mißverständnissen führt und so interdisziplinäre Diskussionen erschwert; hier ist Bewußtsein für die Sinnvarianz von Säkularisierung ebenso wichtig wie eine präzise Begriffsverwendung im jeweils einschlägigen Kontext. Mit dem Rückblick auf den schwierigen und windungsreichen, langen und keineswegs selbstverständlichen Prozeß der Durchsetzung der Religionsfreiheit in Deutschland (Kapitel II) und der intensiven Diskussion des zentralen verfassungsrechtlichen Grundsatzes der religiös-weltanschaulichen Neutralität des Staates (Kapitel III) werden die beiden Säu-

26 Graf 2013, S. 18.

27 Exemplarisch seien genannt: Heinig/Morlok 2003; Wittreck 2003; Krüper 2005; Grimm 2007/2008; Waldhoff 2010, S. 51ff., 108ff., 115ff.; Steinberg 2015; Ladeur 2015; Heimann 2016, S. 91ff.; Engi 2017, S. 363ff., 414ff., 451ff.

len einer näheren Untersuchung unterzogen, die in verfassungsrechtlicher Sicht die Säkularität eines Staates ausmachen und insofern die Rede von einem «Staat ohne Gott» des näheren verständlich machen können. Freilich drängt sich politik- und verfassungstheoretisch die – im Ergebnis eindeutig zu verneinende – Frage auf, ob nicht vielleicht in bestimmten Tiefenschichten unseres staatsrechtlichen Denkens sakrale Elemente unverändert und womöglich unvermeidlich weiterwirken (Kapitel IV). Auch der Gottesbezug in der Präambel des Grundgesetzes wird zuweilen als eine solche transzendente Verankerung und somit als schlagender Einwand gegen die Möglichkeit eines strikt innerweltlichen Begründungsprogramms säkularer Staatlichkeit verstanden (Kapitel V). Gerade wenn man, wie hier, diesen Einwand für keineswegs überzeugend hält, stellt sich um so stärker die Frage nach den stützenden und haltenden gesellschaftlichen Kräften für eine freiheitliche Verfassungsordnung. Dieser Umstand legt es nahe, das mittlerweile omnipräsente Diktum Ernst-Wolfgang Böckenfördes vom säkularen Staat, der seine eigenen Voraussetzungen nicht garantieren könne, auf seinen Bedeutungsgehalt und seine analytische Kraft hin zu befragen (Kapitel VI).

KAPITEL I

Facetten der Säkularisierung

Mit einem Exkurs zu Hans Blumenberg

I. Ausgangsbefund: Verwirrende Begriffsvielfalt

Wer von Säkularisierung spricht, muß erklären, was er damit meint. Denn da der Begriff alles andere als einheitlich verwendet wird, ist Differenzierung geboten. Hans Joas, fraglos ein erstrangiger Experte auf diesem Feld, hatte lange Zeit sieben Bedeutungsvarianten unterschieden und sodann mit Blick auf Charles Taylors Werk über «Ein säkulares Zeitalter» noch eine achte ausgemacht.[1] Seine Rede von der «berüchtigten Vieldeutigkeit» des Begriffs[2] erscheint schon wegen der Verwendung in unterschiedlichen wissenschaftlichen Disziplinen nur allzu berechtigt. Wenn man zum Beispiel in der politischen Soziologie oder Sozialphilosophie von säkularen Bürgern spricht, so sollen sie mit dieser Titulierung von religiösen Personen oder Gruppen abgegrenzt werden. Demgemäß räsonniert Jürgen Habermas etwa über den Vernunft-

1 Vgl. Joas 2009, S. 293. – Taylor selbst will nur drei Varianten unterscheiden (Taylor 2009, S. 11ff., 35ff., 45ff.), klammert aber vieles von dem aus, was im folgenden thematisiert wird, und führt auf S. 101 noch eine vierte Bedeutung ein.

2 Joas 2009, S. 293; ähnlich Pohlig et al. 2008, S. 11: «semantische Vielfalt». Schon bei Zabel 1984, S. 789 ist von der «inflationäre(n) Verwendung und scheinbar unbegrenzte(n) Anwendbarkeit der Kategorie» die Rede; ähnlich Heckel 1980, S. 774, der von der «schillernden Vielfalt und irrlichternden Unfaßlichkeit» spricht.

gebrauch gläubiger und säkularer Bürger.[3] Säkular soll hier ganz offensichtlich wenn schon nicht «ungläubig», so doch «nichtgläubig», also a- oder irreligiös, bedeuten. Das ist *eine* mögliche Verwendungsweise von säkular: Man kann mit diesem Adjektiv gläubige Menschen von nichtgläubigen unterscheiden.

Wenn nun freilich Verfassungsrechtler vom säkularen (manchmal auch: säkularisierten[4]) Staat oder von dessen «Säkularität»[5] sprechen, dann meinen sie keineswegs einen a- oder irreligiösen Staat, sondern einen, der Religions- und Weltanschauungsfreiheit gewährleistet und religiös-weltanschauliche Neutralität praktiziert. Dieser säkulare Staat könnte theoretisch ausschließlich von gläubigen Bürgern im Sinne Habermas' bevölkert sein. In der Praxis setzt er in aller Regel eine religiös und weltanschaulich plurale Gesellschaft voraus. Wichtig ist, wie der Theologe Rolf Schieder hervorgehoben hat, daß das Adjektiv säkular bei dieser Betrachtungsweise nur dem Staat zukommt: «Eine ‹säkulare Gesellschaft› ist ein Oxymoron.»[6] Oder anders gesagt: Wir dürfen die Säkularisierung des Staates nicht mit der Säkularisierung der Gesellschaft gleichsetzen oder verwechseln.

Das bedeutet allerdings zugleich: Schieders Oxymoron-These gilt nur bei einer ganz bestimmten, spezifisch auf die staatsrechtliche Seite bezogenen Begriffsverwendung. Völlig anders sieht die Sache aus, wenn man auf den tatsächlichen Umfang religiöser Praktiken und die soziale Bedeutung der Religion in einem politischen Gemeinwesen abhebt und diese Vorgänge als Säkularisierung begreift. Denn auch wenn die verfassungsrechtlichen Garantien der Religionsfreiheit vollständig gesichert sind, kann es – wie in vielen europäischen Staaten und besonders in Deutschland zu beobachten – zu einem Rückgang der Bedeutung der Religion als einer gesellschaftlichen Kraft und zu einem Verlust an kirchlicher Bindung weiter Bevölkerungskreise kommen. Säkularisie-

3 Habermas 2005a; Habermas 2005b, S. 34ff. («wie gläubige und säkulare Bürger miteinander umgehen sollten»).

4 Böckenförde 2007. In BVerfGE 42, 312 (330) ist ‹säkularisierter Staat› in Anführungszeichen gesetzt.

5 BVerwGE 42, 346 (347); Gärditz 2010.

6 Schieder 2016, S. 1064.

rung in diesem Sinn meint umfassende soziale Prozesse etwa der Entkirchlichung oder des Verschwindens der Religion aus dem öffentlichen Leben. Hier geht es um die soziale Wirklichkeit, nicht um die normative Verfassungsrechtslage. Säkulare Gesellschaften sind dann solche, in denen immer weniger religiös oder konfessionell gebundene Bürger leben. Der Satz oder die Klage, die Gesellschaft werde immer säkularer, ist bei Zugrundelegung dieses Bedeutungsgehalts durchaus sinnvoll. Wenn man insofern den Abschied von der Säkularisierungsthese[7] verkündet, dann meint man nicht, daß der säkulare Staat seinem Ende entgegengeht, sondern daß dieser soziale Prozeß der Säkularisierung im Sinne der lange Zeit dominanten Modernisierungstheorie nicht mehr als unangefochtene Wahrheit gelten darf.[8]

Solche realen (und in Grenzen quantifizierbaren) Prozesse[9] muß man wiederum sorgfältig unterscheiden von der Säkularisierungsrede, die den Terminus als «kulturdiagnostischen Schlüsselbegriff»[10] handhabt, mit dem umfassende historische Transformationsprozesse beschrieben werden. Für eine derartige Begriffsverwendung als eines «Generaltopos der Kulturanalyse»[11] stehen Namen wie Max Weber oder Ernst Troeltsch und die von ihnen geprägten suggestiven Formeln von der Entzauberung der Welt oder der Säkularisierung als wichtigster Tatsache der Moderne.[12]

Schon diese Beispiele für die einschüchternde Vieldeutigkeit und «irrlichternde Vielfalt gegensätzlicher Säkularisierungsbegriffe»[13] zeigen, daß es Sortierungs- und Sondierungsbedarf gibt, wenn man nicht hoffnungslos aneinander vorbei reden oder sich mit der fast schon resignativen Bemerkung Reinhart Kosellecks begnügen will, es handele sich

7 Gräb-Schmidt 2013. In der Sache auch Joas 2012, S. 23ff.

8 Dazu unten S. 56ff.

9 Pollack 2011, S. 486f.

10 Kasper 1988, Sp. 993.

11 Heckel 1980, S. 774; Zabel 1984, S. 790: «kulturgeschichtliche Interpretationskategorie»; Heun 2006, Sp. 2074: geistesgeschichtliche Interpretationskategorie.

12 Weber 1917/1919, S. 87, 109; Troeltsch 1922/2004, S. 624/341. Dazu näher unten S. 30ff.

13 Heckel 1990, S. 24.

um «ein weitgreifendes und diffuses Schlagwort», «über dessen Gebrauch kaum Einigkeit zu erzielen» sei.[14] Für Orientierung kann zunächst der Rekurs auf die begriffsgeschichtlichen Ursprünge sorgen (dazu II.). Hier sollte man ausdrücklich von *Säkularisation* sprechen. Die dann folgenden Abschnitte unterscheiden geistesgeschichtlich-historische, sozialwissenschaftlich-empirische und schließlich staats- und verfassungsrechtliche Redeweisen von *Säkularisierung* und arbeiten entsprechende Sinnvarianten heraus (III.–V.).[15] Diese Verwendungsweise eines engeren Begriffs von Säkularisation und eines weiteren von Säkularisierung steht im Einklang mit dem mittlerweile ganz überwiegenden Sprachgebrauch in Wissenschaft und Literatur.[16] Das zeigt sich etwa an entsprechenden Lemmata in einschlägigen Staatslexika,[17] wird aber auch von den Autoren des Artikels «Säkularisierung» im Lexikon für Theologie und Kirche und in der Enzyklopädie Philosophie eigens betont.[18] Freilich hat sich diese Differenzierung erst in einem längeren Prozeß herausgebildet.[19] Man muß immer in Rechnung stellen, daß gerade die noch heute relevante ältere Literatur des öfteren allein von Säkularisation sprach, ohne damit lediglich die beiden kanonistischen und staatskirchenrechtlichen Phänomene zu meinen, die die begrifflichen Ursprünge markieren und denen jetzt unser Augenmerk gilt.

14 Koselleck 2000, S. 179, der so «Säkularisation» umschreibt, aber der Sache nach das meint, was im folgenden als Säkularisierung bezeichnet wird; gleiches gilt für Böckenförde 1967.

15 Ähnlich wie hier Fischer 2009, S. 36ff.

16 Für eine solche Differenzierung zwischen Säkularisation und Säkularisierung Heun 2006, Sp. 2073; Pohlig et al. 2008, S. 10; Droege 2012, S. 218. Man kann den Wandel des Sprachgebrauchs ferner ablesen an den unterschiedlichen Titeln von Blumenberg 1964 und Blumenberg 1974.

17 So im Evangelischen Staatslexikon (Säkularisation: Grundmann 1987, Hammer 2006; Säkularisierung: Tödt 1987, Heun 2006) und im (katholischen) Staatslexikon der Görres-Gesellschaft (Säkularisation: Raab 1988; Säkularisierung: Kasper 1988).

18 Ruh 2006, Sp. 1467; Sandkühler 2010, S. 2350.

19 An den großen kirchengeschichtlichen und enzyklopädischen Lexika seit dem 18. Jahrhundert zeigt das detailliert Lehmann 2004, S. 36ff.

II. Begriffliche Ursprünge: Statuspassage *(saecularisatio)* und Entzug von Herrschafts- und Vermögensrechten (Säkularisation)

1. Saecularisatio: Übertritt vom Ordens- zum Weltgeistlichen

Untersuchungen zu den begriffsgeschichtlichen Ursprüngen unseres Terminus[20] weisen zumeist darauf hin, daß schon im Codex Iustinianus von *saecularis* in dem ganz allgemeinen Sinne von weltlich im Unterschied zum geistlichen Leben der Mönche und Kleriker die Rede ist. Diese älteste Erwähnung kommt unserem heutigen modernen Verständnis von Säkularisierung noch am nächsten. Die begriffliche Entwicklung im kanonischen Recht ist aber durch eine interessante, erläuterungsbedürftige Binnendifferenzierung von geistlich oder klerikal gekennzeichnet. Im 15. und 16. Jahrhundert schält sich in Gestalt der Dreiteilung von Laien, Weltpriestern und Ordensklerikern eine exklusive Hervorhebung des spezifisch mönchischen Lebens als eines Lebens nach der Regel *(regularis)* heraus – und zwar insbesondere im Verhältnis zu denjenigen Geistlichen, die nicht mönchisch leben und infolgedessen als Weltgeistliche, als *saeculares,* gelten. Der Übergang von der einen Lebensform in die andere heißt dann: *saecularisatio* und bezeichnet in diesem spezifisch kanonistischen Sinn[21] den Übertritt eines Ordensgeistlichen, also eines nach der Regel seines Ordens in klösterlicher Gemeinschaft lebenden Mönchs, in den Stand eines Weltgeistlichen, also eines Priesters, der nicht hinter Klostermauern zusammen mit seinesgleichen, sondern in der Welt lebt – also säkular.[22]

20 Zum folgenden Strätz 1984, S. 792ff.; knapp, aber präzise Tödt 1987, Sp. 3037ff.

21 Strätz 1984, S. 795ff.; Maier 2003, S. 12ff.

22 Zur Klarstellung sei vermerkt: säkular in eben dem Sinne, in dem *saeculum* nicht einfach als Zeitalter, sondern in christlicher Sichtweise als das Zeitalter bezeichnet wird, das wir auf Erden verbringen – im Gegensatz zum Zeitalter nach der Erlösung, nach dem Jüngsten Gericht, nach dem Ende der irdischen Welt. *Saeculum* heißt also Welt oder Weltzeit (vgl. zum vorstehenden instruktiv Schröder 2007, S. 61; eher unklar hingegen Taylor 2009, S. 100ff.).

Es geht um den Wechsel vom *status regularis* in den *status saecularis*.[23] Hans Maier umschreibt das so: «Ein Ordenskleriker, wenn er den Orden verläßt, kann ‹Weltpriester› sein und bleiben – vorausgesetzt, er ist geweiht. Er wird säkularisiert, nicht laisiert.»[24]

Der Codex Iuris Canonici von 1917 (cc. 638, 640–643) verwendete Säkularisation in diesem präzisen Sinne als *terminus technicus* für «den rechtmäßigen Rücktritt eines Ordensmannes mit höheren Weihen in die Welt».[25] Ein solcher Transfer kommt nicht nur für Personen in Betracht, sondern konnte auch als Bezeichnung der Umwandlung eines Klosters in ein Chorherrenstift dienen.[26]

2. Säkularisation von geistlicher Herrschaft und Kirchengut

Die soeben erörterte kirchen- oder ordensrechtliche Bedeutung von Säkularisation besteht unverändert bis heute fort, wird aber durch eine politisch-rechtliche überlagert. Diese zweite Bedeutung von Säkularisation hat angeblich sogar eine Geburtsstunde, nämlich den 8. Mai 1646, und einen Geburtsort, nämlich Münster. Wie dies?[27]

In einem Bericht vom 8. Mai 1646, den die evangelischen Reichsstände in Münster an diejenigen zu Osnabrück sandten, referierten sie die Reaktion der katholischen Seite auf Vorschläge der evangelischen, im Sinne eines ewigen Vergleichs dem rechtlich sanktionierten Übergang katholischen Kirchengutes in die Hände der Protestanten zuzustimmen, die dieses faktisch besaßen. Das lehnte der französische Gesandte, der Herzog von Longueville, dem Bericht zufolge mit den

23 Huber 1999, S. 36.

24 Maier 2003, S. 12; s. auch Lübbe 2003, S. 26f.

25 Strätz 1984, S. 808. Der CIC von 1983 spricht hingegen meist von Exklaustration (cc. 686f.) und vom Verlust des klerikalen Standes (cc. 290-293); in c. 684 § 2 ist von einem «Säkularisierungsindult» die Rede, also von einem entsprechenden Gnadenerweis zum Übertritt.

26 Strätz 1984, S. 797; Maier 2003, S. 14.

27 Siehe zum folgenden Strätz 1984, S. 792, 798ff. Knapp Heckel 1980, S. 773. Notabene: Das Wort säkularisieren oder Säkularisation wird hier nicht zum ersten Mal erwähnt, wie man lange Zeit geglaubt hatte; Belege sind vielmehr schon im 16. Jahrhundert nachweisbar (Strätz 1984, S. 794; Maier 2003, S. 13f.; Lübbe 2003, S. 136f.).

Worten ab, eine solche Entscheidung stünde nicht in der Macht der katholischen Stände, sondern bedürfte der Zustimmung des Papstes (die natürlich völlig ausgeschlossen war). Wörtlich heißt es in dem Bericht, die Position des Franzosen referierend: «daß in ihren, der Catholischen, Mächten nicht stünde, wegen Geistlicher Güter einen solchen Vergleich zu treffen, daß dieselben der Catholischen Kirchen entzogen, und, wie er redete, secularisiret würden».[28] Hier haben wir also unser Stichwort, das damals in seiner politisch-staatsrechtlichen Bedeutung in der Tat neu war. Ungeachtet seiner anti-evangelischen Spitze[29] etablierte sich der Terminus in der Folgezeit im Sinne rechtsförmiger Überführung von Kirchengut (Vermögen, Grundbesitz) in weltliche Oberhoheit.

Den spektakulärsten Fall und die «umfassendste Säkularisation der deutschen Geschichte»[30] bildete bekanntlich der Reichsdeputations-Hauptschluß (RDH) von 1803.[31] Die Verabschiedung dieses «letzten Reichsfundamentalgesetzes» des Alten Reiches[32] markiert ohne Zweifel eine Wendemarke in der deutschen Geschichte und einen tiefgreifenden Verfassungs*umbruch* – oder auch einen Verfassungs*bruch*. Die tiefgreifenden Regelungen dieses Dokuments, das gleich in seinem (allerdings unendlich langen) Einleitungssatz von «Säcularisationen» spricht,[33] hatten sich in dem Jahrzehnt zuvor schon immer deutlicher angekündigt und herausgeschält,[34] wurden nun aber mit einer bemer-

28 Dieses Zitat bei Strätz 1984, S. 799.

29 Sie liegt in der Unterstellung, beim «Übergang in evangelische Hände verwandle sich Kirchengut notwendig in weltliches Gut» (Maier 2003, S. 17).

30 Grundmann 1987, Sp. 3033.

31 Text leicht zugänglich in Hufeld 2003, S. 69ff. – Zur Bedeutung Huber I, S. 42ff.; Schroeder 1989; Hufeld 2003, S. 15ff.; Maier 2003, S. 1ff.; Knecht 2007, S. 50ff., 235ff.

32 Schroeder 1989, S. 354.

33 Von «Säcularisation(en)» ist auch in §§ 26, 42 RDH die Rede, von den «zu säcularisirenden Lande(n)» in §§ 60, 64 RDH.

34 Zur Vorgeschichte Strätz 1984, S. 801ff. (mit dem Resümee S. 805, «daß die Säkularisation zu Ausgang des 18. Jahrhunderts in der Luft lag»); Maier 2003, S. 3ff.; Knecht 2007, S. 37ff. Zu weitgehend aber wohl die Aussage von Raab 1988, Sp. 991, wonach die geistlichen Staaten «gegen Ende des 18. Jh. nur noch als Arrondierungs- und Kompensationsmasse betrachtet» wurden.

kenswerten Rigidität und Konsequenz durchgeführt. Den Hintergrund bildeten der Verlust der linksrheinischen Gebiete an das napoleonische Frankreich und das reichsrechtlich anerkannte Prinzip der Kompensation der betroffenen Landesherren.[35] Diese «Entschädigung» erfolgte nun neben der Mediatisierung kleinerer reichsunmittelbarer Herrschaften sowie der meisten Reichsstädte[36] durch umfassenden Zugriff auf geistliche Territorien und Besitztümer: direkt durch Einverleibung verschiedener Bistümer und Reichsstifte, indirekt durch Ermächtigung an die Landesherrn, denen die in ihren Territorien liegenden Stifte, Klöster und Abteien zur «freien und vollen Disposition» (§ 35 RDH) standen – eine Möglichkeit, von der diese nur allzu gerne ausgiebigen Gebrauch machten, katholische nicht anders als protestantische. Die Säkularisationen waren umfassend in dem Sinne, daß sie sowohl die politischen Herrschaftsrechte wie auch die Vermögensrechte umfaßten,[37] also neben dem *imperium* auch das *dominium*.[38] Die Herrschaftssäkularisation beendete die landesherrliche Gewalt der geistlichen Reichsstände und führte zu deren Einverleibung in ein weltliches Fürstentum. Die Vermögenssäkularisation als Säkularisation des Kirchengutes transferierte die Verfügungsgewalt darüber im Wege des Einzuges auf den Begünstigten. Es ging «der gesamte Vermögensbesitz der geistlichen Fürstentümer auf den erwerbenden Staat über»,[39] und zwar einschließlich der Güter der Domkapitel. § 34 RDH drückte das so aus: «Alle Güter der Domcapitel und ihrer Dignitarien werden den Domänen der Bischöfe einverleibt, und gehen mit den Bisthümern auf die Fürsten über, denen

35 Bekräftigt im Frieden von Lunéville 1807, § 7. Statt aller Huber I, S. 40f.; Willoweit 2013, § 27 Rn. 8.

36 Klar zur Unterscheidung wie zum Zusammenhang von Mediatisierung und Säkularisierung Willoweit 2013, § 27 Rn. 13f.; Knecht 2007, S. 51ff. (Säkularisation), 78ff. (Mediatisierung).

37 Zur Unterscheidung von Herrschafts- und Vermögenssäkularisation siehe etwa Wehler I, S. 363; Grundmann 1987, Sp. 3033 («Entzug von weltlichen Herrschafts- und Hoheitsrechten auf der einen und die Einziehung von Kirchenvermögen auf der anderen Seite»); Raab 1988, Sp. 990, 992; Hufeld 2003, S. 10, 20ff.; Droege 2012, S. 219.

38 Huber I, S. 43, 52f.; so auch Hufeld 2003, S. 20.

39 Huber I, S. 52. Das unterschied den Vorgang von früheren: Strätz 1984, S. 806.

diese angewiesen sind.» Das vormals selbständige Fürstbistum Würzburg und dessen Zuschlagung an Bayern bietet ein plastisches Beispiel für die Beendigung der geistlichen Landesherrschaft und die Feststellung, daß die «Landesherrschaft über die nach dem Westfälischen Frieden erhalten gebliebenen geistlichen Reichsterritorien [...] zumeist den ihnen jeweils benachbarten weltlichen Fürsten zugesprochen» wurde.[40] Um eine annähernde Vorstellung von den gewaltigen Dimensionen des Gesamtvorganges zu vermitteln, seien nur folgende Daten genannt: Die Zahl der reichsunmittelbaren Herrschaften verringerte sich von über 1000 auf gut 30, von vormals 47 Reichsstädten blieben ganze sechs übrig, 19 Reichsbistümer und 44 Reichsabteien wurden aufgehoben.[41]

In ihrer weichenstellenden Bedeutung für die weitere politische und gesellschaftliche Entwicklung Deutschlands ist die beispiellose Flurbereinigung durch den Reichsdeputationshauptschluß gar nicht zu überschätzen. Es kommt dabei aus heutiger Sicht nicht so sehr darauf an, ob dieses Staatsgrundgesetz eine «Fürstenrevolution» zur Grundlage hatte[42] oder ob es sich gar um eine «legale Revolution»[43] handelte. Auf jeden Fall entfaltete es Rechtswirksamkeit, und das bedeutete nicht allein das definitive Ende des Alten Reiches mit seiner überholten ständischen Struktur. Die Neuordnung wurde zudem zum Wegbereiter der föderalen Entwicklung Deutschlands, beförderte die konfessionelle Durchmischung der Territorien, sicherte die Ausbildung lebensfähiger moderner Flächenstaaten und bildet noch heute den Hintergrund für die Staatsleistungen an die Kirchen, deren Ablösung in der Weimarer Reichsverfassung vorgesehen war. Das stellt einen bislang uneingelösten Verfassungsauftrag des Grundgesetzes dar (vgl. Art. 140 GG i. V. m. Art. 138 Abs. 1 WRV).

40 Schulte 2006, Sp. 1472.

41 Huber I, S. 46ff.; Wehler I, S. 364; Schroeder 1989, S. 354; Hufeld 2003, S. 20; Maier 2003, S. 1ff.

42 So wohl als erster Treitschke (vgl. Walter 2006, S. 98f.). Terminus auch bei Nipperdey 1983, S. 11f.; Raab 1988, Sp. 992; Gabriel 2008, S. 9.

43 Huber I, S. 57; Wehler I, S. 364; Schroeder 1989, S. 357. Hufeld 2003, S. 24 spricht vom im RDH dokumentierten «neuen Recht der Revolution», Maier 2003, S. 5 von einer «Revolution von oben»; dazu auch Knecht 2007, S. 220ff.

Entscheidend für unseren Zusammenhang ist aber noch etwas ganz anderes, nämlich der Umstand, daß dem Säkularisationsvorgang das Odium des Rechtsbruches und des illegitimen Zugriffes auf den Kirchenbesitz anhaftete.[44] Martin Heckel spricht vom «Rechtsbruch großen Stils»[45] und läßt noch zwei Jahrhunderte später bittere Empörung durchklingen, wenn er Säkularisation als einen «opportune[n] politische[n] Kampfbegriff» geißelt, «der die revolutionäre Eroberung der geistlichen Staaten und den gigantischen Raub ihrer Eigentums- und Forderungsrechte durch die weltlichen Reichsstände dadurch vernebelte, daß er diesen beispiellosen Rechtsbruch des Staatsrechts und des Zivilrechts terminologisch nur als (überfällige) kirchenrechtliche Umwidmung überflüssigen Kirchenguts ausgab».[46] Ohne solch starke Dosis grimmigen Furors formuliert: «Diese Vorgänge konnten als Unrecht gegen die katholische Seite und als Verlust von traditionsreichem Kulturgut betrachtet werden, weswegen dem Begriff von nun an auch oft eine negative Bedeutungskomponente beigemengt wurde, sofern man nicht vorwiegend freiheitlich-fortschrittlich dachte.»[47] Die Frage, ob diese negative Tönung auf das allgemeine geistesgeschichtlich-historische Verständnis von Säkularisierung durchschlägt, bildet den zentralen Ausgangspunkt für die einschlägigen Untersuchungen Hans Blumenbergs, womit wir bei der nächsten Kategorie angelangt wären.

44 Daß es ein Bruch des überlieferten alten Rechts war, steht wohl außer Frage: Huber I, S. 57; Schroeder 1989, S. 357; ausführlich Knecht 2007, S. 91ff., 120ff.

45 Heckel 1980, S. 794.

46 Heckel 2007, S. 37, der nicht minder heftig fortfährt: «Die juristischen Rechtfertigungsversuche der Säkularisation durch die Zeitgenossen waren sophistische Täuschungsmanöver, die darzustellen sich nicht lohnt.» Zur jeweils zeitgeschichtlichen juristischen Legitimation von Säkularisationen Strätz 1984, S. 802ff.

47 Tödt 1987, Sp. 3038. Die bleibend «negative Bedeutungskomponente» betont auch Strätz 1984, S. 807. Weitere Beispiele bei Lübbe 2003, S. 28ff. (Säkularisation als «Begriff der Usurpation geistlicher Rechte» und «illegitimer Emanzipation von Gütern aus kirchlicher Sorge und Aufsicht»; man erklärt «die Eigenschaft der Illegitimität zum Proprium des Säkularisierungs-Begriffs»).

III. Säkularisierung als geistesgeschichtliche Interpretationskategorie

Während die ordensrechtliche *saecularisatio* ebenso wie der politisch-staatsrechtliche Begriff der «Säkularisation» hinlänglich klar und präzise definiert ist, läßt sich das von der nun in Augenschein zu nehmenden Bedeutung von Säkularisierung nicht sagen. Im 19. Jahrhundert setzt sich ein Verständnis von Säkularisierung durch, das weit über jene relativ konkreten Bezugspunkte hinausreicht und auf das Ganze eines kulturellen Epochenwandels und einer historischen Zeitenwende zielt.

Jetzt wird, wie Werner Conze es formuliert hat, Säkularisierung als «ein geschichtlicher bzw. geschichtsphilosophischer Prozeßbegriff moderner Entchristlichung in vielfältigen Perspektivmöglichkeiten verstanden [...], mit dessen Hilfe die Bewegung der modernen Welt gedeutet werden soll».[48] Ähnlich lautet ein weiterer Befund:

> «Der Ausdruck ‹Säkularisierung› [...] hat im Laufe der letzten beiden Jahrhunderte eine außerordentliche semantische Erweiterung erfahren: Zuerst im rechtlich-politischen Bereich beheimatet, dringt er in die Geschichtsphilosophie und -theorie ein und findet schließlich auch in Ethik und Philosophie Anwendung. Im Verlaufe dieser Verschiebungen und Erweiterungen hat der Begriff allmählich den Rang einer Herkunftskategorie eingenommen, mit der die historische Entwicklung der modernen westlichen Welt von ihren christlichen Wurzeln her einheitlich gedeutet wird.»[49]

Mit Säkularisierung wird der Versuch unternommen, die gewaltigen Veränderungen in Staat und Gesellschaft, Wirtschaft und Politik, Religion und Familie auf einen Begriff oder einen Generalnenner zu bringen, die seit der frühen Neuzeit die Entwicklung geprägt haben. Säkularisierung erscheint schlicht und umfassend als Signatur der Moderne. Insbesondere geht es um den Anteil des Christentums, speziell des Pro-

48 Conze 1984, S. 790.

49 Marramao 1992, Sp. 1133. Eingehend zu «‹Säkularisierung› als Interpretations- und Prozeßkategorie» auch Pott 2002, S. 11ff., 35ff.

testantismus, für die Gestaltung der modernen Welt und ihrer Kultur im weitesten Sinne.

Der ursprünglich klar konturierte Terminus diffundiert und verwandelt sich «im Verlauf seiner Verwendungsgeschichte in einen universalen Modus kultureller Selbstbeschreibung».[50] Er steht damit in enger Nachbarschaft und teilweiser Deckung mit anderen konzeptionellen Großbegriffen wie Fortschritt, Modernisierung, Differenzierung der gesellschaftlichen Systeme, Emanzipation der weltlichen Kultur u. a. m. Welche Last er tragen muß, wird schon an der Kapitelüberschrift eines Büchleins über die Säkularisierung der westlichen Welt deutlich, wenn dort von «Ursprung und Schicksal der Moderne» die Rede ist.[51] Zudem haben wir es mit einem «General-Topos der Kulturanalyse, Kulturkritik und Kulturpolitik von umfassender Weite und außerordentlicher Komplexität»[52] und somit mit einem vielgestaltigen Thema zu tun. Das läßt jeden Versuch aussichtslos erscheinen, hier allgemeine, für das Gesamtfeld gültige Aussagen zu treffen. Lediglich einige Schritte auf der steilen Karriereleiter des Begriffs seien kurz rekapituliert.[53]

1. Vom Aufstieg des Säkularisierungstopos

Aufschlußreich für die Begriffskarriere scheint zunächst, daß Säkularisierung bereits im frühen 19. Jahrhundert und damit am Beginn seines Aufstiegs sowohl als Fortschritts- wie auch als Verfallsprozeß gedeutet wird.[54] Während etwa Joseph von Eichendorff durchaus noch mit konkretem Bezug zu 1803 in seiner Abhandlung «Über die Folgen von der Aufhebung der Landeshoheit der Bischöfe und der Klöster in Deutsch-

50 Köbele/Quast 2014, S. 14f.

51 Marramao 1999, S. 55.

52 Heckel 1980, S. 774.

53 Zum folgenden Abschnitt etwa Zabel 1984, S. 809ff.; Marramao 1992, Sp. 1135ff.

54 Vgl. Kasper 1988, Sp. 993ff.; s. auch Heckel 1980, S. 775: Säkularisierung, «als zentrales Schlagwort der Fortschritts- wie auch der Verfallstheorien, erscheint hier als Parole kultureller Emanzipation und Autonomie und dort als Menetekel des Kulturverfalls». Knapp Joas 2012, S. 25f.

land» die Säkularisation der Staaten und Güter der Geistlichkeit als ein Unglück für Deutschland bezeichnet, wird Säkularisierung bei Richard Rothe, einem protestantischen Theologen und Hegel-Schüler, als positiv begriffen. Säkularisierung meint hier nicht Bedeutungsverlust der Religion und beklagenswerte Profanierung der Welt, sondern im Gegenteil die Erfüllung des Christentums. Seiner Überzeugung nach konnte sich das christliche Leben seit der Reformation von der kirchlichen Form emanzipieren und in die weltliche Form hineingeleitet werden.[55] Die weltliche Ordnung wird, so die Vorstellung Rothes, zum Erfüllungsort des wahren Glaubens, die Kirche kann entfallen, weil der Staat die christliche Substanz gewissermaßen in sich aufnimmt und realisiert.[56] Sein Konzept ist getragen von der Hoffnung auf eine «allmähliche Auflösung der Kirche im modernen, religiös fundierten Kulturstaat».[57] Die Kirche geht im Staat auf, in dem sich das Christliche vollends realisiert. Säkularisierung erscheint als Form «gelungener Gestaltwerdung des Christlichen in weltlichen Sphären».[58]

Das genaue Gegenmodell im Sinne einer kulturpessimistischen Situationsbeschreibung findet sich wenige Jahrzehnte später bei dem Kirchenhistoriker und evangelischen Theologen Franz Overbeck, der die moderne Theologie anklagt, das Christentum an die Welt preisgegeben, wenn nicht verraten zu haben. Die Urgeschichte des Christentums «spiegele unbedingte Weltverneinung und konsequente Naherwartung, so daß jede Akkomodation des Christlichen an die Welt Abfall vom normativen Ursprung sei».[59] Die Verweltlichung des Christentums wird als dessen definitives Ende beschworen.[60]

Von solch eindeutigen fortschrittsoptimistischen oder kultur- und religionspessimistischen Positionen waren – um sogleich zur zweiten großen Phase der Säkularisierungsdiskussion überzugehen – Max Weber und Ernst Troeltsch frei. Bei ihnen stehen sehr viel stärker die Am-

55 Wendung: Zabel 1984, S. 813.
56 Knapp skizziert bei Heckel 1990, S. 25. Ausführlicher v. Scheliha 2013, S. 132ff.
57 Graf 2005, S. 120.
58 Tödt 1987, Sp. 3038.
59 Graf 2003, Sp. 758.
60 Vgl. Zabel 1984, S. 815f.

bivalenzen des Modernisierungsprozesses im Vordergrund, was vor allem auf Webers «tragische Soziologie» (Stefan Breuer) zutrifft. Zwar verwendet er den Terminus Säkularisierung nur selten.[61] Doch seine Konzepte von Rationalisierung, Bürokratisierung, methodischer Lebensführung und gesellschaftlicher Differenzierung decken die Sache durchaus ab. Wichtig ist bei Weber vor allem, daß wesentliche Säkularisierungsfaktoren von der Religion selbst induziert sind: die vielzitierte «Entzauberung der Welt» ist für ihn im Ausgangspunkt ein Eigenprodukt des jüdisch-christlichen Glaubens, insoweit dieser sich konsequent anti-mythisch und anti-magisch verfaßte.[62] In der Religion selbst findet er «Keime der säkularisierten Moderne».[63] Entzauberung heißt bei ihm ganz wesentlich Entmagisierung, also Ausschaltung magischer Heilsmittel.[64]

Häufiger ist von Säkularisierung und Säkularisation bei Ernst Troeltsch[65] die Rede, der damit ein breites thematisches Spektrum umreißt: einmal den Aspekt umfassender institutioneller Differenzierung, die in seiner berühmten Formulierung gipfelt, bei der Säkularisation des Staates handele es sich um die wichtigste Tatsache der modernen Welt.[66] Sodann kennt und verwendet er Säkularisierung als Transformationskategorie. Der deutsche Staatsgedanke und der deutsche Bildungsindividualismus seien «zu einem guten Teil Verweltlichungen der kirchlich-religiösen Idee, ihre Übertragung auf Staat und Bildung,

61 Detailgenau hierzu Giesing 2002, S. 163ff.; s. auch Weidner 2004, S. 103f.

62 Pohlig et al. 2008, S. 24. Vertiefend Anter 2014.

63 Giesing 2002, S. 165.

64 Siehe Weidner 2004, S. 104; Joas 2012, S. 30. Vielzitiert Weber 1920, S. 94f. (zum reformierten Glauben): «Dies: der absolute (im Luthertum noch keineswegs in allen Konsequenzen vollzogene) Fortfall kirchlich-sakramentalen Heils, war gegenüber dem Katholizismus das absolut Entscheidende. Jener große religionsgeschichtliche Prozeß der Entzauberung der Welt, welcher mit der altjüdischen Prophetie einsetzte und, im Verein mit dem hellenischen wissenschaftlichen Denken, alle magischen Mittel der Heilssuche als Aberglaube und Frevel verwarf, fand hier seinen Abschluß.» Auf S. 94 Fn. 3 ist nochmals von dem «Grundsachverhalt: der Ablehnung der sakramentalen Magie als Heilsweg» die Rede.

65 Eingehend zu den verschiedenen Aspekten Ruh 1980, S. 123ff., insb. 138ff., 162f.; Lübbe 2003, S. 73ff.

66 Troeltsch 1922/2004, S. 624/341.

ihre Einschmelzung und Auflösung in die moderne politische und geistige Entwicklung Deutschlands».[67] Und auch der Siegeszug moderner Gedanken wie des Liberalismus und der Idee unveräußerlicher Freiheitsrechte gilt ihm als «Säkularisation des religiösen Individualismus»,[68] wie er von den Independenten, Quäkern und anderen calvinistischen und täuferischen Sekten ausgeprägt wurde. Der zunächst «rein religiöse Gedanke» einer «Trennung von Kirche und Staat, der Duldung verschiedener Kirchengemeinschaften nebeneinander, des Freiwilligkeitsprinzips in der Bildung der Kirchenkörper» sei «dann säkularisiert und von der rationalistischen, skeptischen und utilitaristischen Toleranzidee überwuchert worden», doch lägen die Wurzeln unzweifelhaft in der englischen Revolution, die «mit ihrer religiösen Wucht der modernen Freiheit die Bahn bereitet» habe.[69] In großer Einseitigkeit und Vergröberung, geradezu merksatzmäßig zugespitzt, findet sich dann noch bei dem evangelischen Theologen Emanuel Hirsch die These, «daß das ganze neuere Geistesleben eine Säkularisierung des im Christentum beschlossenen geistigen Gehaltes darstellt».[70] Hier ist stärker als die Vorstellung einer Verweltlichung religiöser Gehalte und ihrer Transformation die Auffassung eines bleibenden Einflusses christlicher Substanz und der Rückbindung an den religiösen Ursprung dominant.

2. Vielfalt der Diskurse heute

Soweit also zur Begriffskarriere mit Blick auf einige besonders wichtige Autoren. Seit ihren prononcierten und grundlegenden Beiträgen zur Säkularisierungsthematik hat sich in den letzten Jahrzehnten eine breitgefächerte und thematisch vielfältige Säkularisierungsdebatte entfaltet, die weit über die gewissermaßen angestammten Fächer der Geschichtsphilosophie, Theologie oder Soziologie hinausweist. Der ursprünglich

67 Troeltsch 1916, S. 102.

68 Troeltsch 1922/2004, S. 592/298.

69 Troeltsch 1928, S. 63.

70 Hirsch 1926, S. 87. Zu ihm Ruh 1980, S. 175ff.; speziell zu seiner konservativen und später nationalsozialistischen Haltung v. Scheliha 2013, S. 168ff.

kirchenrechtlich und staatsrechtlich-politisch klar konturierte Terminus der Säkularisation diffundiert zu «Säkularisierung» und wird zu einem «universalen Modus kultureller Selbstbeschreibung».[71]

Die gewaltige Spannbreite der betroffenen Disziplinen geht mit einer unendlichen Themenfülle einher.[72] So ist denn auf dem Feld der Geschichtswissenschaften und der Philosophie, der Theologie und der Philologie, der Religions- und Politikwissenschaft, ja selbst der Romanistik und der Mediävistik von Säkularisierung die Rede, findet Säkularisierung als Wort, Begriff, Konzept, Interpretationskategorie oder Suchbegriff eine denkbar weite Verbreitung und wird in großer Mannigfaltigkeit ausbuchstabiert. Den kleinsten gemeinsamen Nenner mag man in der These finden, Säkularisierung beschreibe den Prozeß zunehmender Ausdifferenzierung und Autonomisierung sozialer Systeme und Subsysteme und namentlich die Loslösung der Religion von der Politik. In dieser Perspektive meint Säkularisierung «soziologisch den Prozess einer zunehmenden oder bereits vollständigen funktionalen Ausdifferenzierung und Trennung sozialer Sphären oder Systeme – der Politik, des Rechts, der Wissenschaft, der Erziehung, der Kunst etc. – und ihre Emanzipation von religiösen Institutionen und Normen».[73] Freilich ist das wiederum eine so hochabstrakte Aussage, daß sie kaum zu näherer Spezifikation oder Operationalisierung taugt. So haben sich in zahlreichen Disziplinen längst spezifische fachkulturelle Säkularisierungsdiskurse herausgebildet.[74]

Man kann es auch schlicht so sagen: der Säkularisierungstopos ist inflationär geworden.[75] So forscht man nicht allein (und sehr ergiebig) über die «Säkularisierung in den Wissenschaften seit der Frühen

71 Köbele/Quast 2014, S. 14f.

72 Eine sehr brauchbare Systematisierung verschiedener Konzepte findet sich etwa bei Pohlig et al. 2008, S. 21ff.

73 Gutmann 2011, S. 225. Ähnlich Rottleuthner 2006, S. 14: «Prozess der Herauslösung autonomer Verständigungs- und Handlungssphären aus dem Bereich des Glaubens, der Religion, der Kirche».

74 Köbele/Quast 2014, S. 12, 15; s. auch Weidner 2004, S. 95ff.

75 Hoesch 2014, S. 5ff. macht für die inflationäre Tendenz drei Phänomene aus: (1) Übertragung des Terminus auf frühere Epochen, (2) dessen Identifikation mit Modernisierung, (3) dessen Anwendung auf Religion und Theologie.

Neuzeit»[76] und verortet Hannah Arendts politische Philosophie «im Spannungsfeld zwischen Säkularisierung und Sakralisierung»,[77] man thematisiert unter der Rubrik «Masken der Aufklärung» auch das Verhältnis von theologischer Rhetorik und Säkularisierung, fragt nach der Säkularisierung der Seelenlehre oder Formen «säkularer Frömmigkeit» und verpaßt einem Sammelband über Benjamin den Untertitel «Walter Benjamins Dialektik der Säkularisierung».[78] Ein ganzes Füllhorn von Themen schüttet auch der (wertvolle!) Münsteraner Tagungsband «Umstrittene Säkularisierung» aus dem Jahre 2012 über dem Haupt des interessierten Lesers aus. Kurz: Der Säkularisierungsthemen, -thesen, -felder und -probleme ist oder scheint kein Ende.

3. Exkurs zu Hans Blumenberg: Säkularisierung als «Kategorie historischer Illegitimität»?

Auch diese Vielfalt läßt sich hier nur als solche benennen, nicht im einzelnen untersuchen oder gar inhaltlich qualifizieren. Einer besonders profilierten und akzentuierten These möchte ich mich allerdings etwas näher zuwenden. Sie liegt seit Jahrzehnten wie ein sperriger Felsbrocken in der Brandung der Säkularisierungsdebatte. Es handelt sich um die Position von Hans Blumenberg. Er übt denkbar grundsätzliche Kritik an der Verwendung des Säkularisierungsbegriffs zur Beschreibung der

76 Pott 2002. Dort werden S. 6 sieben Aspekte und vier Typen von Säkularisierung dergestalt unterschieden, daß sich theoretisch durch entsprechende Kombinationen nicht weniger als 2401 Säkularisierungsvorgänge bestimmen ließen.

77 Rosa 2014.

78 Für die letztgenannten Titel verzichte ich auf Nachweise, da sie im weiteren keine Rolle mehr spielen werden und sich ohnehin mit Hilfe elektronischer Bibliotheksrecherche leicht herausfinden lassen. Um das Kuriositätenkabinett noch um einige wenige Fundstücke zu bereichern: Wir lesen von der «Säkularisierung des Personenstandsrechtes am Beispiel der Gründung des Standesamtes Altenmarkt im Pongau». Ein Aufsatz mit dem Titel «Der zerlegte Körper im Spannungsfeld von Säkularisierung und Magie» befaßt sich mit animistischen Vorstellungswelten in der Kulturgeschichte der Gerichtsmedizin. Eine Untersuchung zu Novalis trägt den Titel «Frühromantische Religiosität im Gegenwind der Säkularisierung», eine weitere zu den Trauerspielen von Andreas Gryphius ist überschrieben «Zwischen Heilsgeschichte und säkularer Jurisprudenz».

Entstehung und Entwicklung der modernen Welt. Denn er verknüpft, was heute begrifflich eher streng getrennt wird,[79] indem er die ältere Bedeutung von Säkularisation im Sinne des rechtswidrigen Entzuges von Herrschaft und Vermögen als metaphorisch leitend für die zweite, allgemeinere Bedeutung der Säkularisierung als geistesgeschichtlichen Gesamtprozeß auszuweisen sucht.[80] Das bringt der Untertitel eines frühen Aufsatzes schon fast drastisch zum Ausdruck: Säkularisierung als «Kategorie historischer Illegitimität».[81] Das ist natürlich ein schwerer Vorwurf bzw. ein Einwand von denkbar großer Grundsätzlichkeit. Wie kommt Blumenberg darauf? Und worauf stützt er seine These?

a) Blumenbergs Argumentation

Blumenbergs Zugang zum Thema ist sehr viel behutsamer, als es der harsche Titel seines Aufsatzes von 1964 nahelegt. Es ist keineswegs so, daß er den Topos gewissermaßen ein für alle Mal auslöschen und in Bausch und Bogen verdammen wollte. Man versteht ihn wohl besser, wenn man in diesem Aufsatz wie in der späteren zweiten Auflage seiner «Legitimität der Neuzeit» zumindest auch einen Beitrag seines weitgefächerten Werks zur Bildung und Verwendung von Metaphern (Metaphorologie) erkennt. Es geht Blumenberg zentral um die rechte, sorgsame, analytisch aufschlußreiche Verwendung der Säkularisierungskategorie, nicht um ihre Verdammung und Auslöschung.[82] Wenn man seine nicht immer leicht verständlichen und auch nicht immer ganz stringent gegliederten Ausführungen einmal rekonstruiert, dann lassen sich die folgenden Argumentationsschritte fixieren.[83]

79 Vgl. oben S. 21f.

80 Blumenberg 1964, S. 240ff.; Blumenberg 1974, S. 19ff. – Kritisch dazu Heckel 1980, S. 796ff., der das als «Korsett» (S. 797) betrachtet.

81 Blumenberg 1964.

82 So Moxter 2014, S. 50.

83 Zur Entlastung der Fußnoten zitiere ich im folgenden Fließtext die beiden wesentlichen Arbeiten von Blumenberg in Klammern mit Jahreszahl und Seite.

aa) Ausgangspunkt: Anamnese

Er beginnt in einem ersten Schritt mit dem, was er «Anamnese» (1974, S. 20) nennt, also einer Bestandsaufnahme der Verwendungsweise von Säkularisierung im allgemeinen wissenschaftlichen Diskurs bis hin zum Feuilleton. Ergebnis: Die Begriffsverwendung streut enorm breit, erfolgt einigermaßen unbekümmert und tendenziell inflationär (1974, S. 19ff.). Prototypisch führt er folgende Beispiele an: «das moderne Arbeitsethos ist die verweltlichte mönchische Askese, die Weltrevolution die säkularisierte Endzeiterwartung, der Bundespräsident der säkularisierte Monarch» (1974, S. 10). Als «Musterthese für das Theorem der Säkularisierung» gilt ihm die Annahme, «die kapitalistische Bewertung des Erwerbserfolges sei die Säkularisierung der Heilsgewißheit» (1974, S. 17).[84] Er spricht von geistreichen Aperçus und terminologischen Metastasen (1974, S. 75), ja erkennt sogar «wilde Fälle» (1974, S. 22): Zu diesen zählt er mit unverkennbarem Spott die Annahme, «das akademische Examenssystem sei das säkularisierte Jüngste Gericht, mindestens aber die säkulare Variante der Inquisition» (ebd.). Was diese Beispiele in Blumenbergs Augen verbindet, ist, daß sich Säkularisierung hier nicht in der alten Klage erschöpft, die Welt werde immer weltlicher (1974, S. 22f.); vielmehr gebe es hier «einen eindeutigen Zusammenhang des Woher und Wozu, eine Deszendenz, einen Substanzwandel» (1974, S. 10). Säkularisierung erscheine somit als «Inbegriff spezifizierbarer und transitiver qualitativer Umformungen, in denen jeweils das Spätere unter der Voraussetzung des ihm vorgegebenen Früheren möglich und verständlich wird» (1974, S. 10f.). Den intendierten Präzisionsgewinn[85] sieht er darin, für Vorgänge, bei denen sich sinnvoll und methodisch abgesichert von Säkularisierung reden lasse, den «Aufweis von Um-

84 Siehe noch einmal Blumenberg 1974, S. 19: Behauptung, «das moderne Arbeitsethos sei *Säkularisierung der Heiligkeit* und der ihr zugehörigen Formen der Askese».

85 Dazu, daß ihm dies von zentraler Bedeutung ist, etwa Blumenberg 1974, S. 22: Gegen die «leichtfertigen Multiplikationen» der Verwendung des Säkularisierungsbegriffes komme es auf «die Prüfung seiner Zulässigkeit, seiner rationalen Voraussetzungen und methodischen Erfordernisse» an; siehe auch ebd., S. 75: «Versuch, einem Ausdruck präzisere Bedeutung abzugewinnen»; ähnlich S. 34.

wandlung, Verformung, Überführung in neue Funktionen bei Identität einer sich durchhaltenden Substanz» (1974, S. 23) zu verlangen.[86]

bb) Präzisierung: Kriterienkatalog

In einem zweiten Schritt treibt Blumenberg die Präzisierung dadurch voran, daß er – auf gut juristische Art – einen «Merkmalskatalog» (1974, S. 32) erstellt, der vor Beliebigkeit schützen und dem Begriff Trennschärfe und analytisches Potential verschaffen soll. Dieser Katalog, das ist für uns entscheidend, lehnt sich nun ebenso eng wie offen an die Säkularisationsvorgänge 1648 und vor allem 1803 an.[87] Denn Blumenberg benennt folgende drei Kriterien: erstens die Identifizierbarkeit des enteigneten Gutes; zweitens die Legitimität des primären Eigentums; drittens die Einseitigkeit des Entzuges (1964, S. 241).[88]

Er etabliert eine methodische Beweislastregel: Wolle sich eine historische Interpretation des Begriffes der Säkularisierung bedienen, so müßten «die Merkmale des Entzuges an dem thematischen Prozeß nachweisbar» sein (1964, S. 242).[89]

cc) Anwendung: Löwith

Mit Hilfe dieses Kriterienkataloges seziert Blumenberg (neben anderen Autoren) in exemplarischer Weise die seinerzeit sehr geläufige These

86 Als Frage formuliert bei Heckel 1980, S. 872: «Was ist also exakt jeweils das Subjekt? Worin besteht die *Identität* des Sich-Wandelnden? Wie ist die Intention, wie die Qualität der Veränderung zu bestimmen? Wo liegt die *Kausalität* begründet? […] Bedeutet also im Prozeß der Säkularisierung religiöse Kausalität zugleich *Strukturbedingtheit* und Funktionsvoraussetzung der säkularen Formen?»

87 Ganz deutlich Blumenberg 1964, S. 241: «Dabei schält sich ein *präziser* Gebrauch des Ausdrucks Säkularisation heraus, der auf den ursprünglichen *juristischen* Bedeutungsgehalt zurückgeht, also auf das Verfahren der *Enteignung* von Kirchengütern, wie es seit dem Westfälischen Frieden praktiziert und benannt worden ist. […] Die Übertragung, die hier erfolgt, hat ihre Voraussetzung in den *Merkmalen* des Enteignungsverfahrens […].»

88 Blumenberg 1974 verwendet diese drei Kriterien ebenfalls, stellt sie aber nicht so plakativ voran, sondern entwickelt sie eher im Laufe des Textes.

89 Ebenso Blumenberg 1974, S. 34: Wenn die moderne Welt als Ergebnis einer Säkularisierung des Christentums verstanden werden solle, müsse das «anhand der Merkmale des Enteignungsmodells darstellbar sein».

Karl Löwiths, wonach die moderne, aufklärerische Idee eines unendlichen Fortschritts nichts anderes sei als die Säkularisierung der christlichen Heilsgeschichte, insbesondere des Weltenendes (1964, S. 243ff.; 1974, S. 35ff.).[90] An die Stelle antiker Kreislaufvorstellungen habe das Christentum eine lineare Zeitvorstellung gesetzt, die die Moderne übernommen habe, wobei an die Stelle der Erlösung die Idee des Fortschritts gesetzt wurde. Blumenberg macht zunächst eine formale Differenz aus: «die Eschatologie redet von einem in die Geschichte einbrechenden, ihr selbst transzendenten und heterogenen Ereignis; die Fortschrittsidee extrapoliert von einer der Geschichte immanenten und in jeder Gegenwart mitpräsenten Struktur aus in die Zukunft» (1964, S. 243; ähnlich 1974, S. 39). Wie, so fragt Blumenberg, könne die «theologische Eschatologie mit ihrer Vorstellung von der ‹Vollendung› der Geschichte durch ihren Abbruch» das Muster liefern «für eine Idee vom Fortschritt der Geschichte», bei der «Dauerhaftigkeit und Zuverlässigkeit» tragende Gehalte sind (1974, S. 38)? Von einem «Sich-Durchhalten einer ihrem Ursprung entfremdeten Vorstellungssubstanz» (1964, S. 244) könne mithin keine Rede sein.[91]

Auch das zweite Kriterium liege nicht vor: denn nach dem Ende der Naherwartung wurde Eschatologie spekulativ und «brauchte nicht mehr säkularisiert zu werden, denn die theologischen Elemente, die sie verwendet, dienen schon primär der Frage nach dem Sinn der Geschichte selbst» (1964, S. 247). Schließlich fehle es auch an der Einseitigkeit des Entzugs, weil sich Weltlichkeit erst nach dem Ausbleiben der Parusie hergestellt habe und als Problem habe behandelt werden müssen, also keine «Enteignung», sondern erst «Konstitution» von Weltlichkeit vorliege (1964, S. 248f.; ähnlich 1974, S. 46ff.).[92]

90 Bündige Zusammenfassung der Kontroverse bei Moxter 2014, S. 56ff.

91 Blumenberg prüft hier in seinen eigenen Worten die «Evidenz des genetischen Zusammenhanges» (1974, S. 38). – Zustimmend zu dieser Kritik statt vieler Pohlig et al. 2008, S. 45 m. w. N.

92 Blumenbergs eigene Erklärung für das Aufkommen der Fortschrittsidee geht dahin, daß es «neuartige Erfahrungen von so großer zeitlicher Weiträumigkeit» gegeben habe, daß von den vielen kleinen Fortschritten in Wissenschaft, Technik und Kultur «der Sprung in die letzte Generalisierung zur ‹Idee des Fortschritts› sich nahe-

Ganz generell erhebt Blumenberg gegenüber Löwith den Vorwurf, daß mit dessen Position die moderne Vorstellung eines autonomen Geschichtsbewußtseins entlarvt und als «dessen Selbsttäuschung aufgedeckt [werde], sobald sie im Säkularisierungstheorem als ‹von Gnaden› des Christentums erkannt werden kann» (1974, S. 36). Die «theologische Rede von der Säkularisierung» setze «einen absoluten und transzendenten Ursprung der betroffenen Gehalte als fraglos» voraus (1974, S. 37). Löwith wolle die Neuzeit «gerade als Säkularisat» (1974, S. 38) legitimieren.

dd) Kernargument: Eigenständigkeit der Moderne

Damit sind wir bei Blumenbergs Hauptargument. Es lautet: Wende man Säkularisierung als allgemeine historische Interpretationskategorie auf die Neuzeit an, führe man zwangsläufig – weil begriffsnotwendig – die Konnotation der unrechtmäßigen Transformation, des Illegitimen, der Schuld, der Restitutionsnotwendigkeit etc. mit sich. Die von Blumenberg hierfür gebrauchten Wendungen sind außerordentlich vielfältig und variantenreich. Säkularisierung bedeute «Pseudomorphose» (1974, S. 25) und «Fremdverformung» (1974, S. 26); zugrunde liege ein «degenerative(s) Schema [...], bei dem der Vollgehalt in seiner Ursprünglichkeit des frühen Augenblicks gegeben» (1974, S. 30) war, dann aber defizient werden muß. Säkularisierung evoziere «gewaltsame Unrechtmäßigkeit» (1974, S. 31), mache eine «objektive Kulturschuld» bewußt (1974, S. 34) und führe das «Odium der Verletzung eines fremden Rechtes» (1974, S. 47) mit sich. Der ideologisch anfällige Begriff beruhe auf der «Unterstellung, der Erbfall sei auf unredliche Art zustandegekommen» (1974, S. 77); mit ihm verbinde sich die «Vorstellung von ursprünglichem Ideeneigentum und den zugehörigen Unrechtsvorwürfen» (1974, S. 83), man assoziiere einen «Vorgang geistiger Enteignung und Verschuldung» (1974, S. 88), der die Vorstellung einer legi-

legte» (1974, S. 39). Und er definiert wie folgt: «die Fortschrittsidee ist [...] die ständige Selbstrechtfertigung der Gegenwart durch die Zukunft, die sie sich gibt, vor der Vergangenheit, mit der sie sich vergleicht» (1974, S. 41; siehe auch ebd., S. 43).

timen Säkularisierung im Grunde als paradox erscheinen lassen müsse (1974, S. 87).

Mit alledem will Blumenberg sagen, daß eine wenig präzise und für die metaphorologische Dimension unsensible Handhabung des Säkularisierungstheorems[93] als einer historischen Interpretationskategorie zu einer gänzlich verfehlten Sichtweise auf die Neuzeit führt, die als angeblich falsche Erbin von einer (christlichen) Vergangenheit zehre, die als eigentliche Substanzträgerin gedacht werde. Säkularisierung suggeriere geistigen Raub, weil und wie Säkularisation den Raub an Bistümern, Klöstern und Abteien bedeutete. Tatsächlich aber habe und trage sie ihre Legitimität aus bzw. in sich selber und überführe nicht lediglich etwas widerrechtlich Erlangtes in andere Konstellationen: Die Weltlichkeit der Neuzeit bilde kein bloßes Oberflächenphänomen, das weltlich Gewordene sei nicht unentrinnbar wesentlich durch die vormalige religiöse Substanz determiniert (1974, S. 24). Was wirklich geschehe, sei nicht die «*Umsetzung* (Transposition) eines authentischen theologischen Gehaltes in eine säkulare Selbstentfremdung, sondern die *Umbesetzung* einer vakant gewordenen Position» (1964, S. 250) – oder vielleicht besser: Problemdisposition. Blumenbergs Kritik am Säkularisierungstheorem ist insofern «vor allem ein Plädoyer für eine Moderne, die ihre Eigenart und ihr Eigenrecht selbst behauptet.»[94] Es ist dieser Gedanke, der das Buch vielleicht noch stärker als den Aufsatz wie ein roter Faden durchzieht.

b) Der begriffsgeschichtliche Einwand

Gegen Blumenbergs ohne Zweifel originelle und nicht von ungefähr vieldiskutierte Argumentation eines Zusammenhanges von Säkularisation im klassischen Sinne des (widerrechtlichen) Güterentzuges und der Verwendung von Säkularisierung als einer historisch-theologischen Interpretationskategorie erhebt sich nun ein zentraler Einwand, der – blickt man in die Sekundärliteratur – fast schon als eine Art herr-

93 Auf diesen Punkt weist zu Recht hin Moxter 2014, S. 50.

94 Moxter 2014, S. 50.

schender Meinung gelten kann.[95] Er lautet: Der tatsächliche historische Sprachgebrauch kenne gar keine Verquickung des Säkularisierungstheorems mit der Unterstellung historischen Unrechts im Sinne der Säkularisation von 1803 oder vergleichbaren Vorgängen.[96]

Das trifft zu, ficht Blumenberg aber nicht an. Er konzediert, daß sich die Verwendung des Säkularisierungsterminus nicht direkt wortgeschichtlich auf die «illegitimen» Säkularisationen wie etwa diejenigen des Jahres 1803 zurückführen läßt. Er gesteht namentlich den eingehenden begriffsgeschichtlichen Studien Hermann Zabels[97] ausdrücklich zu, den Beweis geführt zu haben, daß Säkularisierung als Interpretationskategorie nicht «aus der Metapher des historischen Rechtsbegriffs der Enteignung von Kirchengut hervorgegangen sei» und sich kein «genetischer Zusammenhang zwischen den Bezeichnungen für jenen Enteignungsakt und denen für andere historische Verweltlichungen nachweisen ließe» (1974, S. 29).

Doch Blumenberg bestreitet, daß «die Begriffsgeschichte die einzige und zureichende Legitimation für den Status des Begriffs» innehabe (1974, S. 29). Selbstbewußt formuliert er, sein Versuch «könne durch den Nachweis, daß der geistesgeschichtliche Gebrauch von Säkularisierung nicht an den politisch-rechtlichen oder kirchenrechtlichen anknüpft, weder sinnlos noch sinnvoll werden; er ist davon ganz unabhängig» (1974, S. 25). Er leugnet also schlicht eine Abhängigkeit seiner Theorien und Thesen von den Erkenntnissen reiner Begriffsgeschichte.

95 Um so bemerkenswerter Köbele/Quast 2014, S. 16: Bei Säkularisierung als Metapher sei «der Akt der Übertragung vom Rechtskontext auf eine kulturelle Gesamtkonstellation kaum noch hörbar [...]. Trotzdem hält sich mit ihr hartnäckig die Konnotation illegitimer Selbstermächtigung des Säkularen.» Heun 2006, Sp. 2074: «Die Säkularisation von 1803 verleiht dem Begriff den Akzent eines illegitimen Enteignungsvorgangs, was auf das häufige Verständnis der Säkularisierung als Kampfbegriff ausstrahlt.»

96 Zabel 1984, S. 829; Tödt 1987, Sp. 3042f.; Lübbe 2003, S. 138f.; Schröder 2007, S. 71; Pohlig et al. 2008, S. 44 («Blumenbergs Unterstellung [...] ist damit der Boden entzogen»). Vorsichtiger Kasper 1988, Sp. 995: «Es ist freilich fraglich, ob Säkularisierung in Analogie zu dem staatskirchenrechtlichen Begriff als unrechtmäßige Enteignung zu interpretieren ist und damit den Vorwurf der Illegitimität erhebt.»

97 Zusammenfassend Zabel 1984, S. 828f.

Er braucht keinen «Nexus von Rechtsbegriff und ‹Interpretationskategorie›» (1974, S. 29),[98] weil er es für möglich hält, daß bedeutsame Präzisierungen erst später eingetreten und dominant geworden sind. Sein Argument: Lange Zeit sei die Verwendung des Terminus der Säkularisierung so unspezifisch erfolgt, daß (möglicherweise) eine Präzisierung im Sinne von Enteignung erst spät(er) erfolgen konnte. Hingegen pocht er darauf, eine schärfere Bestimmung des Säkularisierungsbegriffs gerade durch Rück- und Zugriff auf dessen «metaphorisches Potential» (1974, S. 25) zu erreichen. Auch wenn es an einer begriffsgeschichtlichen Konstanz oder Abkunft fehle, so sei doch möglich, daß «an den rein deskriptiv eingeführten Begriff der Verweltlichung sich die Bezugnahme auf die politische Enteignung von Kirchengütern erst assoziativ und gelegentlich angelagert hat» (1974, S. 25). Zudem nimmt er – verstärkend – an, daß «diese historische Assoziation die Präzisierung des Begriffsgebrauchs in einer bestimmten Richtung vorangetrieben hat» (1974, S. 25).[99] Ohnehin habe für jeden historisch nicht völlig Unkundigen die Erinnerung an den staatskirchenrechtlichen Sprachgebrauch jederzeit nahegelegen (1974, S. 26). Pointiert gesagt: Trotz der fehlenden wort- und begriffsgeschichtlichen Verklammerung könne es eine Art von metaphorischem Anklang geben, eine Art von assoziativer Anlagerung. Gerade die «Verschärfung von einem vagen exhortativen und lamentativen Gebrauch zu der Bestimmung einer typischen Prozeßform läßt die ‹Erinnerung› an den historischen Rechtsvorgang fast unver-

98 Womit die Frage aufgeworfen wäre, ob damit nicht der aufgestellte Merkmalskatalog obsolet geworden ist.

99 Blumenberg sieht zudem konkrete Belege für eine Verklammerung der konkreten Säkularisationsvorgänge mit der von ihm kritisch analysierten umfassenden Sprachbedeutung von Säkularisierung. Von Relevanz sind für ihn insbesondere die zeitgenössischen Debatten im Frankreich des Jahres 1798, in denen intensiv diskutiert wurde, ob die Säkularisationen ein Gebot der Vernunft darstellten oder nicht. Blumenberg erblickt hier einen engen «Kontakt zwischen Philosophie und Säkularisierung» dergestalt, daß der «Eigentumsübergang», also die Säkularisation, gleichsam «zur äußeren Episode und Demonstration des regulären Vernunftfortschritts» schrumpfte (1974, S. 28). Säkularisation erscheint hier als Unterfall der allgemeinen Säkularisierung. – Fragen könnte man freilich: Warum soll eigentlich der Unterfall sinn- und begriffsbestimmend für die Oberkategorie sein?

meidlich erscheinen» (1974, S. 31). Hier führt er den Terminus der «Hintergrundmetaphorik» (1974, S. 31) ein. Der zugestandenermaßen fehlende Begriffsnexus schließe den metaphorischen Assoziationsnexus nicht aus.

c) Der bleibende Wert

Für wie überzeugend auch immer man Blumenbergs Beharren auf seiner Interpretation nun beurteilt und für wie belastbar man seine Hinweise auf Wandel und Durchbruch des metaphorischen Gebrauchs von Säkularisierung auch halten mag – eine zentrale Funktion kommt seiner Deutung in jedem Fall zu. Denn sein kritischer Hinweis auf die Transformationsfrage bleibt ja ganz unabhängig davon richtig und wichtig, ob man die Illegitimitätsthese teilt. Selbst wenn man die Schuld- und Enteignungskomponenten völlig streicht, behält der beharrlich-kritische Hinweis auf die Prozeß- und Transformationskategorie seinen Wert.[100] Und dieser Wert seiner Position besteht in der Sensibilisierung dafür, daß bei der Verwendung des Säkularisierungstopos explizit oder auch nur unterschwellig Vorstellungen von Verlustgeschichten gedanklich mittransportiert werden: Geschichten, die die wahre und echte Ur- und Grundsubstanz in der Vergangenheit verorten, die dann durch Transformationsprozesse in eine andere, letztlich aber zwingend defiziente Form verwandelt worden sei. Hingegen ist es eben oft durchaus fraglich, ob bestimmte religiöse Phänomene tatsächlich einem Transformationsprozeß unterworfen und in diesem Sinne säkularisiert wurden oder ob nicht «ein älteres säkulares Phänomen [...] in Auseinandersetzung mit einem jüngeren säkularen Gegenspieler geriet».[101] Und ebenso möglich ist, daß bei angeblicher Säkularisierung lediglich Analogien und Parallelformen vorliegen, aber gar keine Transformationen.[102] Blumenberg hält uns dazu an, immer wieder genau zu

100 Richtig Pohlig et al., S. 44ff.

101 Heckel 1980, S. 870.

102 Heckel 1980, S. 874: «Vielfach wird ja die Kategorie bemüht, um weltliche Analogien, säkulare Parallelformen zu theologischen oder kirchenrechtlichen Figuren mit einem provozierenden Begriff rhetorisch zu charakterisieren oder karikieren (Allmacht, Unfehlbarkeit, Hierarchie, Bann, Beichte usw.), wenn nicht Verwandlung,

fragen, ob «das Säkulare das Religiöse jeweils ergänzt, transformiert, verabschiedet oder substituiert».[103]

Doch reicht Blumenbergs Absicht weit über Appelle zu präzisem Sprachgebrauch und behutsamem Umgang mit Metaphern hinaus. Letztlich geht es ihm, wie der Titel seines großen Werkes deutlich macht, um die Legitimität der Neuzeit, und das bedeutet: um ihren Eigenstand, ihre autonome Legitimation, ihre Selbstbehauptung. Blumenberg zufolge wird die Metapher der Säkularisierung gleichsam überanstrengt, überdehnt oder gar gezielt mißbraucht, wenn man sie – wie geschehen – auf den Gesamtprozeß der Genesis der modernen Welt überträgt. Denn diese moderne Welt ist dann keine aus eigenem Recht und eigener Legitimität bestehende mehr, sondern verdankt ihre Existenz (ihre Abkunft) einer illegitimen Usurpation. Mit seiner Gegenthese, dem Selbstand der Moderne als einer Form der Selbstbehauptung, schiebt er vor allem einem allzu selbstgewissen Verständnis des Christentums, demzufolge ohne dieses die moderne Welt gar nicht verständlich oder auch gar nicht erst entstanden wäre, einen massiven Riegel vor.

Blumenbergs genaue Lektüre und sein hochentwickeltes Problemortungssensorium lassen ihn die verborgenen Elemente und die oft nur unterschwellig transportierten Botschaften mancher Theorien sehr genau wahrnehmen. Den großen Wert seiner kritischen Analyse demonstriert etwa seine subtile Lektüre der Politischen Theologie Carl Schmitts. Den Kern dieser Schrift, die Schmitt als bloße Soziologie von Begriffen zu tarnen versucht hatte, dechiffriert Blumenberg schon früh als Lehre eines Autors, der «Theologie als Politik» betreibt.[104] Mittlerweile haben die einschlägigen Arbeiten Heinrich Meiers das bis ins Detail erschlossen und mit der Deutung Carl Schmitts als eines politi-

sondern Entsprechung des Religiösen bzw. Säkularen in Frage steht. Mit ‹Säkularisierung› ist dann allenfalls eine gewisse systematische Strukturverwandtschaft, eine Analogie (mit Überraschungseffekten und suggerierten Assoziationen) ausgesagt, deren Formenparallelität jedoch gerade nicht durch Verursachung und Bedingtheit charakterisiert werden kann.»

103 Köbele/Quast 2014, S. 16.

104 Blumenberg 1974, S. 113. Dazu näher Groh 1998, S. 177ff.

schen Theologen im eminenten Sinne allgemeine Anerkennung erfahren.[105]

Wenn die Zeichen nicht trügen, ist eine solche Sensibilisierungs- und Warnstrategie auch heute noch vonnöten – vielleicht sogar angesichts der in den letzten Jahren selbst in der Staatsrechtslehre erstarkenden Rede vom Heiligen und vom Mythos, vom Sakralen und vom Tabu mehr denn je.[106] Ein anderes Beispiel: Wenn etwa Josef Isensee statuiert, die Menschenwürde habe keine andere tragfähige Grundlage als den christlichen Glauben,[107] sei also Derivat des Christentums mit der (angeblichen) Folge, daß sich auf der Grundlage Kantscher Philosophie oder anderer weltlicher Positionen die Menschenwürde zwar postulieren, nicht aber in der Substanz begründen lasse,[108] dann scheint hier nur allzu deutlich das nämliche Argumentationsmuster durch, das Blumenberg so nachdrücklich analysiert und dechiffriert hat: das «Säkularisierungsdogma mit seiner selbsterfüllenden Vorstellung vom Substanzverlust».[109] Es geht bei Isensee wieder um «Umsetzung der religiösen Dignitas-Lehre in eine innerweltliche Idee mit handlungswirksamen Folgen».[110] Ausdrücklich vermerkt er, der berühmte Satz Carl Schmitts, wonach alle prägnanten Begriffe der modernen Staatslehre säkularisierte Begriffe seien, träfe «auch auf den unprägnanten Begriff

105 Hier sind vor allem zu nennen: Meier 1988/2013; Meier 1994/2009, S. 269ff.; beipflichtend Böckenförde 1997, S. 35. Dazu und zu weiteren Stimmen im Überblick Dreier 2013, S. 74ff.

106 Dazu ausführlicher unten S. 141ff.

107 In der Sache ist das aus mehreren Gründen nicht haltbar: siehe nur Dreier 2013, S. 79ff.

108 Isensee 2006, S. 199ff., insb. S. 202: «Diese Begründung der Menschenwürde liegt in der Transzendenz. Dagegen vermag die säkulare Philosophie wie die Kants die Würde nicht zu begründen, sondern nur zu postulieren.» Ebd., S. 209: «Das säkulare Prinzip der Menschenwürde kennt und benötigt keine säkulare Begründung. Diese liegt in seinem christlichen Ursprung.» – Man beachte, daß hier nicht lediglich von Säkularisat, sondern stärker noch von Derivat (S. 206ff.) die Rede ist. – Siehe ferner Isensee 2011, § 87 Rn. 56ff.

109 Fateh-Moghadam et al. 2015, S. 109.

110 Isensee 2006, S. 203; dort auch die Rede von «Anknüpfung» und der «Aufnahme von Impulsen».

der Menschenwürde» zu.[111] Das säkulare Menschenwürde-Ethos leite sich aus dem christlichen ab.[112] Hier haben wir also in schönster Offenheit jene Herkunftsbehauptung und den Gedanken einer niemals abzulegenden Kettung an das christliche Erbe, der schon für Carl Schmitt typisch und bereits bei ihm nicht überzeugend war.[113]

IV. Säkularisierung sozialwissenschaftlich: Faktischer Bedeutungsverlust von Religion

1. Säkularisierung als Gegenstand empirischer Sozialforschung

Wenn wir uns nun der Säkularisierung im sozialwissenschaftlichen Sinne zuwenden, so schlagen wir eine neue Seite auf. Bei dieser Bedeutungsfacette geht es weder um die normativ-verfassungsrechtliche Bedeutung noch um eine geisteswissenschaftliche Interpretationskategorie, sondern um die tatsächlichen Verhältnisse, um empirische Daten, um eine faktische Bestandsaufnahme. Säkularisierung ist hier eine Kategorie des Schwundes, nicht der Transformation. Hans Blumenberg ist diese Begriffsfacette im übrigen absolut geläufig. Er beginnt sein Buch von 1974 sogar mit einer ziemlich präzisen Erläuterung dieses Aspektes, wenn er schreibt:

> «Jedermann kennt, als Feststellung, als Vorhaltung, als Bestätigung, diese Bezeichnung für einen langfristigen Prozeß, durch den ein Schwund religiöser Bindungen, transzendenter Einstellungen, lebensjenseitiger Erwartungen,

111 Isensee 2006, S. 206: Menschenwürdevorstellungen seien «Derivate des Christentums». Desgleichen Isensee 2011, § 87 Rn. 86.

112 Isensee 2006, S. 206. Ferner S. 208: Selbst die «Emanzipation» der Aufklärung habe die «Herkunftsprägung» aus dem Christentum nicht rückgängig machen können. «Die Antithese wird determiniert durch die vorausliegende These; diese ändert nur das Vorzeichen.» Der säkulare Verfassungsstaat zehre unausweichlich «vom christlichen Erbe».

113 Näher dazu Dreier 2013, S. 61ff.

kultischer Verrichtungen und festgeprägter Wendungen im privaten wie täglich-öffentlichen Leben vorangetrieben wird.»[114]

Hermann Lübbe hat das etwas abstrakter und knapper als «abnehmende soziale Mächtigkeit religiöser Institutionen» gefaßt.[115] Diese soziale Wirklichkeit des Glaubens[116] schlägt sich nieder in Statusverhältnissen (also z. B. der Mitgliedschaft in Kirchen), in Handlungsweisen (also z. B. Gottesdienstbesuchen) sowie in Einstellungen und Meinungen (also z. B. dem Glauben an Gott). Detlef Pollack unterscheidet demgemäß die drei Dimensionen von Zugehörigkeit, Praxis und Überzeugungen.[117] Entsprechende Daten lassen sich mit den Methoden der empirischen Sozialforschung ohne weiteres erheben: also der steigende oder sinkende Anteil der Menschen mit Kirchenzugehörigkeit, die steigende oder sinkende Frequenz von Gottesdienstbesuchen, der steigende oder sinkende Prozentsatz von Menschen, die an Gott glauben. Ein Säkularisierungsprozeß ist dann zu konstatieren, wenn diese Parameter im Sinken begriffen sind – wenn wir also, allgemein gesprochen, einen faktischen Rückgang gelebter religiöser Praxis, das Nachlassen oder den Verfall des Glaubens und insgesamt eine Verringerung religiöser Bindungen in der Gesellschaft feststellen können.

114 Blumenberg 1974, S. 9; siehe auch ebd. S. 14: «quantitative Aussage über die Minderung eines Einflusses, den Schwund eines Gepräges, das Absinken einer Intensität» – alles als Umschreibung von Verweltlichung.

115 Lübbe 1986, S. 91ff.; hinter der abstrakten Überschrift verbergen sich aber eine Fülle höchst konkreter und detaillierter Beobachtungen, die ihn wiederum zu der Frage führen, ob Säkularisierung dafür nicht «ein Begriff von allzu großer theoretischer Ladung» sei (S. 94).

116 Joas 2012, S. 34. Joas 2007a, S. 17 nennt das die «sozialwissenschaftliche Verwendung» des Säkularisierungsbegriffs. Siehe auch Fischer 2009, S. 37: «eine empirisch belegbare Tendenz mit einem sozio-demographischen Koeffizienten».

117 Pollack 2009, S. 77, 109ff.; Pollack 2016, S. 228ff.

2. Das Indikatorenproblem: Entkirchlichung, Entchristlichung, Religionsschwund

Solche Prozesse zu beobachten und entsprechende Daten zu erheben, ist im Prinzip nicht schwierig. Das Problem liegt anderswo, nämlich bei den Indikatoren. Was muß man eigentlich messen, um einen Säkularisierungsprozeß im Sinne eines realen gesellschaftlichen Bedeutungsverlustes von Religion festzustellen? Wie geht man beispielsweise damit um, daß das Phänomen des *belonging without believing* ebenso existiert wie das des *believing without belonging* – daß es einerseits Kirchenmitglieder gibt, denen der Glaube an Gott fehlt, wie andererseits Gottesgläubige, die nicht Mitglied einer Kirche sind?[118]

Man kommt um die Einsicht nicht herum, daß Entkirchlichung nicht automatisch Entchristlichung und Entchristlichung nicht automatisch Religionsschwund bedeuten muß,[119] daß also «weder Religionen im Christentum und das Religiöse im Christlichen aufgehen, noch das Christentum und Christliches im Kirchlichen».[120] Menschen können, wie viele Formen der Bezeugung des christlichen Glaubens zeigen, dezidiert und streng christlich sein, ohne im formellen Sinne einer institutionalisierten Kirche anzugehören, weil eben die «Sinngehalte des Christentums nicht auf den kirchlichen Organisationsbereich beschränkt» sind.[121] Sich allein auf die Kirchen als institutionelle Träger zu kaprizieren, wäre eine törichte Blickverengung auf die sehr besonderen Verhältnisse in Deutschland und Europa bis zum Ende des 20. Jahrhunderts. Formen der «Ausbildung eines nichtkirchlichen Christentums»[122] in Gestalt von sog. Sekten, Freikirchen, mystischen Bewegun-

118 Siehe nur Ebertz 2014, S. 357; Joas 2012, S. 27.

119 Ebertz 2014, S. 355ff.; zuvor schon Ebertz 2010, S. 17ff.

120 Ebertz 2014, S. 356.

121 Ebertz 2014, S. 356. Siehe auch Krech 2003, S. 21: Kirchenmitgliedschaft sagt noch nichts Entscheidendes über Glauben und religiöse Praktiken aus; umgekehrt glaubten ein Viertel der Konfessionslosen an Gott.

122 Rendtorff 1967, S. 225.

gen oder anderen Formen gab es schon immer[123] und wird es weiter geben. Andererseits ist gerade in christlich geprägten Ländern wie den meisten Staaten Europas und damit auch in Deutschland die Entkirchlichung ein keineswegs zu vernachlässigender Faktor, der viel über gesellschaftliche Veränderungen aussagt.[124]

Denn nicht minder fragwürdig als die Verengung auf die institutionelle Ebene ist die gegenläufige Unterstellung, die aus den Kirchen austretenden Menschen würden eine Art von unzerstörbarer Religionssubstanz mit sich nehmen und entweder in andere Gruppen und Organisationen oder in irgendeine spirituelle Form überführen.[125] Gewiß bedeutet Kirchenaustritt nicht definitiv Glaubensverlust – insoweit ist die maßgeblich von Thomas Luckmann formulierte Kritik an der kirchensoziologischen Verengung des Blickwinkels durchaus berechtigt.[126] So unbestreitbar allerdings die Aussage ist, man könne gläubig sein, «ohne regelmäßig zum Gottesdienst zu gehen»,[127] so evident ist doch die große Korrelation zwischen beiden Größen, wie statistische Daten nahelegen.[128] Kurz gesagt: Der prinzipiellen Möglichkeit korrespondiert keine augenfällige empirische Evidenz. Man sollte daher nicht, wie es in der allgemeinen Debatte leider des öfteren geschieht, leichthändig Säkularisierung zu einer bloßen Individualisierung von

123 Vgl. Troeltsch 1912, S. 358ff., 794ff., 848ff., 967ff.; zu Spiritualisten und Täufern auch Heckel 2016, S. 377ff., 391ff.

124 Lübbe 1986, S. 95ff. betont, daß nicht so sehr der Rückgang des Gottesdienstbesuches, sondern die Tatsache der sozialen Unerheblichkeit und Indifferenz des Besuches oder Nichtbesuches für unsere sonstigen sozialen Beziehungen entscheidend sei.

125 So die Grundannahme bei Thomas Luckmann, bei dem Religion eine anthropologische Konstante darstellt, die sich nur in den Ausdrucksformen, nicht aber in der Substanz ändert (vgl. nur Pollack 2009, S. 47ff.; Pollack 2016, S. 38ff.): Säkularisierung ist demnach strukturell unmöglich. Im Grunde begegnet uns hier ein Phänomen, das deutliche Parallelen zu dem von Blumenberg kritisierten Säkularisierungsdogma als einer Substanztransformation aufweist. Denn auch die sozialwissenschaftliche These lebt von der Gewißheit, daß man sich der Religion gar nicht entziehen kann, weil eine unzerstörbare religiöse Substanz vorausgesetzt wird.

126 Dazu statt vieler Pollack 2016, S. 34ff.

127 Joas 2012, S. 27.

128 Pollack 2009, S. 189ff.; Pollack/Rosta 2015, S. 117ff.

Religion umdeuten.[129] Vor allem darf man das Konto der nicht-institutionalisierten Religiosität oder gar der sog. impliziten Religion[130] nicht überstrapazieren,[131] also nicht jede neue Mode (New Age, Feng Shui, Yoga, Pendeln etc.) als Megatrend betrachten und schon gar nicht alle möglichen sonstigen Erscheinungen der modernen Medien- und Konsumwelt zu Religionssurrogaten stilisieren (Körperkult etc.).[132] Es scheint große Vorsicht geboten, spirituelle und esoterische Trends umstandslos als religiös einzustufen und mit Hinweis darauf eine Säkularisierung westlicher Gesellschaften in Abrede zu stellen. Denn selbst wenn hier in der Tat irgendein Sinnersatz für die Religion gesucht wird, wird das Gefundene deswegen nicht automatisch zu einer Ersatz*religion*.[133] Der Glaube an die Wünschelrute ist vielleicht doch etwas anderes als der an den dreieinigen Gott. Daher ist der nachdrückliche Hinweis darauf, daß die Soziologie einen einigermaßen anspruchsvollen Religionsbegriff verwenden müsse, um belastbare Aussagen treffen zu können, absolut berechtigt.[134] Vor allem aber sind die statistischen Zahlen ernüchternd, die keineswegs darauf hinweisen, daß die Verluste an Kirchenbindung durch andere religiöse Orientierungen gleichsam aufgefangen werden. Aufgrund der Erhebung entsprechender Daten zur außerkirchlichen Religiosität kommt Detlef Pollack zu folgendem Ergebnis:

> «Die These […], der zufolge traditionale und stärker institutionalisierte Formen der Religion und außerkirchliche und stärker individualisierte Religionsformen zunehmend auseinander treten und letztere zunehmend erstere erset-

129 Mit beachtlichen Einwänden und einschlägigem Datenmaterial gegen die Individualisierungsthese argumentierend Pollack 2009, S. 44ff.; Pollack 2016, S. 230, 240ff.

130 Thomas 2001; Knoblauch 2009.

131 Man schaue auf die ernüchternden Zahlen bei Pollack 2011, S. 516f.

132 Deutlich Schieder 2001, S. 23: «Dem harmlosen Fußballfan […] wird mittlerweile ebenso eine religiöse Praxis bescheinigt wie dem jugendlichen Besucher von Rockkonzerten.» Kritisch auch Krech 2003, S. 32; Pollack 2009, S. 14.

133 So treffend Rottleuthner 2006, S. 15f. – Außerdem zeigen die Daten durchgängig, daß «außerkirchliche Religiositätsformen und dogmatisch nicht approbierte Glaubensvorstellungen […] innerhalb der Kirche wahrscheinlicher sind als außerhalb von ihr» (Pollack/Rosta 2015, S. 147).

134 Pollack 2009, S. 60ff.; Pollack/Rosta 2015, S. 48ff.

> zen, kann empirisch nicht bestätigt werden, denn erstens sind die Zahlen der Anhänger der diversen Formen außerkirchlicher Religiosität vergleichsweise gering [...], und zweitens stehen die Formen traditionaler Religiosität und die Formen außerkirchlicher Religiosität nicht in einem umgekehrt proportionalen Verhältnis zueinander, sondern entweder in überhaupt keinem signifikanten Zusammenhang oder in einem tendenziell positiven. [...] Das heißt, die Positionsverluste der institutionalisierten und traditionellen Sozialformen der Religion, insbesondere des Christentums, können durch die zweifellos an Bedeutung gewinnenden außerkirchlichen Religiositätsformen nicht kompensiert werden.»[135]

Daß schließlich Entchristlichung in einer Gesellschaft nicht Religionsschwund bedeuten muß, bedarf angesichts der steigenden Anzahl etwa von Muslimen in Deutschland kaum der Erwähnung.[136] Eine dritte und letzte Stufe wäre dann als Säkularisierung im weitestgehenden Sinne zu verstehen, also als «Bedeutungsschwund von Religionen und Religiosität überhaupt», «als pure Diesseitsorientierung».[137] Zumindest das scheint in weiter Ferne zu liegen, wenngleich natürlich nicht vollkommen ausgeschlossen zu sein, wenn man gewisse Trends der zeitgenössischen hedonistischen Spaß- und Eventkultur einmal hochrechnet.

3. Das Ebenenproblem: Personen- oder Staatsbezug?

Mit alledem hängt eine weitere Frage von ausschlaggebender Bedeutung zusammen, nämlich die, auf welcher Ebene man Säkularisierung eigentlich verortet: auf staatlicher und gesamtgesellschaftlicher Ebene, auf der Ebene der Individuen oder auf einer relativ diffusen Zwischenebene des öffentlichen Wirkens. Geht es also, um die vielzitierte Drei-

135 Pollack 2009, S. 143. Das Zitat bezieht sich auf Deutschland, doch auch für andere Staaten gilt das gleiche (siehe Pollack 2009, S. 86ff., 100f., 118f.). Bestätigend, vertiefend und aktualisierend Pollack/Rosta 2015, S. 137ff., 144ff., 450ff., 454ff.

136 Man schätzt den Anteil der Muslime in Deutschland mittlerweile auf knapp 6% der Gesamtbevölkerung.

137 Ebertz 2014, S. 356.

teilung von José Casanova aufzugreifen,[138] namentlich um einen «decline of religious belief» bei den Menschen oder auch um einen allgemeinen Rückzug der Religion aus dem öffentlichen Raum ins Private oder gar (lediglich) um die funktionale Ausdifferenzierung von gesellschaftlichen Subsystemen und ihrer Emanzipation von der Religion?

Beim letztgenannten Punkt läßt sich leicht erkennen, daß er sich weitgehend mit dem verfassungsrechtlichen Prinzip der Trennung von Politik und Religion, von Staat und Kirche deckt: Säkularität des Staates ist im Grunde nichts anderes als Säkularisierung auf der makrosoziologischen Ebene. Sie läuft auf die weltanschauliche Neutralität des Staates hinaus.[139] Hierfür bedarf es nicht eigens einer sozialwissenschaftlichen Nachzeichnung der Entwicklung bzw. der politikwissenschaftlichen Befunde, wo dieses Prinzip verwirklicht ist und wo nicht. Es ist jedenfalls weltweit das Signum freiheitlicher Demokratien, auch und gerade jener, die in religiöser Hinsicht außerordentlich lebendig und im Wachstum begriffen sind. Das zeigt wiederum, daß die Säkularität des Staates im verfassungsrechtlich-politischen Sinne keineswegs zwingend parallel läuft mit einer Säkularisierung der Bevölkerung im Sinne eines Schwundes an kirchlicher Bindung sowie des Rückgangs an christlicher oder anderer religiöser Glaubenssubstanz.

Säkularisierung im hier interessierenden Sinne einer nachlassenden Bedeutung der Religion läßt sich ohne Zweifel am besten auf der individuellen Ebene erforschen. Hier liegen uns auch die meisten und ergiebigsten Ergebnisse vor. Diese harten Daten sprechen eine deutliche Sprache. Konzentrieren wir uns zunächst auf Europa, so zeigen sie beispielsweise,[140] daß

138 Casanova 1994, S. 19ff. Zur fehlenden Trennschärfe von Casanovas Dreiteilung kritisch Joas 2007a, S. 17f.; Dreier 2013, S. 14. – Vier verschiedene Dimensionen der Säkularisierung der Gesamtgesellschaft will Rottleuthner 2006, S. 18ff. unterscheiden.

139 Dazu ausführlich unten S. 95ff.

140 Die folgenden Daten, soweit nicht anders angegeben, entnehme ich Ebertz 2014, S. 364ff.; umfängliches Datenmaterial zu Deutschland und Europa auch bei Pollack 2009, S. 79ff. (Europa), 109ff. (insb. Osteuropa), 125ff. (Ost- und Westdeutschland). – Es gibt naturgemäß eine Überfülle von Daten. Die hier getroffene Auswahl erfolgt aus Gründen der Aktualität und der Expertise der Autoren.

- in Frankreich und Großbritannien rd. 60 % der Bevölkerung Mitglied in einer christlichen Kirche sind, in der Altersgruppe der 18- bis 29jährigen aber nur noch 40 %,
- in den Niederlanden und in den neuen Bundesländern die religiös Ungebundenen bereits die Mehrheit der Bevölkerung stellen,[141]
- in Spanien, wo noch drei Viertel der Kirche angehören, an einen persönlichen Gott noch zwei Drittel der über 60jährigen glauben, aber nur noch ein Drittel der 18- bis 29jährigen.

Ganz ähnlich sieht es bei anderen Aspekten persönlicher Religiosität aus.

- Als «ziemlich bis sehr religiös» stufen sich nur in Italien mehr als die Hälfte der Bevölkerung ein; in Polen sind es immerhin noch 44 %, in Spanien 21 %, in Frankreich 13 %, in Westdeutschland 18 % und in Ostdeutschland 6 %.
- Mit dem Glauben an Gott ist es etwas besser bestellt: in Italien und Polen knapp 80 %, in Spanien, der Schweiz und Westdeutschland immerhin mehr als die Hälfte, selbst in Ostdeutschland noch 13 %.
- An ein Leben nach dem Tod glauben wiederum nur in Italien und Polen mehr als die Hälfte; in Spanien und Großbritannien ist es noch ein Drittel, in Westdeutschland sind es knapp 40 %, in Ostdeutschland 12 %.
- Über die ostdeutschen Bundesländer hat man schon vor längerer Zeit zusammenfassend geurteilt, sie gehörten zu den am stärksten säkularisierten Regionen nicht nur Europas, sondern der ganzen Welt;[142] Ostdeutschland sei das «Gebiet des Weltmeisters der Säkularisierung».[143]

141 1970 waren in Westdeutschland noch über 90 % der Bevölkerung protestantisch oder katholisch. Heute liegt im wiedervereinigten Deutschland die Zahl bei deutlich unter 60 %, während der Anteil der Konfessionslosen mittlerweile rd. 35 % beträgt.

142 Pollack 2003, S. 77ff.

143 Joas 2009, S. 294.

Insgesamt läßt sich sagen, daß die Säkularisierung in (West-)Europa am stärksten fortgeschritten ist. Auch in traditionell katholischen Ländern wie Spanien und Frankreich nimmt insbesondere in den jüngeren Generationen die Bindung an die Kirche sowie der Glaube an einen personalen, christlichen Gott dramatisch ab.

Freilich stellt sich hier die Frage, inwiefern diese Ergebnisse als repräsentativ für die weltweite Entwicklung gelten können. Europa – und zumal Westeuropa – ist nämlich vermutlich ein Solitär.[144] Völlig verschiedenartig gestaltet sich die Situation in anderen Teilen der Welt. Für die USA fallen die Werte bei den Antworten auf die soeben genannten Fragen völlig anders aus. So geben etwa in den USA seit vielen Jahrzehnten deutlich mehr als 90% der Bürger an, an Gott zu glauben.[145] «Wer den Glauben an Gott leugnet, begibt sich in Amerika außerhalb des Common Senses.»[146] Von einem globalen Rückgang religiöser Kräfte, Bewegungen und Bindungen kann auch in anderen Regionen der Welt keine Rede sein. Ganz im Gegenteil gibt es gewichtige und anhaltende religiöse «Expansionsbewegungen»,[147] nämlich einmal evangelikale Bewegungen und die Pfingstkirchen,[148] die sich vor allem in Nord- und Südamerika sowie Ostasien (etwa Südkorea), aber auch in Afrika ausbreiten, zum anderen natürlich der Islam, wobei der vorrangige Expansionsraum gar nicht einmal Europa oder der Nahe Osten ist, sondern wiederum Südostasien (etwa Indonesien) und Schwarzafrika.[149]

144 Vgl. Casanova 2006, S. 17ff.

145 Siehe nur Pollack/Rosta 2015, S. 346.

146 Pollack/Rosta 2015, S. 347.

147 Gabriel 2008, S. 12.

148 Zu ihnen knapp Graf 2006, S. 54ff. und ausführlicher Graf 2014, S. 143ff. (Die Glaubensrevolution der Pfingstchristen), S. 152ff. (Die moralische Ökonomie der lateinamerikanischen Pfingstler), S. 157ff. (*Evangelicos* in Nordamerika), S. 161ff. (Pfingstlerische Glaubenswirtschaft in Afrika). Eingehend und mit viel Datenmaterial Pollack 2016, S. 288ff. (insb. zu USA und Brasilien).

149 Gabriel 2008, S. 12.

4. Modernisierungstheorie und Säkularisierungstheorem

Dieses uneinheitliche Bild ist nicht zuletzt verantwortlich dafür, daß nach wie vor ein – phasenweise erbittert geführter – Deutungsstreit über globale Säkularisierungstrends tobt. Den Ausgangspunkt bildete die sog. Modernisierungstheorie, deren Höhepunkt man in der Mitte des 20. Jahrhunderts verorten kann. Sie schlußfolgerte in ihrer klassischen Ausprägung aus den Prozessen wirtschaftlichen Wachstums und fortschreitender Industrialisierung, zunehmender Urbanisierung sowie einem stetigen wissenschaftlich-technischen Fortschritt einen stufenweisen, zwingenden und im Grunde genommen irreversiblen Bedeutungsverlust der Religion.[150] Deren vollständiges Absterben, jedenfalls aber ihr vollständiger Rückzug in die Privatsphäre schien nur noch eine Frage der Zeit.[151] Diese Prognosen oder Hypothesen haben sich nicht bestätigt. Das für die USA – unzweifelhaft eine moderne Gesellschaft – mit ihrer konstant hohen religiösen Vitalität ohnehin noch nie recht passende Bild, wonach sich kraft überwältigender Modernisierungsprozesse die Rolle der Religion in einem beständigen Rückgang befinde,[152] vermag gerade angesichts der angedeuteten globalen Entwicklungen nicht recht zu überzeugen. Dafür sind die Prozesse einer vielerorts konstatierbaren «Revitalisierung der Religion»[153] und einer fast schon sprichwörtlich gewordenen «Wiederkehr der Götter»[154] zu offensichtlich. Nüchtern hat man resümiert:

150 Als «Klassiker» gelten Parsons 1963; Berger 1969. – Einen guten Überblick zu «Aufstieg und Fall» der Modernisierungstheorie bietet Knöbl 2013; knapper Abriß bei Joas 2012, S. 29ff.; Dreier 2013, S. 2ff. – Instruktiv auch Pollack 2009, S. 19ff., der die Säkularisierungsthese in Abgrenzung zum Marktmodell und zur Individualisierungsthese behandelt.

151 So lautete jedenfalls «die härteste Variante der Säkularisierungsthese» (Krech 2003, S. 19).

152 Zu den USA etwa Lehmann 2004, S. 14ff.; Joas 2007b. Eingehend mit viel statistischem Material und einem Überblick zu den unterschiedlichen sozialwissenschaftlichen Erklärungsmodellen für diesen Umstand (Unsicherheitshypothese, Markthypothese, genealogische Hypothese etc.) Pollack/Rosta 2015, S. 327ff., 331ff., 367ff.

153 Riesebrodt 2000, S. 9; s. auch Pohlig et al. 2008, S. 9; Joas 2012, S. 34ff.

154 Graf 2004.

> «Von einem sich von Westeuropa ausbreitenden Prozess der Säkularisierung im Sinne des Verschwindens von Religion ist augenblicklich wenig auf der Welt zu spüren. Im Gegenteil: Die Religion ist in vielen Teilen der Welt eindeutig auf dem Vormarsch.»[155]

Freilich bleibt unbezweifelbar, daß jedenfalls in Westeuropa und insbesondere in Deutschland die traditions- und gesellschaftsprägende Kraft des Christentums im Laufe der Zeit eklatant zurückgegangen ist, verbunden mit einer augenfällig sinkenden Kirchenbindung und einem dramatischen «Verlust an volkskirchlicher Substanz»[156] – auch wenn hier aufgrund massiver Migrationsbewegungen und einem hohen Anteil besonders frommer Menschen nichtchristlichen Glaubens die (manchmal im wahrsten Sinne des Wortes) Sprengkraft verschärfter religiöser Pluralität deutlich zutage treten und das Konfliktpotential ansteigen ließ.[157] Wenn und soweit man an der These der Wiederkehr der Religion auch für Westeuropa und möglicherweise sogar für Deutschland festhalten will, dann geht das nur, indem man zwischen Kirche und Religiosität eine (zu) scharfe Kluft sieht und die spirituellen, esoterischen und sonstigen Bewegungen und Trends umstandslos als irgendwie religiös einstuft und in ihrer Bedeutung überschätzt.[158] Richtig dürfte die Beobachtung sein, daß alternative Formen der Religiosität eher im Umfeld der Kirchen zu finden sind.[159] In den ostdeutschen Bundesländern hat es aber weder eine breitenwirksame Rückkehr zu den Kirchen noch einen blühenden Markt alternativer Religiosität gegeben.[160]

Man sollte daher auf eine möglicherweise viel zu pauschale Moderni-

155 Gabriel 2008, S. 12.

156 Waldhoff 2010, S. 16ff. (mit Statistiken); siehe auch Huber 2008, S. 8; Gabriel 2008, S. 14.

157 Dazu noch sogleich S. 59ff.

158 Kritisch Gabriel 2008, S. 14. Vgl. oben S. 51 mit Fn. 131.

159 Gabriel 2008, S. 14.

160 Lakonisch Lübbe 2008, S. 29. Zahlenmaterial bei Pollack 2009, S. 125ff., 131f., 134ff., 138ff.

sierungsthese nicht mit einer nicht minder pauschalen Gegenthese reagieren und statt dessen Skepsis gegenüber einer allseits verkündeten Widerlegung der Säkularisierungsthese walten lassen.[161] Geboten ist Differenzierung sowie die Einsicht in die eurozentrische Prägung der Säkularisierungsthese. Hoffnungsvoll für die Debatte darf insofern stimmen, daß die der Säkularisierungsthese zurechenbaren Autoren heutzutage durchweg nicht mehr die Auffassung vertreten, es handele sich um einen universellen, einlinigen und irreversiblen Prozeß.[162] Andererseits erkennen auch scharfe Kritiker der Säkularisierungsthese durchaus «Wellen der Säkularisierung» an.[163] Die *eine* richtige und überall gültige Großtheorie gibt es offenbar nicht. Vielmehr sollte man Säkularisierung in ihrer Vielfalt wahrnehmen.[164] Wir haben uns auf eine plurale Gestalt des Verhältnisses von Religion und Gesellschaft einzustellen, die man mit dem Schlagwort der «multiple modernities» (Eisenstadt) bezeichnen kann. Das demgemäß zu zeichnende Gesamtbild dürfte durchaus bunt ausfallen. Nur drei Dinge scheinen festzustehen. Erstens: Religion ist in der modernen Welt keineswegs zwingend zum Untergang verdammt oder zur Bedeutungslosigkeit verurteilt, sondern bleibt weltweit ein gewichtiger Faktor. Gesellschaftliche Modernität und religiöse Vitalität schließen sich offenkundig nicht prinzipiell und ausnahmslos aus. Zweitens: In Europa, insbesondere in Westeuropa und hier wiederum auch und gerade in Deutschland, finden seit Jahrzehnten nachhaltige Säkularisierungsprozesse im Sinne des Rückgangs von Kirchenzugehörigkeit, religiöser Praxis und religiöser Überzeugung statt.[165] Wenig spricht für eine Umkehr dieses Trends. Drittens: Ganz unabhängig von den ersten beiden Punkten ist das Thema Religion in

161 Zustimmungswürdig Kaube 2012. Auch für Joas (2012, S. 69) besteht kein Zweifel, daß «heute beträchtliche Teile Europas und auch einige wenige nicht-europäische Gesellschaften zutiefst säkular sind».

162 Gabriel 2008, S. 14f.; Pollack 2011, S. 485, 487, 514. Explizit gegen deterministische Modelle auch Pollack 2016, S. 225.

163 Joas 2011a; Joas 2012, S. 66ff.

164 So Joas 2012, S. 70.

165 Für 2025 prognostiziert man, daß die Mehrheit der Bevölkerung in Deutschland nicht mehr einer der beiden großen Kirchen angehören wird (Heimann 2016, S. 11).

einem außergewöhnlich beeindruckenden Ausmaß «auf die Agenda der modernen Wissenschaften zurückgekehrt».[166]

V. Säkularisierung im staats- und verfassungsrechtlichen Sinne

Wenden wir uns zum Schluß der staats- und verfassungsrechtlichen Facette des Säkularisierungsbegriffs zu. Hier geht es nicht um die Transformation von Substanzen wie bei Blumenberg und auch nicht um soziale Prozesse zu- oder abnehmender Religiosität in der Gesellschaft, sondern eher um die institutionelle Ausdifferenzierung, ja Selbstbescheidung des politischen Systems. Gerade in historischer Perspektive besteht die Säkularität des modernen Staates gewissermaßen in einer großen und evolutionär durchaus unwahrscheinlichen Verzichtsleistung – dem Verzicht auf Transzendenz als Begründungsressource, dem Verzicht auf Identifikation mit einer bestimmten Religion, dem Verzicht auf Einmischung in die inneren Angelegenheiten der verschiedenen Glaubensrichtungen, dem Verzicht auf ein Votum in religiösen oder weltanschaulichen Wahrheitsfragen.

Säkular in diesem ganz grundsätzlichen und einfachen Sinne ist derjenige Staat, der Religionsfreiheit für alle Bürger gewährleistet und sich selbst weltanschaulich-religiöser Neutralität befleißigt, sich also nicht mit einem bestimmten Glauben identifiziert.[167] Der einzelne darf vom Staat nicht religiös vereinnahmt werden; daher wirkt die negative Religionsfreiheit wie ein «institutioneller Säkularisierungsfaktor».[168] Historisch betrachtet, bedeutet Säkularisierung im Rechtssinne «Emanzipation des modernen Staates und Staatsbürgerstatus aus den Bindungen der Staatskirche und Staatskonfession», seinem wesentlichen Inhalt

166 Graf 2004, S. 15. Siehe auch Pohlig et al. 2008, S. 9; Gräb-Schmidt 2013, S. 74ff.; Dreier 2013, S. 6ff.; Leonhardt 2017, S. 9.

167 Böckenförde 2007, S. 12ff.; Gärditz 2010, § 5 Rn. 15ff., 19ff.; Dreier 2013, S. 25ff. – Ausführlicher zur Religionsfreiheit Kapitel II (S. 63ff.), zur religiös-weltanschaulichen Neutralität des Staates Kapitel III (S. 95ff.) dieses Buches.

168 Heckel 1980, S. 896.

nach bewirkt sie dessen «konstitutionelle Selbstbeschränkung auf das Säkulare».[169] Das Seelenheil des Bürgers geht den Staat nichts mehr an. «Die Entscheidung der Frage nach ‹Gott› und dem Sinn des Lebens bleibt der ‹Privatmetaphysik› anheimgegeben.»[170] Entscheidend ist der Aspekt, daß der säkulare Staat die in den verheerenden konfessionellen Bürgerkriegen der frühen Neuzeit so umstrittene religiöse Wahrheitsfrage ausklammert, ihre Beantwortung gewissermaßen als unzuständige Instanz von sich weist und in diesem Sinne privatisiert.[171] Der Staat besitzt, wie man es immer wieder gerne formuliert, schlicht keine Kompetenz für die Beantwortung der Fragen nach der Richtigkeit, Wertigkeit, Überzeugungskraft oder Wahrhaftigkeit von Religionen oder einzelnen Glaubenssätzen.[172]

> «Die Wahrheitsfrage ist ja zutiefst (und heillos für die säkularen Staatsorgane) umstritten zwischen den Religionen und Konfessionen. Der freiheitliche pluralistische Staat kann und darf sie nicht entscheiden, darf weder für eine bestimmte Religion (bzw. Konfession) noch für die Religionslosigkeit Partei ergreifen.»[173]

Der freiheitliche Verfassungsstaat überwindet die divergenten Wahrheitsansprüche der religiösen Gruppen und den daraus resultierenden Streit also im Unterschied zum konfessionell geschlossenen Territorialstaat der (frühen) Neuzeit nicht durch Erzwingung strikter Homogenität, sondern durch Zulassung von Glaubensvielfalt bei gleichzeitiger Distanzierung von den unterschiedlichen Antworten auf die Wahr-

169 Heckel 1999, S. 273; dort S. 273f. noch weitere Konkretisierungen.

170 Obermayer 1971, Art. 140 GG Rn. 79. Mit ‹Privatmetaphysik› wird Hans Ryffel zitiert.

171 Näher Dreier 2013, S. 33ff. m. w. N.; s. auch Gärditz 2010, § 5 Rn. 15ff.; Heckel 1980, S. 885f.

172 Siehe nur Heckel 1980, S. 890; Heckel 2001, S. 382. Ferner Grimm 2012, S. 12: Tugend und Seelenheil des Bürgers gehören nicht zu den Aufgaben des Staates.

173 Heckel 1999a, S. 537; weder kann noch darf also der säkulare Staat zu bestimmen oder zu entscheiden suchen, ob «etwa die Lehrgewalt der Hierarchie, ob die Infallibilität des Papstes, ob die sieben Sakramente übereinstimmen mit der Wahrheit des Evangeliums und dem Wirken des Heiligen Geistes» (ebd.). Siehe auch Heckel 1980, S. 885ff., 892.

heitsfrage.[174] Dabei spricht er der Religion nicht das Wahrheitspotential *ab* – er spricht es nur keiner bestimmten Religion *zu*. Entscheidend ist die Religionsindifferenz der Religionsfreiheit.[175] Die Etablierung des säkularen Staates bedeutet daher keineswegs einen ersten Schritt in Richtung Religionslosigkeit. Denn gerade die Einräumung umfassender Religionsfreiheit zeigt, daß der Staat Religion nicht negativ bewertet. Er selbst versagt sich aber eine Stellungnahme und weist Religionsausübung strikt der Sphäre der Gesellschaft zu. Der säkulare Staat wird durch diese Distanznahme nicht zum glaubenslosen oder die Religion perhorreszierenden Gemeinwesen. So, wie ihm die Identifikation mit einem bestimmten Glauben verwehrt ist, so ist ihm auch dessen Ignorierung, Eliminierung oder Ersatz durch eine Weltanschauung verwehrt.[176] Vielmehr bietet er als Grundrechtsstaat den unterschiedlichen Glaubens- und Weltanschauungsgemeinschaften und ihren Aktivitäten breiten Raum. In der unnachahmlichen Diktion Hermann Lübbes klingt das so: «Säkularisierung des Staatrechts [...] in religionsfreundlicher Absicht zur Gewährleistung der Freiheit bürgerrechtlich vollemanzipierter Frommer.»[177] Man darf die Formel von der Privatisierung der religiösen Wahrheitsfrage also nicht dahingehend mißverstehen, damit solle die Religion aus der Öffentlichkeit verdrängt werden.[178] Solche laizistischen Ansätze sind von der säkularen Struktur im verfassungsrechtlichen Sinne zu unterscheiden. Weder bewirkt noch intendiert der säkulare Staat also einen höheren Anteil «säkularer» im Sinne areligiöser Bürger, ja womöglich kann gerade sein Rückzug die religiösen Potentiale in der Gesellschaft steigern. Die Normativität der Rechtsgarantien und die Faktizität religiöser Energien stehen mithin in keinem festen Kausalitätsverhältnis zueinander. Am Säkularisierungsgrad der staatli-

174 Heckel 1980, S. 906ff.; Dreier 2013, S. 33ff. m. w. N.

175 Lübbe 2008, S. 30.

176 Obermayer 1971, Art. 140 Rn. 79; Heckel 2001, S. 382; Joas 2012, S. 18; Siep 2015, S. 139.

177 Lübbe 2008, S. 30.

178 Näher Dreier 2013, S. 35ff. m. w. N.; deutlich in diesem Sinne auch Siep 2015, S. 20. Zur irreführenden Redeweise von der Privatisierung der Religion noch Schuppert 2017, S. 136ff.

chen Rechtsnormen ist daher «keineswegs der Grad der Säkularisierung in der Gesellschaft» abzulesen.[179] Das zeigt noch einmal eindringlich, wie unterschiedlich die Säkularisierung der Gesellschaft im sozialwissenschaftlichen Sinne und die Säkularität des Staates im verfassungsrechtlichen Sinne gestaltet sind und wie sorgsam man beides auseinanderhalten muß.

Der Weg zur Durchsetzung politisch-rechtlicher Säkularisierung des Staates in Gestalt der Einräumung umfassender Religionsfreiheit war allerdings lang, windungsreich und schwierig, wie das folgende Kapitel zeigt.

179 Heckel 1980, S. 885.

KAPITEL II

Eine kurze Verfassungsgeschichte der Religionsfreiheit in Deutschland

I. Der Ausgangspunkt: Religionsfreiheit heute

Artikel 4 Abs. 1 des Grundgesetzes lautet bekanntlich: «Die Freiheit des Glaubens, des Gewissens und die Freiheit des religiösen und weltanschaulichen Bekenntnisses sind unverletzlich.» Was schützt jene Grundrechtsgarantie eigentlich genau? Klaus Schlaich hat auf diese Frage vor Jahren folgende, im Kern noch immer gültige Antwort gegeben:

> «Die Glaubens- bzw. Religionsfreiheit ist heute gewährleistet in gleicher Weise für Gläubige, für Atheisten und für Gleichgültige. Die Religionsfreiheit privilegiert also nicht den Glauben; sie ist ein Recht in säkularem Gewand, das der Erfüllung im religiösen Geist ebenso offensteht wie dem Gegenteil.»[1]

So sieht der vorläufige Abschluß des Säkularisierungsprozesses im Bereich der Religionsfreiheit aus. Religionsfreiheit stellt eine radikal individuelle Rechtsposition dar, die ohne jede Verpflichtung auf den Staat gewährleistet und auch bei inhaltlicher Fundamentalopposition ihm gegenüber ohne Abstriche garantiert wird; sie ist eine Freiheitsgarantie,

1 Schlaich 1985, S. 430f. Ähnlich Heckel 1997, S. 859: Religionsfreiheit gewährleiste «rechtlich jedermann den gleichen Schutz für seinen Glauben, Unglauben, Irrglauben, Aberglauben einschließlich der Glaubenslosigkeit, ja Glaubensfeindschaft, ohne etatistische Bestimmung und Bewertung der religiösen Sinngehalte».

die ganz in sich selbst ruht und im Gedanken größtmöglicher personaler Autonomie gründet.

Wie ist es zu dieser im rechtshistorischen Rückblick evolutionär einigermaßen unwahrscheinlichen sowie im rechtsvergleichenden Rundumblick außerhalb Europas und Nordamerikas eigentlich eher selten anzutreffenden Radikalisierung gekommen – wenn man nicht fast schon sagen möchte: Wie *konnte* es eigentlich dahin oder soweit kommen? Fragen wir also nach den Anfängen und der weiteren Entwicklung.

II. Paradoxer Anfang: Religionsfreiheit als Herrschaftsrecht (Augsburger Religionsfrieden 1555)

1. Glaubenszweiheit, nicht Glaubensfreiheit

Am Anfang des Prozesses, so könnte man – zwar wenig originell, aber doch in der Sache treffend – sagen, am Anfang stand Luther: Denn ohne ihn und die von ihm ausgelöste Reformation kein Ende der Glaubenseinheit und der Einheit von Reich und katholischer Kirche, kein «Zerfall der universalen mittelalterlichen Einheit von Glaube, Recht, Kirche, Reich und aller Obrigkeit».[2] «Erst die Glaubensspaltung seit Luthers Auftreten führte zum endgültigen Auseinanderbrechen der Glaubens- und Rechtseinheit des Abendlandes.»[3] Es mußte eine staatsrechtlich-politische Antwort auf die Frage gefunden werden, wie mit der neuen Lage einer in Konfessionen gespaltenen lateinischen Christenheit umzugehen war. Das Staatskirchenrecht hat man wegen dieses auslösenden Faktors der Reformation für seine Entstehung plastisch als «Reformationsfolgenrecht»[4] umschreiben können. In der Mitte des

2 Heckel 2016, S. 5. In § 15 des Augsburger Religionsfriedens (AR) ist anschaulich von der «spaltigen Religion» die Rede.

3 Heckel 2016, S. 7.

4 Prägung: Heinig 2003, S. 75ff.; s. auch Waldhoff 2010, S. 23, 26; Morlok 2018, Art. 140 GG Rn. 4; Unruh 2017, S. 166.

16. Jahrhunderts bestand die Lösung zunächst in einem Kompromiß, wie er im Augsburger Religionsfrieden nähere Gestalt gewann.[5] Denn dieses Staatsgrundgesetz, das zu den «folgenschwersten Ereignissen der neuzeitlichen Reichsverfassungsgeschichte»[6] gehört und «das wichtigste Verfassungsgesetz des Alten Reichs»[7] darstellt, erkannte neben dem katholischen Glaubensbekenntnis auch das evangelische an. Das darf als ein absoluter Meilenstein schon deswegen gelten, weil man es lange Zeit für unmöglich gehalten hatte, daß «ein politisches System (namens Reich) zwei Versionen von Wahrheit, zwei Wege zum Seelenheil überwölben könne» (Axel Gotthard). Nun war auf dem Boden des Reiches (freilich nicht der Territorien) anerkannt, daß es nicht nur eine religiöse Wahrheit gab, sondern hier verschiedene Erklärungen konkurrierten – eine frühe und rudimentäre Form des Pluralismus also. Martin Heckel hat unermüdlich und zuletzt noch einmal in seinem *opus magnum* darauf hingewiesen, daß der Augsburger Religionsfrieden «den absoluten Wahrheitsanspruch jeder Konfession insofern brach, als er zugleich die andere sicherte».[8] In dieser Koexistenzordnung lag ohne Zweifel eine gewisse wechselseitige Relativierung und eine Distanznahme des Alten Reiches – als eines politischen Gemeinwesens ganz besonderer Art – gegenüber der Religionsfrage.[9] «Der Religionsfrieden hat so beide Religionsparteien durch Garantien der Religionsfreiheit und -gleichheit

5 Eingehend zum Augsburger Religionsfrieden und seiner Bedeutung für die Entwicklung der Religionsfreiheit Fürstenau 1891, S. 33ff.; Heckel 1983, S. 39ff.; Heckel 2003, S. 89ff., 96ff. u. ö.; Heckel 2005; Gotthard 2004, S. 100ff., 280ff. und passim. – Kompakte Darstellungen: Heckel 1987; Campenhausen 2009, § 157 Rn. 14f.; Link 2010, § 12.

6 Willoweit 2013, § 19 Rn. 1. Gotthard 2014, S. 1: «etablierte Epochenzäsur der deutschen Geschichte».

7 Heckel 2007, S. 10.

8 Heckel 2016, S. 12. Ebd. S. 8: «Der weltweite Wahrheits- und Geltungsanspruch beider Konfessionen musste sich mit der partikularen Entfaltung im Territorialbereich begnügen. Geistliche Universalität wurde als Ordnungsprinzip abgelöst durch die Partikularität der weltlichen Gewalten.»

9 Notabene war das eben auch nur in einem föderalen System denkbar und möglich. Die damals und in der Folgezeit dominanten zentralistischen Staaten wie England, Spanien oder Frankreich zeichneten sich nicht zufällig durch strikte konfessionelle Homogenität aus. Dazu Dreier 2002, S. 6ff.

gleichzeitig geschützt und durch den Schutz der Gegenseite beschränkt. Die Koexistenz und die religiöse Entfaltung beider Seiten wurden durch die wechselseitige Begrenzung ihrer Freiheitsrechte gesichert.»[10] Treffend hat man im Augsburger Religionsfrieden das «Zugeständnis» erblickt, «daß die Zeit einer universalen Glaubenseinheit beendet und die Einheit des Reiches nur durch die Duldung verschiedener Bekenntnisse zu wahren sei».[11]

Allerdings muß man nachdrücklich davor warnen, die hier zur Friedenssicherung gefundenen Regelungen *sub specie* Religionsfreiheit im Sinne eines modernen grundrechtlichen Verständnisses oder gar religiös-weltanschaulicher Neutralität des Staates zu verbuchen.[12] Wenn also in diesem Kontext und mit Blick auf den Religionsfrieden von 1555 von Religionsfreiheit und von Freiheitsgarantien gesprochen wird,[13] dann ist deutlich und unmißverständlich festzuhalten, daß seinerzeit von der gleichen Freiheit aller absolut keine Rede sein konnte. Um die eingängige Formulierung von Gerhard Anschütz zu verwenden: Der Friedensschluß brachte «nicht Glaubensfreiheit, sondern Glaubenszweiheit».[14]

2. Bekenntniszwang (ius reformandi)

Was heißt das genau? «Glaubenszweiheit» bedeutete, daß der Reichsfrieden nur die katholische und die evangelische (seit 1530: die Augsburger) Konfession umfaßte. Nicht einbegriffen waren die Reformierten, insbesondere die Calvinisten, und ebenso ausgeschlossen waren die sog. Sekten, also etwa die Mennoniten. § 17 AR lautete:

10 Heckel 2016, S. 19 (ähnlich S. 76f. u. ö.).

11 Scheyhing 1968, S. 44.

12 Irrig Winzeler 2012, S. 118, der die weltanschauliche Neutralität als «rechtliche Folge der Reformation» bezeichnet und als Beleg die Friedensschlüsse von 1555 und 1648 anführt.

13 Heckel 2016, S. 13 (das weltliche Religionsrecht sei «als Freiheitsrecht zur Sicherung der Religionsausübung» entstanden), 19 («Garantien der Religionsfreiheit», «religiöse Entfaltung», «Freiheitsgarantien»).

14 Anschütz 1932, S. 676. Daran anknüpfend Munsonius 2016, S. 11ff., 18.

«Doch sollen alle andern so obgemelten beeden Religionen nicht anhängig, in diesem Frieden nicht gemeynt, sondern gänzlich ausgeschlossen seyn.»[15]

Mit dem Hinweis auf die fehlende «Glaubensfreiheit» macht Anschütz deutlich, daß die reichsrechtliche Akzeptanz verschiedener Konfessionen eben noch nicht individuelle Glaubensfreiheit im Sinne einer Wahlfreiheit der Gläubigen bedeutete.[16] Es gab «kein religiöses Wahlrecht für den Untertan».[17] Von der Wahlfreiheit durften freilich einige wenige, ganz besonders privilegierte Gläubige Gebrauch machen, nämlich die (weltlichen) Territorialherren.[18] «Der Religionsfriede stellt auf die Reichsstände als Träger der Religionshoheit ab.»[19] Zugespitzt formuliert: Sie konnten seinerzeit als die einzigen Träger der Religionsfreiheit gelten. Jedenfalls herrschte Glaubenseinheit zwar nicht mehr im Reich, wohl aber um so kräftiger in den Territorien, wo sie abhängig vom Willen des jeweiligen Landesherrn war.[20]

Für diese Landesherren stellte das konfessionelle Wahlrecht in Gestalt des *ius reformandi* zugleich und in allererster Linie ein Herrschaftsrecht dar: Religions*freiheit* trat hier paradoxerweise als Religions*hoheit* auf. Denn die freie Wahl zwischen dem römisch-katholischen und dem

15 Dazu statt aller Link 2010, § 12 Rn. 9.

16 Ebenso deutlich Campenhausen 2009, § 157 Rn. 14: «bringt keine Religionsfreiheit», ist «weit entfernt von moderner Religionsfreiheit».

17 Campenhausen 2009, § 157 Rn. 15.

18 Hier ist für die geistlichen Herrscher, insbesondere die (Fürst-)Bischöfe, die Besonderheit des *reservatum ecclesiasticum*, also des «geistlichen Vorbehalts», zu beachten (§ 18 AR). Zwar konnte auch der geistliche Landesherr persönlich zum lutherischen Glauben übertreten, doch verlor er damit zugleich alle Herrschaftsrechte, und das Territorium blieb durch Nachwahl oder sonstige Bestimmung eines Nachfolgers katholisch. Dazu nur Heckel 2003, S. 86f.; Link 2010, § 12 Rn. 6. Von evangelischer Seite wurde die Gültigkeit dieses Vorbehalts stets ebenso vehement wie vergeblich bestritten.

19 Campenhausen 2009, § 157 Rn. 15.

20 Munsonius 2016, S. 17. Man hat insofern von der «Verräumlichung der konfessionellen Gegensätze» gesprochen (Lottes 2002, S. 183ff.; zum – schon vor der Reformation angestoßenen, aber durch den Religionsfrieden doch massiv beförderten – Territorialisierungseffekt auch Gotthard 2004, S. 100, 283f., 292ff., 519f.). – Nur für die konfessionell gemischten Reichsstädte galt anderes.

Augsburger Bekenntnis garantierte ihnen die zwangsweise Bestimmung der Religionsverhältnisse in ihrem Territorium (sog. Religionsbann oder *ius reformandi*).[21] Hier gibt es also nicht Glaubensfreiheit *gegen die* Obrigkeit, sondern Glaubensfreiheit (nur) *der* Obrigkeit. Ein konfessionelles Wahlrecht steht den Landesherren zu, nicht den Untertanen. Über deren Glaubensstand entscheidet der Herr des Territoriums.[22] Das ist die Quintessenz der – im Friedensdokument so nicht formulierten, aber den Kern der Regelungen präzise erfassenden – Formel *cuius regio, eius religio*.[23]

Das Gesamtbild weist signifikante Differenzen zwischen der Lage auf Reichsebene und territorialer Ebene auf. «Im Reich galten rechtliche Neutralität, Parität, bikonfessionelle Offenheit und Relativierung des beidseitigen Konfessionsanspruchs, im Territorium aber prinzipielle Konfessionseinheit, Imparität und Absolutheitsgeltung der herrschenden Landeskonfession.»[24] Die Pluralität und Neutralität der politisch-säkularen Friedensordnung auf Reichsebene wurde also keineswegs an die Territorien weitergereicht. Ganz im Gegenteil kam es hier zu einer besonders engen Kopplung von Religion und Politik. Die Anerkennung zweier unterschiedlicher Konfessionen und die auf Reichsebene erzielte «Stillstellung des Konflikts»[25] schuf freie Bahn für die umfassende und tiefgreifende Konfessionalisierung des staatlichen und gesellschaftlichen Lebens mit hohem Uniformitätsdruck in den Territorien. Die dortige Lage bestimmte konkret das Leben der Menschen, nicht die Rechtslage auf Reichsebene. Und in den Territorien konnte von Religionsfreiheit keine Rede sein, weil man aufgrund des Religionsbannes nichts anderes als bloßes Objekt der Entscheidung der Obrigkeit war.

21 Den Terminus selbst kennt der Augsburger Religionsfrieden noch nicht. Die Befugnis wird abgeleitet aus einer Zusammenschau der §§ 15, 16 und 23 AR. Zum *ius reformandi* monographisch Schneider 2001; eingehend auch Heckel 2002; knapp Unruh 2017, S. 169ff.

22 Scheyhing 1968, S. 44.

23 Gotthard 2004, S. 292: «Essenz des Religionsfriedens».

24 Heckel 2007, S. 11. Zu dieser Diskrepanz auch deutlich Forst 2003, S. 175ff.; Gotthard 2004, S. 519.

25 Pohlig 2012, S. 233.

Diese Feststellung ist um so wichtiger, weil es eben die Territorien waren, die sich im weiteren Verlauf zu den entscheidenden Trägern auf dem Weg zu souveräner Staatlichkeit entwickelten, während das Reich aus dem Staatsbildungsprozeß in Europa ausschied.[26] Mehr noch: Wegen der reichsrechtlichen Abschottung der Territorien und der erweiterten Machtbefugnisse der Fürsten (auch und gerade gegenüber den Ständen) bildete der Augsburger Religionsfrieden einen wesentlichen Faktor dafür, daß «der Gedanke einer einheitlichen, im Fürsten verkörperten Staatsgewalt und mit ihm der absolutistisch regierte frühneuzeitliche ‹Moderne Staat› sich in Deutschland nicht im Reich, sondern allein in den Territorien durchzusetzen vermochte».[27] Das Alte Reich war weder Vorläufer noch auch nur eine entscheidende Durchgangsstation auf dem Weg zum modernen Staat. Staatsbildung im frühneuzeitlichen Europa war ein Vorgang der Konfessionalisierung, wie etwa Spanien, England oder Frankreich zeigen – und nicht der Säkularisierung, wie man noch immer hören und lesen kann.[28]

3. Auswanderungsfreiheit (ius emigrandi) als Derivatgrundrecht

Und doch brachte der Augsburger Religionsfrieden als gewissermaßen kompensatorischen Ausgleich für das harte *ius reformandi* des Landesherrn die Einräumung eines auch den Untertanen gewährten Freiheitsrechts, nämlich das Recht zur Auswanderung.[29] § 24 AR lautete:

> «Wo aber Unsere, auch der Churfürsten, Fürsten und Stände Unterthanen der alten Religion oder Augspurgischen Confession anhängig, von solcher ihrer

26 Hofmann 2009, S. 82.

27 Link 2010, § 12 Rn. 12. Siehe auch Heckel 2016, S. 144.

28 Gegen die verbreitete Vorstellung von der Entstehung des Staates als Vorgang der Säkularisierung: Dreier 2002, S. 6ff.; Waldhoff 2010, S. 26ff., 43ff.; Gärditz 2010, § 5 Rn. 2ff.; Casanova 2015, S. 16ff.

29 Ausführlich Schneider 2001, S. 157ff.; Heckel 2003, S. 89ff. (mit Hinweis darauf, daß es erstmals im Reichsabschied von 1530 als «einseitige Schutzklausel für katholische Untertanen evangelischer Reichsstände» erscheint; dazu auch Asche 2007, S. 83).

> Religion wegen aus Unsern, auch der Churfürsten, Fürsten und Ständen des H. Reichs Landen, Fürstenthumen, Städten oder Flecken mit ihren Weib und Kindern an andere Orte ziehen und sich nieder thun wolten, denen soll solcher Ab- und Zuzug, auch Verkauffung ihrer Haab und Güter gegen zimlichen, billigen Abtrag der Leibeigenschafft und Nachsteuer [...] unverhindert männiglichs zugelassen und bewilligt [...] seyn.»

Diejenigen Untertanen, die sich nicht dem Glauben ihres Landesherrn beugen wollten, durften das Territorium verlassen. Die Auswanderungsfreiheit wurde den konfessionsverschiedenen Landesbewohnern als Individualrecht garantiert. Da dieses letztlich in einer abweichenden individuellen Konfessionsentscheidung gründete, ist hierin ein «erster und bescheidener Anfang der Anerkennung des Grundrechts der Religionsfreiheit, zunächst im Gewande religiöser Freizügigkeit», erblickt worden[30] – eine «erste, schmale grundrechtliche Verbürgung allgemeiner Religionsfreiheit insofern, als sich nunmehr jeder Protestant und Katholik der obrigkeitlichen Zwangsbekehrung entziehen konnte».[31] Der Einschätzung des Verfassungshistorikers Dietmar Willoweit zufolge mußte dieses Abzugs- und Emigrationsrecht «in einer Welt, der die Idee der Toleranz noch fremd war, als ein Maximum individueller Freiheit gelten».[32] Auch wenn man in Rechnung stellt, daß diese Welt eine agrarisch-feudal geprägte war und eine Auswanderung für Bauern und Handwerker eine große Härte bedeutete, wird man der entsprechenden Rechtsgarantie doch nicht pauschal vollständige Unwirksamkeit unterstellen dürfen. Historische Untersuchungen reklamieren zwar noch weitreichenden Forschungsbedarf, bieten aber durchaus aussagekräftige Belege für die Bedeutung der Garantie, die im übrigen immer im Zusammenhang mit dem Ausweisungsrecht des Landesherrn gese-

30 Campenhausen 2009, § 157 Rn. 15. Damit ist eine vielzitierte Wendung von Heckel 1983, S. 48 aufgegriffen. Eingehende Diskussion dieses Punktes bei Gotthard 2004, S. 527ff. Siehe noch Munsonius 2016, S. 18: «Keimzelle individueller Religionsfreiheit».

31 Heckel 2003, S. 87. Ähnlich Heckel 2007, S. 10. Ferner Scheuner 1950, S. 201; Gotthard 2004, S. 518; Unruh 2017, S. 171f.

32 Willoweit 2013, § 19 Rn. 4.

hen werden muß.[33] Erreicht war immerhin die Anerkennung konkreter individueller Glaubensnot mit durchaus praktischen Folgen – auch wenn die Auswanderungsfreiheit, funktional betrachtet, kaum ein erster Schritt auf dem Wege zur Anerkennung der Pluralität von Religionen war, sondern eher als Ventil für Konfliktlagen und zur Festigung der konfessionellen Geschlossenheit des Territoriums diente.[34] Mit der bekannten Unterscheidung von Albert O. Hirschman zu sprechen: Der implizite Widerspruch zur herrschenden Konfession *(voice)* wurde in einen Weggang aus dem Land überführt *(exit)*. Doch wie auch immer die Praxis ausgesehen und welche Interessenlage eine Rolle gespielt haben mag: Festzuhalten bleibt, daß die Auswanderungsfreiheit in Deutschland auf eine lange – und im europäischen Vergleich wohl einzigartige – Tradition zurückblicken kann.[35]

33 Zusammenfassend zum Stand der Forschung: Asche 2007. Dessen Studie macht deutlich, daß a) das Emigrationsrecht keinesfalls nur eine papierne Garantie geblieben ist (S. 82ff.), b) die Territorialherren sich auf die Bestimmung auch und gerade für ihre Ausweisungspraxis stützten (S. 84ff.) und c) in mehreren Fällen die betroffenen Exulanten erfolgreich Beschwerde beim Reichskammergericht eingelegt hatten, das in einer Art von Emigrationsfolgenrecht einige Härten der Praxis milderte (S. 89ff.). So hatte etwa der Würzburger Fürstbischof Julius Echter von Mespelbrunn ein Ankaufsverbot für Emigrantengüter erlassen (S. 89).

34 Zu Recht betont bei Gotthard 2004, S. 119: *ius emigrandi* als «Aushilfsmittel gegen innere Instabilitäten», das «den Konfessionalisierungsdruck aus der Sicht der einzelnen Untertanen zweifelsohne abmildern, aber die Konfessionalisierung des ganzen Territoriums erleichtern» wird; ebd., S. 533f. die einprägsame Wendung, das *ius emigrandi* habe «religiösen Pluralismus in ein und demselben Gemeinwesen überflüssig machen, nicht begründen» sollen. Siehe auch Asche 2007, S. 80ff.

35 Scheuner 1950; Ballestrem 1981. Den französischen Hugenotten etwa stand kein vergleichbares Recht zu. – Das alles ist nicht nur von historischem Interesse, denn: «Was die Versagung eines solchen ‹Jus emigrandi› bedeutet, wissen alle Bürger der ehemaligen DDR!» (Link 2010, § 12 Rn. 5).

III. Innerchristliche Pluralisierung (Westfälischer Frieden 1648)

Was brachte nun, knapp einhundert Jahre nach dem Augsburger Friedensschluß und nach dreißig verheerenden Kriegsjahren, der Westfälische Frieden[36] an Fortschritten? War er ein Meilenstein auf dem Weg zur modernen Religionsfreiheit?

1. Von der Glaubenszweiheit zur Glaubensdreiheit

Der Westfälische Frieden von 1648 vertieft und erweitert die Ansätze des Augsburger Religionsfriedens in mehrfacher Hinsicht. Zum einen wird, um sich an die klassische Formulierung von Anschütz anzulehnen, die Glaubenszweiheit zur «Glaubensdreiheit»[37] erweitert, indem man neben dem katholischen und dem evangelischen Bekenntnis nun auch das reformierte zuläßt (Art. VII IPO).[38] Damit schreitet die innerchristliche Pluralisierung ein gutes Stück weiter voran. Die sog. «Sekten» wie die Baptisten (von den gräßlichen Münsteraner Wieder-

36 Es gibt Darstellungen sonder Zahl. Zur Einführung für unser Thema besonders geeignet: Fürstenau 1891, S. 49ff.; Schlaich 1987b; Heckel 1988; Stolleis 1988, S. 225ff.; Link 2010, § 15 Rn. 6ff.

37 Morlok 2013a, Art. 4 Rn. 4; Munsonius 2016, S. 21; von den anerkannten drei Bekenntnissen spricht auch Link 2010, § 15 Rn. 8 Fn. 17. – Fürstenau 1891, S. 52ff., 102 mit Fn. 1, 106, 128 weist allerdings ebenso hartnäckig wie zutreffend darauf hin, daß die Reformierten nicht als selbständige dritte Gruppe anerkannt, sondern mit den Lutheranern unter der Gesamtbezeichnung Protestanten zusammengefaßt wurden. Rezipiert waren, wie Art. VII IPO zeigt, weiterhin nur zwei Konfessionen, die katholische und die protestantische, die letztere unterteilt in Evangelische und Reformierte. Denn dort ist die Rede von den «sogenannten protestantischen Ständen» *(qui Protestantes nuncupantur)* und davon, daß «die Protestanten zwei Parteien bilden» *(illi duas partes constituunt)*.

38 In Art. VII [§1] IPO heißt es, daß «alle Rechte oder Vergünstigungen, die [...] vor allem der Religionsfriede und dieser öffentliche Vertrag [...] den der katholischen und der Augsburgischen Konfession angehörenden Ständen und Untertanen gewähren, auch denen zukommen sollen, die als Reformierte bezeichnet werden *(qui inter illos Reformati vocantur)*».

täufern ganz zu schweigen!) blieben allerdings weiterhin verboten und durften noch nicht einmal geduldet werden, wie Art. VII § 2 IPO statuierte: «Außer den zuvor erwähnten Bekenntnissen soll jedoch im Heiligen Römischen Reich kein anderes angenommen oder geduldet werden.» *(Sed praeter Religiones supra nominatus nulla alia in Sacro Imperio Romano recipiatur vel toleretur.)*[39]

2. Einschränkungen des ius reformandi

Ganz prinzipiell blieb es auch beim *ius reformandi* des Territorialherrn, das in dem Friedensdokument mit kräftigen Strichen aus der Landeshoheit hergeleitet wurde.[40] In diesem wichtigen Punkt kam es allerdings zu empfindlichen Einschränkungen, ja zur «Aufsprengung der 1555 eher forcierten religiösen Homogenität».[41] Grund dafür ist die sog. Normaljahrsregelung, wie sie in IPO V, § 31 festgelegt war.[42] Ihr zufolge sollten Untertanen katholischer Stände, «die zu irgendeinem Zeitpunkt des Jahres 1624 die öffentliche oder private Religionsausübung der Augsburgischen Konfession entweder auf Grund eines bestimmten Vertrages oder eines bestimmten Privilegs oder gemäß altem Herkommen und lokalem Brauch vorgenommen haben, diese auch fernerhin [...] beibehalten» dürfen. Und das gleiche galt konsequenterweise umgekehrt für «die katholischen Untertanen von Reichsständen der Augsburgischen Konfession», wie IPO V, § 32 ausdrücklich festhielt.

39 Die Praxis in den Territorien war durchaus großzügiger: Conrad 1961, S. 168ff.

40 Art. V, § 30 IPO: «da diesen reichsunmittelbaren Ständen neben der Landesherrschaft nach allgemeinem Reichsherkommen auch das Reformationsrecht *(ius reformandi)* zusteht [...], ist bestimmt worden, daß diese Vorschrift auch künftig von den Ständen beider Bekenntnisse beachtet und keinem Reichsstand das Recht, das ihm gemäß der Landeshoheit in Religionssachen zusteht, geschmälert werden soll.»

41 Leonhardt 2017, S. 219.

42 Dabei stellt die Fixierung des Jahres 1624 einen Kompromiß zwischen den streitenden Parteien dar. Die katholische Seite hatte 1630, die protestantische 1618 präferiert; 1624 entsprach «die Verteilung der Konfessionen nach dem Stand der Truppen [...] am ehesten der Parität der Religionsparteien im Reich» (Heckel 2016, S. 776). Zu Details Fuchs 2010, insb. S. 99ff., 150ff., 170ff.

Die «Willkürherrschaft»[43] bei der Fixierung des Konfessionsstandes seines Territoriums hatte insofern ein Ende. Denn das in der Vergangenheit oft in Anspruch genommene und im Grundsatz weiterhin geltende Vertreibungsrecht Andersgläubiger war eingeschränkt. Nun mußte der Territorialherr eine gewisse konfessionelle Mischung seiner Untertanen hinnehmen, weil die Religionsausübung für die Zukunft in dem Umfang gewährleistet wurde, in dem sie 1624 praktiziert worden war. Plastisch formuliert: «Damit regierte hinfort nicht nur Fürstenwille, sondern auch der Kalender Bekenntnis und Kultus.»[44] Mit der Normaljahrsregelung war die konfessionelle Landkarte Deutschlands für Jahrhunderte fixiert, denn das Recht der Landesherren zur Festlegung des Bekenntnisstandes in ihrem Territorium wurde «stillschweigend abgelöst durch die Pflicht, die Religionsausübung wenigstens in dem Umfang des Normaljahres zu gewährleisten».[45]

3. Stufungen der Religionsfreiheit

Aber auch mit der Normaljahrsregelung sind wir von Religionsfreiheit als einem allgemeinen Individualrecht noch denkbar weit entfernt. Denn insgesamt kann nach wie vor «nur bei den Weltlichen Reichsunmittelbaren von einer wirklichen Religionsfreiheit, aber auch nur hinsichtlich der im Reiche anerkannten Religion, die Rede sein».[46] Was uns hingegen begegnet, ist eine für jene Zeit typische Stufung von Rechten[47] – zeittypisch, weil dem «Denken der Epoche noch nicht die moderne Vorstellung einer individuellen und allgemeinen Freistellung

43 Heckel 2016, S. 19. Zu den Einschränkungen des *ius reformandi* auch Gotthard 2004, S. 489ff.

44 Link 2010, § 15 Rn. 8.

45 Campenhausen 2009, § 157 Rn. 18. Desgleichen Link 2010, § 15 Rn. 8: «so wandelte sich also der Religionsbann von einem fürstlichen Recht zur Pflicht, das Religionsexercitium nach Maßgabe des Rechtszustandes von 1624 zu dulden».

46 Fürstenau 1891, S. 73.

47 Heckel 2003, S. 92 ff: «Das abgestufte Religionsexerzitium nach der Normaljahrsregelung des IPO».

[entsprach]. Freiheit wurde noch durch Privilegien und Standesrechte für Mitglieder und Angehörige vermittelt.»[48]

Insofern lassen sich drei verschiedene Stufen voneinander abheben.[49] Auf der untersten Stufe gab es die sog. Hausandacht *(devotio domestica)*, von der in Art. V, § 34 IPO die Rede ist. Sie kam für jene glaubensverschiedenen Untertanen – also die «der Augsburger Konfession angehörenden Untertanen katholischer Stände wie umgekehrt katholische[n] Untertanen von Ständen der Augsburger Konfession»[50] – in Betracht, denen im Jahre 1624 «zu keinem Zeitpunkt die öffentliche oder private Religionsausübung zustand». Sie sollten «mit Nachsicht geduldet und nicht daran gehindert werden […], sich in vollständiger Gewissensfreiheit in ihren Häusern ihrer Andacht ohne jede Nachforschung und ohne jede Beeinträchtigung privat zu widmen».[51] Das ist der Urgedanke von Toleranz: Man erträgt etwas, was man nicht billigt und im Grunde für falsch hält – um des Friedens willen. Eine öffentliche Bekundung war freilich ausgeschlossen. Zudem gab es für den Landesherrn immer noch die Alternative der Ausweisung der konfessionsverschiedenen und nicht durch die Normaljahrsgarantie geschützten Untertanen, die aus Art. V, §§ 30, 36 IPO folgte.[52] Das bedeutet: «Das Toleranzgebot galt, aber eben nur bis zur Ausweisung. Die Toleranz […] war mithin nur für den Fall und nur so lange vorgeschrieben und verbürgt, als sich deren Obrigkeit nicht […] zur Ausweisung dieser Untertanen entschloß.»[53]

48 Campenhausen 2009, § 157 Rn. 18. Ähnlich Müller 2007, S. 266.

49 Zu den drei Stufen ausführlich Sägmüller 1908. – Kritisch Heckel 2003, S. 92f.: «penible Differenzierung in unterschiedliche Grade und Stufen der Religionsfreiheit […] bot der findigen Jurisprudenz bis zum Ende des Alten Reiches reiche Gelegenheit, ihren Scharfsinn minutiös in positivistischen Finessen zu bewähren».

50 Dieses Zitat und die weiteren: Art. V, § 34 IPO.

51 Die Kinder sollten in auswärtigen Schulen ihres Bekenntnisses oder zu Hause von Privatlehrern unterwiesen werden. Zum Umfang der Hausandacht (mit oder ohne Hausgeistlichen?) Fürstenau 1891, S. 66 mit Fn. 1; Sägmüller 1908, S. 259, 267, 269.

52 Art. V, § 36 IPO: «Sollte aber ein Untertan, dem im Jahre 1624 weder die öffentliche noch die private Religionsausübung zustand […], freiwillig auswandern oder vom Landesherrn dazu gezwungen werden […].»

53 Heckel 2003, S. 98, wo es weiter heißt: «Auch darin lag eine bedeutsame Freiheitsgarantie, die der Obrigkeit in der Zeit bis zur möglichen Ausweisung die Zwangsbekehrung und Konfiskation dieser Untertanen, die Wegnahme ihrer Kinder und je-

Auf der nächsthöheren Stufe liegt das *exercitium privatum*, das nicht auf die Hausandacht beschränkt und in unserem üblichen Wortverständnis eben gerade nicht privat ist.[54] Es mußte aber «der öffentlichen Anerkennung und Unterstützung des Territorialstaats entbehren, sich mit Bethäusern und Privatgeistlichen, Dachreitern und Glöckchen begnügen und durfte nur eingeschränkt in der und auf die Öffentlichkeit wirken».[55] Ihre öffentliche Sichtbarkeit war eingeschränkt, aber nicht ausgeschlossen. Immerhin konnte die Gemeinde unter Leitung eines Geistlichen in besonderen Gebäuden zusammenkommen, was bei der *devotio domestica* gerade ausgeschlossen war. Das *exercitium publicum*[56] schließlich – also die dritte Stufe – umfaßte dann mit sozusagen höchstem Rang die gesteigerte Öffentlichkeit und Wertigkeit, charakteristischerweise mit Turm und Glocken[57] – das Merkmal des Öffentlichen verweist insofern «auf einen Gesamtzusammenhang von erhöhter Werthaftigkeit, Würde und Wirksamkeit».[58] Bei diesen drei Stufen handelte es sich nicht um scharf voneinander abgetrennte Kategorien, weil die Übergänge durchaus fließend waren. Gesichert war immer der faktische Zustand des Jahres 1624.[59]

Zusammengefaßt: «Die Freiheit in Religionsangelegenheiten gewann mit dem Westfälischen Frieden deutlich an Raum, sie blieb aber dosiert und abgestuft.»[60] Kein Zufall auch, daß hier zum ersten Male

den direkten und indirekten Religionszwang verbot und sie explizit verpflichtete, die diesfalls vorgeschriebenen Komplementärgarantien bis zur Abwicklung der Emigration peinlich einzuhalten.» So in der Sache schon Fürstenau 1891, S. 63ff. (Duldung oder Ausweisung, Duldung bis zur Ausweisung), und desgleichen Gotthard 2004, S. 490.

54 Präzise Gotthard 2004, S. 490 mit Fn. 942. Explizit gegen die Vermengung von *exercitium privatum* und *devotio domestica* Sägmüller 1908, S. 264ff., 269ff.

55 Heckel 2003, S. 93. Zudem waren die Geistlichen keine Beamten und durften die Bethäuser keinen Zugang von der Straße her haben.

56 Zu ihm in wortreicher Umschreibung Heckel 2003, S. 93.

57 Gotthard 2004, S. 489f.; auch dazu Sägmüller 1908, S. 259ff., 271ff.: entscheidendes Differenzierungskriterium ist die öffentliche Erkennbarkeit und Sichtbarkeit (Prozessionen, Glockengeläut, Kirchhöfe etc.).

58 Heckel 2003, S. 93.

59 Gotthard 2004, S. 489f. mit Fn. 941.

60 Campenhausen 2009, § 157 Rn. 18.

die Gewissensfreiheit *(conscientiae libertas)* Erwähnung findet, und zwar in Art. V, § 34 *(conscientia libera)* sowie in Art. VII, § 1 *(conscientiae libertate)*. Insgesamt waren 1648 individuelle Berechtigungen nur eine Art Nebenprodukt korporativer Rechte der Reichsstände als Religionsparteien. Am prinzipiell christlichen Charakter des Reiches wie der Territorien bestand kein Zweifel. Dennoch hat man zu Recht festgestellt, daß die Garantien des Westfälischen Friedens «über die englischen Toleranzerklärungen der zweiten Hälfte des 17. Jahrhunderts hinausgingen und in einem denkbar krassen Gegensatz zur französischen Politik der konfessionellen Homogenisierung standen».[61]

IV. Sukzessive Ausweitungsprozesse (1794, 1815)

1. Praeterlegale Toleranz

Die Regelungen des Westfälischen Friedens determinierten die konfessionelle Lage für lange Zeit.[62] Die Fürstentümer und Reichsstädte trugen ganz überwiegend «das Gepräge starrer konfessioneller Einseitigkeit».[63] Freilich erwiesen sich die Regelungen im Laufe der Jahrzehnte und Jahrhunderte als zu unflexibel, so daß sie mehr und mehr unterlaufen, still beiseitegeschoben oder offen für irrelevant erklärt wurden. Toleranzmaßnahmen, die das enge Korsett von 1648 sprengten, prägten vor allem die Entwicklung in Preußen[64]. Hier war schon früh der Übertritt des Kurfürsten von Brandenburg zum reformierten Bekenntnis am Weihnachtstage 1613 ohne Folgen für die lutherische Mehrheit der Untertanen geblieben, die ihre Konfession beibehalten durften; und hier hatte es etwa für das katholische Kleve im Jahre 1614 ein bemerkenswert

61 Lottes 2002, S. 187.

62 Und zwar und gerade deshalb, weil der RDH von 1803 in § 63 die Aufrechterhaltung der bisherigen Religionsausübung in den Entschädigungsgebieten vorsah.

63 Anschütz 1932, S. 677.

64 Vgl. Fürstenau 1891, S. 75f.; s. auch Campenhausen 2009, § 157 Rn. 21ff.; Munsonius 2016, S. 23ff.

liberales Edikt gegeben.[65] Damit wurde das Land «zum ersten innerprotestantisch-paritätischen Staat».[66] Auch die 1648 eigentlich ausdrücklich verbotene Duldung sog. Sekten wurde in Preußen in beachtlichem Umfang praktiziert.[67] Man kann insofern von praeterlegalen Raumgewinnen für die Toleranzidee sprechen, die aber auch durchaus herrschaftspraktische Gründe hatte. Denn diese Schritte hin zu stärkerer Säkularisierung waren vor allem auch dadurch veranlaßt, die glaubensverschiedenen Teile des Landes zu integrieren. Die Entscheidungen beruhten weniger auf einer Hochschätzung der Religionsfreiheit denn der (nicht nur in Preußen bestehenden) «Notwendigkeit, die staatliche Einheit über den Verlust der religiösen Einheit hinweg zu bewahren».[68]

2. Fortschrittlichkeit des Preußischen Allgemeinen Landrechts (1794)

Eine stark von Gedanken der Aufklärung geprägte Summe der Entwicklungen des 17. und 18. Jahrhunderts zog das Allgemeine Preußische Landrecht von 1794.[69] Wenn Gerhard Anschütz im altpreußischen Staatskirchenrecht die «Wurzeln der deutschen Religionsfreiheit» liegen sah,[70] dann vor allem wegen der hier anzutreffenden, bemerkenswert

65 Campenhausen 2009, § 157 Rn. 21 Fn. 37: «Das Patent vom 19.5.1614 über Religionsfreiheit in Kleve machte die kleveschen Lande zur ersten Freistatt religiöser Toleranz in Deutschland.»

66 Link 2009, § 10 Rn. 28.

67 Meyer-Anschütz 1919, S. 999f.; Conrad 1961, S. 180f. Erst § 63 des RDH von 1803 stellte es dem Landesherrn (über die Fixierung der Rechtslage von 1648 hinaus) frei, «andere Religionsverwandte zu dulden und ihnen den vollen Genuß bürgerlicher Rechte zu gestatten».

68 Schlaich 1985, S. 438.

69 Eine leicht faßliche und anschauliche Darlegung der den Regelungen zur Religionsausübung und zu den Rechten und Pflichten der Kirchen und geistlichen Gesellschaften zugrundeliegenden Prinzipien findet sich in den sog. Kronprinzenvorträgen von Carl Gottlieb Svarez, einem der geistigen Väter des ALR. Siehe Svarez 1960, S. 350ff., 504ff.

70 Anschütz 1932, S. 677; ihm folgend Campenhausen 2009, § 157 Rn. 25. Zur Modernität der Regelungen auch Fürstenau 1891, S. 77ff.; Friedrich 1999, S. 17ff., 20f.; Walter 2006, S. 102ff.; Munsonius 2016, S. 24f.

modern wirkenden, weil Individualrechte gewährenden, Bestimmungen im elften Abschnitt des Zweiten Teils dieses bedeutenden Gesetzeswerkes (PrALR II 11). Dort heißt es: «§ 1. Die Begriffe der Einwohner des Staats von Gott und göttlichen Dingen, der Glaube, und der innere Gottesdienst, können kein Gegenstand von Zwangsgesetzen seyn. § 2. Jedem Einwohner im Staate muß eine vollkommene Glaubens- und Gewissensfreyheit gestattet werden. § 3. Niemand ist schuldig, über seine Privatmeinungen in Religionssachen Vorschriften vom Staate anzunehmen. [...] § 40. Jedem Bürger des Staats, welchen die Gesetze fähig erkennen, für sich selbst zu urtheilen, soll die Wahl der Religionspartey, zu welcher er sich halten will, frey stehn.»

Aus diesen und weiteren Regelungen folgte etwa, daß «das reichsrechtliche Verbot der Duldung von Sekten, welche von den im Reiche anerkannten Konfessionen abwichen, für den Umfang der preußischen Monarchie für unwirksam erklärt und die aus dem ius reformandi fließende Befugnis des Landesherrn, einen Einwohner des Landes seiner Religion wegen zur Auswanderung zu nötigen, beseitigt [war], zu welcher Sekte derselbe sich auch bekennen mochte.»[71] Bei der eigenständigen Konzeption der Religionsfreiheit als einem subjektiven Recht des Individuums spielt das Preußische Landrecht also – ganz entgegen landläufigen Vorstellungen vom Preußen als einem Hort der Reaktion – in der Tat eine gewichtige «Vorreiterrolle».[72] Und als ebenso modern darf gelten, daß die öffentliche Religionsausübung mit «Turm und Glocken» *(exercitium religionis publicum)* allen drei reichsrechtlich anerkannten christlichen Konfessionen (Katholiken, Lutheraner, Reformierte) zustand. Diese drei galten als öffentlich aufgenommene (und nicht nur geduldete) Religionsgesellschaften, hatten also den Status von Korporationen inne und wurden vom Staat, der sich mit keiner von ihnen identifizierte, gleichbehandelt. Gleichbehandlung bedeutete aber keineswegs Freiheit der Kirchen im Sinne religiöser Vereinigungsfrei-

71 Fürstenau 1891, S. 77f.

72 Korioth 2004, S. 735. So schon Fürstenau 1891, S. 77: «Das allgemeine Landrecht ging in einer für die damalige Zeit sehr weitgehenden Toleranz allen anderen Gesetzgebungen voran.» Desgleichen Campenhausen 2009, § 157 Rn. 26.

heit, sondern nur, daß alle drei gleichermaßen staatlicher Aufsicht und Leitung unterworfen waren.[73] «Der säkulare Staat bahnte sich an»[74] – war aber noch längst nicht erreicht.

So zeigt das Preußische Allgemeine Landrecht insgesamt ein durchaus ambivalentes Bild. Die freie Bildung der Religionsgesellschaften war noch nicht zugelassen, sie bedurfte der Genehmigung. Die Trennung von Staat und Kirche war weder realisiert noch auch nur intendiert: «Die staatliche Kirchenhoheit wurde im preußischen Staate des 18. und auch noch des frühen 19. Jahrhunderts ebenso scharf und ‹territorialistisch› gehandhabt wie anderwärts und wie es dem Geist des Zeitalters entsprach.»[75] Das machte die Kirchen «zu gleichzeitig privilegierten und bevormundeten Anstalten des Staates».[76]

Auch kannte man den Kirchen*aus*tritt nur als Kirchen*über*tritt, wie § 41 II 11 PrALR zeigte: «Der Übergang von einer Religionspartey zu einer andern geschieht in der Regel durch ausdrückliche Erklärung.» Aus diesem Grunde hat Schlaich mit Recht davon gesprochen, das 18. Jahrhundert habe wohl den Gedanken der Konfessionsfreiheit, nicht aber vollumfänglich den der Religionsfreiheit gekannt.[77] Es gab mithin Freiheit *zum* Glauben, aber noch keine Freiheit *vom* Glauben. Völlige Religionslosigkeit war nicht vorgesehen.[78] Das änderte sich in Preußen erst 1847.[79] Und schon gar nicht konnte es völlige Gleichgültigkeit der Religionsgesellschaften gegenüber dem Staat geben. Vielmehr wurden die Kirchen insofern streng in die Pflicht genommen, wenn es in § 13 II 11 PrALR hieß: «Jede Kirchengesellschaft ist verpflichtet, ihren Mitglie-

73 Campenhausen 2009, § 157 Rn. 24; Link 2010, § 16 Rn. 14.

74 Friedrich 1999, S. 18.

75 Anschütz 1932, S. 678.

76 Korioth 2004, S. 734.

77 Schlaich 1985, S. 432. Zum Kirchenaustrittsrecht in seiner historischen Entwicklung Schmal 2013 (zu Preußen S. 81ff., 90ff., 103ff.).

78 Campenhausen 2009, § 157 Rn. 26; Schmal 2013, S. 99ff., 102. Das trifft auch auf die Verfassungen des Vormärz zu. Noch für Hegel, dessen Philosophie in so vielerlei Hinsicht moderne Entwicklungsprozesse verarbeitet, steht ganz außer Frage, daß jeder Bürger einer Kirchengemeinde anzugehören hat, wie er in § 270 seiner Rechtsphilosophie von 1821 statuiert. Dazu nur Siep 2015, S. 165ff., insb. 171ff.

79 Fürstenau 1891, S. 126, 142.

dern Ehrfurcht gegen die Gottheit, Gehorsam gegen die Gesetze, Treue gegen den Staat, und sittlich gute Gesinnungen gegen ihre Mitglieder einzuflößen.» Insgesamt steht im Preußischen Allgemeinen Landrecht der völlige Verzicht auf jeglichen Religionsbann sowie die uneingeschränkte Einräumung des Umstandes, daß der Staat die Frage nach dem wahren Glauben nicht beantworten kann, unvermittelt neben der festen Überzeugung von der Existenz Gottes und der Zuträglichkeit, ja Unentbehrlichkeit der christlichen Religion für eine gedeihliche soziale und politische Ordnung.[80]

Trotz aller Einschränkungen ging das Preußische Allgemeine Landrecht aber doch einen entscheidenden Schritt in Richtung allgemeiner Religionsfreiheit kraft Gleichstellung verschiedener (nicht: aller) christlicher Glaubensrichtungen und starker Betonung individueller Entscheidungsfreiheit.[81]

3. Gleichstellung dreier christlicher Konfessionen

Ganz auf der Linie des Preußischen Landrechts liegt dann die Ausdehnung der Religionsfreiheit in der Zeit des Rheinbundes und den Jahrzehnten nach dem Wiener Kongreß durch Zusicherung der Glaubensfreiheit für alle Staatsbewohner sowie weitreichende Gleichstellung der drei christlichen Konfessionen einschließlich des Zugangs zum Staatsdienst.[82] Faktisch befördert wurde diese Entwicklung nicht zuletzt durch den Umstand, daß es infolge des Reichsdeputationshauptschlusses (1803) und des Wiener Kongresses (1814/15) in vielen Territorien zu gemischt-konfessionellen Verhältnissen gekommen war.[83]

80 Das betont zu Recht Friedrich 1999, S. 19. Zu dieser allgemein geteilten Auffassung von der Zweckdienlichkeit der Religion im klassischen Polizeirecht des Spätabsolutismus noch einige Hinweise bei Graf 2013, S. 19ff.

81 Es trifft also nicht zu, daß «in den deutschen Staaten bis Anfang des 19. Jahrhunderts stets nur eine der drei großen christlichen Konfessionen – Katholiken, Lutheraner, Reformierte – als Staatsreligion anerkannt (jede andere nur geduldet) war», wie Hölscher 2017, S. 51 meint.

82 Vgl. Fürstenau 1891, S. 88ff., 121ff. Das galt durchweg für die großen Staaten wie Baden, Bayern, Württemberg, Sachsen, Hessen, Hannover u. a.

83 Siehe etwa Huber I, S. 397f.; Friedrich 1999, S. 21ff.

Die ehedem nur reichsrechtlichen Grundsätze der Gleichordnung und Parität gelangten nun als Organisationsprinzipien für die innerstaatlichen Verhältnisse zur Anwendung.[84] Demgemäß war der Genuß der bürgerlichen und politischen Rechte nicht länger durch Zugehörigkeit zu einer distinkten Konfession bedingt, sondern lediglich zu einer der drei anerkannten christlichen. Die fortschrittlichsten Verhältnisse fanden sich im übrigen in den kurzlebigen napoleonischen Satellitenstaaten, insbesondere im Königreich Westfalen, wo zudem die Judenemanzipation am stärksten vorangetrieben worden war.[85] Aber auch nach Ende dieser Episode wurden entsprechende Paritätsklauseln üblich, wofür insbesondere der Wiener Kongreß eine Grundlage geschaffen hatte. In Art. XVI der Deutschen Bundesakte von 1815 hieß es: «Die Verschiedenheit der christlichen Religionspartheien kann in den Ländern und Gebieten des deutschen Bundes keinen Unterschied in dem Genusse der bürgerlichen und politischen Rechte begründen.»[86] Mit Religionsparteien sind wiederum (nur) die katholische, lutherische wie reformierte Konfession gemeint; und die Parität betraf nur die einzelnen Angehörigen der jeweiligen Konfession, nicht die Rechte der Religionsgesellschaften als solcher.[87] Entsprechende Regelungen begegnen uns dann in den Dokumenten des süddeutschen Konstitutionalismus[88] und den Verfassungsdokumenten der folgenden Verfassungswelle ab 1831 – freilich mit der für die damalige Zeit typischen Einschränkung auf die drei christlichen Konfessionen.[89] Auch in diesem Punkt – wie in so vielen anderen – erfolgte der endgültige Durchbruch zu einer umfas-

84 Fürstenau 1891, S. 79; Walter 2006, S. 100, 105.

85 Hecker 2005, S. 108ff.

86 Eingehend zu Entstehung und Bedeutung der Klausel Fürstenau 1891, S. 97ff.; de Wall 2014, S. 538ff.

87 Akribisch Fürstenau 1891, S. 102ff.; knapp de Wall 2014, S. 539f. – Diesen Umstand verkennt Hölscher 2017, S. 63.

88 Bayern und Baden 1818, Württemberg 1819. – Vgl. zu den besonders detaillierten Regelungen des bayerischen Religionsediktes, das als Beilage zur Verfassungsurkunde erging und in vielerlei Hinsicht prototypische Regelungen trifft, die Darstellung bei Huber I, S. 427ff.

89 Siehe etwa Bayern: Titel IV § 9 Abs. 2; Baden: § 9; Württemberg: Art. 27 Abs. 2. In den späteren Verfassungswellen sind vergleichbare Regelungen überall üblich.

senden Religionsfreiheit im modernen Sinne und zur klaren Trennung von Staat und Kirche erst mit der Paulskirchenverfassung von 1848/49. Bis zu dieser Zäsur sieht der Standard an Religionsfreiheit in den deutschen Territorien ganz überwiegend so aus:[90] Gewährleistet ist (1) allen Bürgern die zumeist als Gewissensfreiheit titulierte Glaubensfreiheit und ihre Ausübung mindestens in Form der Hausandacht; gewährleistet ist (2) der Religionswechsel; gewährleistet ist (3) die Gleichheit der bürgerlichen und politischen Rechte für die Angehörigen der katholischen, lutherischen und reformierten Konfession. Diese drei Glaubensbekenntnisse sind untereinander gleichgestellt; ihnen ist (4) die öffentliche Religionsausübung in gleichem Umfange gestattet, sie genießen (5) die Rechte öffentlicher Korporationen. Entsprechend eingeschränkt ist das *ius reformandi*. Dieses galt aber immer noch, was nicht vergessen werden sollte, ungeschmälert gegenüber jenen Personen, die nicht einer der drei anerkannten christlichen Konfessionen angehörten. Präzise hat man das wie folgt zusammengefaßt:

> «Es ergiebt sich aus dieser Darlegung, daß das ius reformandi des Landesherrn gegenüber allen Unterthanen, welche nicht einer der recipierten christlichen Religionen angehörten, durch die Verfassungen noch keineswegs beseitigt, sondern nur insofern beschränkt worden war, daß der Landesherr diese Unterthanen nicht mehr zur Auswanderung nötigen konnte. Dagegen stand es ihm immer noch frei, ihnen den Genuß der politischen Rechte nach seinem Belieben zu gewähren oder nicht.»[91]

90 Zum folgenden typisierten Gesamtbild mit zahlreichen Belegen aus den Verfassungen Fürstenau 1891, S. 122ff., 130ff. – Zu betonen ist, daß letztlich «das tatsächliche Ausmaß der Religionsfreiheit und die Stellung der Kirchen im Staat […] von der Einzelgesetzgebung der Staaten» abhing (Friedrich 1999, S. 23).

91 Fürstenau 1891, S. 128.

V. Programmatischer Durchbruch: Paulskirchenverfassung 1848/49

Auch wenn die hier skizzierten Prozesse eine deutliche Liberalisierung in der Glaubensfrage erkennen lassen, so war der letztlich entscheidende Schritt zu umfassender Religionsfreiheit doch noch nicht getan. Ein in diesem Sinne konsequent modernes Programm formulierte erst die – auch in dieser Hinsicht entschieden vorwärtsweisende – Paulskirchenverfassung in aller Klarheit und Konsequenz aus.[92] Der qualitative Sprung, der hier getan wird, läßt sich den ebenso schnörkellos wie eindringlich formulierten einschlägigen Bestimmungen nach dem bisher Gesagten ohne weitere Erläuterung entnehmen. So heißt es in § 144: «Jeder Deutsche hat volle Glaubens- und Gewissensfreiheit. Niemand ist verpflichtet, seine religiöse Ueberzeugung zu offenbaren.» § 145 normiert: «Jeder Deutsche ist unbeschränkt in der gemeinsamen häuslichen und öffentlichen Uebung seiner Religion.» Schließlich garantiert § 147 Abs. 3 mit der religiösen Vereinigungsfreiheit etwas bis dato nicht Dagewesenes: «Neue Religionsgesellschaften dürfen sich bilden; einer Anerkennung ihres Bekenntnisses durch den Staat bedarf es nicht.» Dieser Dreiklang von Gewissens-, Kultus- und Vereinigungsfreiheit erwies sich als stilbildend für spätere Verfassungen wie diejenige Weimars oder der Bundesrepublik Deutschland.[93] Gemäß § 146 der Paulskirchenverfassung wird durch das religiöse Bekenntnis der Genuß der bürgerlichen und staatsbürgerlichen Rechte weder bedingt noch beschränkt. § 147 Abs. 2 zieht die Konsequenz für die staatsorganisatorische Seite, indem normiert wird: «Keine Religionsgemeinschaft genießt vor andern Vorrechte durch den Staat; es besteht fernerhin keine Staatskirche.» Entfallen ist mit alledem die Privilegierung der christlichen Konfessionen, entfallen auch die staatliche Aufsicht über die Religionsge-

92 Zu ihren religionsrechtlichen Regelungen ausführlich Fürstenau 1891, S. 181ff., 193f.; Kühne 1985, S. 479ff.; Schmal 2013, S. 112ff.; kompakt Huber II, S. 779; Friedrich 1999, S. 25ff.; Link 2009, § 20 Rn. 2ff. – Zählung der Artikel im folgenden nach der Gesamtverfassung vom 28. März 1849.

93 Anschütz 1932, S. 683ff.; Kühne 1985, S. 470.

meinschaften, entfallen schließlich das abgestufte System von exercitium publicum, exercitium privatum und Hausandacht, entfallen letzthin jede Identifikation des Staates mit einer bestimmten Glaubensrichtung. Besonders weit ging die Zusicherung völliger Autonomie an alle Religionsgesellschaften, also ihr Selbstbestimmungsrecht. Der einschlägige § 147 Abs. 1 lautete: «Jede Religionsgesellschaft ordnet und verwaltet ihre Angelegenheiten selbständig, bleibt aber den allgemeinen Staatsgesetzen unterworfen.»[94] Zeitgenössisch hat Theodor Mommsen diese weitreichende Autonomie und den damit verbundenen Rückzug des Staates in seinen «Belehrungen und Erläuterungen» zu den Grundrechten der Paulskirchenverfassung wegen der Gefahr einer möglichen «Pfaffenherrschaft» durchaus kritisch beäugt.[95] Im historischen Rückblick läßt sich die Paulskirchenverfassung als Ausdruck einer «aufgeklärten Säkularität» begreifen, weil ihr Ziel die «Gewährleistung der Freiheit unter Einschluß der Religionsfreiheit» ist, weil sie «dem Staat nicht die Befreiung von Religion zur Aufgabe macht» und weil sie «dem Staat selbst nicht religiöse oder quasireligiöse Funktionen zuschreibt».[96]

VI. Praktische Fortschritte (1850, 1871)

1. Preußen als «christlicher Staat»?

Nun wissen wir, daß die Paulskirchenverfassung alsbald den restaurativen Kräften zum Opfer fiel und ihre politische Realisierung scheiterte. Ihr Programm war der Zeit in manchen Punkten zu weit voraus. Wir wissen aber auch, daß sie eine ganz erhebliche Strahl- und Prägekraft

94 Nach Zwirner 1987, S. 294f. beseitigen die drei Absätze des § 147 «die im bisherigen deutschen Staatskirchenrecht im Begriff des *jus circa sacra*, der staatlichen ‹Kirchen›- oder ‹Religionshoheit› zusammengeschlossenen religionspolitischen staatlichen Kompetenzen: das *jus inspeciendi* (Abs. 1), das *jus advocatiae* (Abs. 2) und das *jus reformandi* (Abs. 3)».

95 Mommsen 1849, S. 41.

96 Zitate: Huber 1999, S. 37.

für die Folgezeit entwickelte.[97] Das gilt nicht nur langfristig. Denn zentrale Elemente gerade der Bestimmungen zur Religionsfreiheit und zum Staatskirchenrecht fanden Eingang in die bis 1918 gültige Preußische Verfassungsurkunde von 1850. In Art. 12 wird die bis dahin in Preußen nicht bestehende Freiheit der Vereinigung zu Religionsgesellschaften gewährleistet sowie die bürgerliche und staatsbürgerliche Gleichheit auf alle Staatsangehörigen ohne Unterschied der Konfession erstreckt: «Die Freiheit des religiösen Bekenntnisses, der Vereinigung zu Religionsgemeinschaften [...] und der gemeinsamen häuslichen und öffentlichen Religionsausübung wird gewährleistet. Der Genuß der bürgerlichen und staatsbürgerlichen Rechte ist unabhängig von dem religiösen Bekenntnisse.»[98] Das Christentum als Staatsreligion nach dem Vorbild der Charte Constitutionelle Française von 1814 (Art. 6: «Indessen ist die römisch-katholische Religion die Religion des Staats.») kennt die Preußische Verfassung gerade nicht.[99] Das zu betonen ist deshalb wichtig, weil mit Blick auf eine andere Norm der Verfassung das Preußen jener Epoche gern – aber viel zu pauschal und weitgehend – als «christlicher Staat» apostrophiert wird.[100] Der dafür als Beleg angeführte Artikel 14 lautet: «Die christliche Religion wird bei denjenigen Einrichtungen des Staats, welche mit der Religionsübung im Zusammenhange stehen, unbeschadet der im Art. 12 gewährleisteten Religionsfreiheit, zum Grunde gelegt.» Hier wird also in gewissem, im einzelnen nicht leicht zu ermessendem Umfang «dem christlichen Grundcharakter Preußens bei der Ausgestaltung bestimmter staatlicher Einrichtungen Rechnung getragen».[101] Aber notabene: Der Staat selbst bekennt sich nicht zum Christentum, sondern will es als Mehrheitsreli-

97 Kühne 1985, S. 49ff., 525ff. et passim; Maurer 1999, S. 691f.; Wittreck 2017, § 231 Rn. 41ff.

98 Eingehend dazu Anschütz 1912, S. 183ff.; knapp Friedrich 1999, S. 28f.

99 Schon deswegen nicht, weil es «die» christliche Religion als distinkten Glauben mangels konfessioneller Spezifizierung gar nicht gibt; treffend Hillgruber 2007, S. 35. In Frankreich war daher 1814 präzise von der römisch-katholischen Religion die Rede.

100 Zu Recht kritisch gegenüber dieser pauschalen Einordnung Hillgruber 2007, S. 31ff.

101 Hillgruber 2007, S. 34.

gion in gewissem Umfang berücksichtigen.[102] Die Verfassung hält mit Art. 14 an einer gleichsam natürlichen Codierung des Staats- und Gesellschaftslebens durch das Christentum fest.

Man würde zu kurz greifen, wenn man hierin einen Sieg der Position sehen wollte, die der hochkonservative Politiker und Rechtsphilosoph Friedrich Julius Stahl in seiner gleichnamigen Programmschrift («Der christliche Staat», 1847) vertreten hatte.[103] Denn seine viel weitergehenden Vorstellungen konnten sich in den Beratungen gerade nicht durchsetzen.[104] Richtig ist allerdings, daß die Preußische Verfassung einer rigiden Trennung von Staat und Kirche und einer absoluten Gleichberechtigung aller Religionen eine Absage erteilt und insofern klar Gegenposition zur Paulskirche bezieht. Letztlich standen hinter dieser nicht ganz leicht zu interpretierenden Norm relativ konkrete Befürchtungen, die staatliche Anordnung und Durchführung der Sonntagsruhe, der christlichen Feiertage oder der christlichen Militärseelsorge seien ohne diesen Zusatz wegen der ansonsten gewährten Religionsfreiheit nicht mehr unangreifbar[105] – übrigens alles Materien, die später im Weimarer Verfassungskompromiß ausdrücklich geregelt und dann vom Grundgesetz übernommen wurden (Art. 140 GG i. V. m. Art. 139, 141 WRV). Der Sache nach ging es zudem um die christliche Prägung von Ehe und Schule. So hatte man wohl auch die Beschränkung des Religionsunterrichts auf die christlichen Konfessionen und die Christlichkeit des Eides im Blick, wobei die konkrete Reichweite der Norm durchaus umstritten war.[106]

So indiziert die Preußische Verfassung von 1850 eine eigentümliche Schwebelage: einerseits relativ weitgehende individuelle Glaubens- und

102 Anschütz 1912, S. 269. – Das ist ein noch heute virulentes Problem, etwa beim verbindlichen Schwimmunterricht auch für muslimische Mädchen oder beim Sonntagsschutz. Siehe etwa Winzeler 2012, S. 157ff. und unten S. 113ff.

103 Zu ihm knapp Schlaich 1985, S. 442; Link 2009, § 21 Rn. 6. Ausführlicher Leonhardt 2017, S. 263ff., insb. 270ff.

104 Anschütz 1912, S. 267f.; Hillgruber 2007, S. 32, 34; Leonhardt 2017, S. 274f.

105 Siehe die Erläuterungen bei Anschütz 1912, S. 260ff., der freilich die Notwendigkeit eines besonderen Artikels gerade bestreitet.

106 Siehe Anschütz 1912, S. 273ff., 277ff.; Huber III, S. 116.

Kultusfreiheit, andererseits die Hervorhebung der christlichen Religion als dominantes Element des staatlichen Selbstverständnisses im Sinne einer ethischen Gleichordnung von Staat und Kirche.[107] Diese Vorstellung wird erst mit der Weimarer Reichsverfassung und dem Grundgesetz überwunden.

2. Entwicklungen auf Reichsebene

Eher geringe Fortschritte brachte sodann die Entwicklung auf Reichsebene. Sie hob zwar im Gefolge der preußischen Regelung alle Beschränkungen der bürgerlichen und staatsbürgerlichen Rechte aufgrund des Bekenntnisses auf.[108] Die wichtigste Konsequenz bestand darin, daß nun die Fähigkeit zur Bekleidung öffentlicher Ämter und die Wahlberechtigung für Gemeinde- und Landesvertretungen unabhängig vom religiösen Bekenntnis waren. Die Regelung blieb freilich hinter der Rechtslage in Preußen insofern zurück, als diese Gleichheitsnorm sich nur auf die Individuen, nicht auf die Religionsgemeinschaften, bezog. Insofern galt das gleiche wie für Art. 16 der Deutschen Bundesakte von 1815.[109] Zudem war die volle Vereinigungsfreiheit reichsrechtlich nicht

107 Prägnant Anschütz 1912, S. 267: «Alles in allem kann man sagen, daß das auf dem Gedanken der ethischen Gleichordnung von Staat und christlicher Kirche beruhende, in der Begünstigung der Kirche und der Berücksichtigung des Christentums im öffentlichen Leben sich bestätigende Schutzrecht des Staates, die *Advokatie*, so, wie sie auch ohne den Art. 14 ein zweifelloses Recht des Staates gewesen und geblieben wäre, durch den Artikel in gewissen Grenzen zu einer staatlichen *Pflicht* geworden ist.» Hillgruber 2007, S. 38f., 41f. betont stark die Vorstellung vom gesellschaftlich-politischen Nutzen der Religion für den Staat.

108 Das geschah durch das Gesetz des Norddeutschen Bundes vom 3. Juli 1869, das 1871 als Reichsgesetz übernommen wurde. Zu Genese und Bedeutung Fürstenau 1891, S. 240ff.

109 Klar und deutlich Fürstenau 1891, S. 244f.: «Keineswegs sind ferner nach dem Reichsgesetz [scil.: dasjenige vom 3. Juli 1869, H.D.] die hinsichtlich der Religionsgemeinschaften als solcher und hinsichtlich der Religionsübung bestehenden Unterschiede als aufgehoben anzusehen. Vielmehr hatte dieses Gesetz […] einzig und allein den Zweck, […] die einzelnen Bundesangehörigen, die Individuen, nicht aber die Religionsgemeinschaften als solche, im Genusse der bürgerlichen und staatsbürgerlichen Rechte gleichzustellen. […] In Bezug auf die Religionsgesell-

gewährleistet. So konnten bis zum Ende des Kaiserreiches Länder wie Bayern und Sachsen an entsprechenden Beschränkungen (Konzessionssystem) festhalten und bestimmten Kirchen Vorrechte bei der öffentlichen Religionsausübung einräumen.[110] Auch in zwei anderen wichtigen Punkten waren keine Fortschritte zu verzeichnen. Einmal blieb es bei der «durchweg theistischen, also religiösen Prägung aller Eidesformeln, die für alle, auch für diejenigen obligatorisch waren, welche die Anrufung Gottes überhaupt und bei diesem Anlaß (Eid) als Gewissenszwang empfanden».[111] Zum anderen hielt man an der «Erstreckung der Schulpflicht auf den Religionsunterricht» fest: weder hatten die Eltern einen Anspruch auf Befreiung ihrer Kinder noch hatten die Lehrer das Recht, die Erteilung religiösen Unterrichts abzulehnen.[112]

VII. Umsetzung der Programmatik der Paulskirche (1919, 1949)

Alledem bereitet erst, dann aber mit großer Konsequenz die Weimarer Reichsverfassung vom August 1919 ein Ende.[113] Sie knüpft in vielerlei Hinsicht an das liberale Programm der Paulskirchenverfassung an[114]

schaften als solche und deren Religionsübung sind sonach alle Verschiedenheiten in den einzelnen Staaten bestehen geblieben [...].»

110 Anschütz 1932, S. 680; Campenhausen 2009, § 157 Rn. 38.

111 Anschütz 1932, S. 680. Im Jahre 1877 war in der Zivil- und Strafprozeßordnung zur Ableistung des Eides bestimmt worden, daß er mit den Worten «Ich schwöre bei Gott dem Allmächtigen und Allwissenden» beginnen und mit den Worten «So wahr mir Gott helfe» enden sollte (vgl. Fürstenau 1891, S. 247f., der S. 248 ausdrücklich klarstellt: «keineswegs aber ist der Eid damit bloß zu einer besonders feierlichen Versicherung geworden, vielmehr setzen auch diese in Rede stehenden Gesetze immer noch einen Glauben an Gott, also das Bekenntnis einer Religion voraus»).

112 Anschütz 1932, S. 680.

113 Zur Religionsfreiheit in der Weimarer Reichsverfassung Mirbt 1930, S. 319ff.; Anschütz 1932, S. 681ff.; Anschütz 1933, S. 618ff.; knapp Campenhausen 2009, § 157 Rn. 40ff.; Link 2009, § 26 Rn. 9ff.

114 Deutlich Huber 1999, S. 38: «Die staatskirchenrechtlichen Grundsätze der Paulskirchenverfassung wurden schließlich durch die Weimarer Reichsverfassung von 1919

und übernimmt mehrere Bestimmungen fast wörtlich (Art. 135: «Alle Bewohner des Reichs genießen volle Glaubens- und Gewissensfreiheit. Die ungestörte Religionsübung wird durch die Verfassung gewährleistet und steht unter staatlichem Schutz.» Art. 136: «Die bürgerlichen und die staatsbürgerlichen Rechte und Pflichten werden durch die Ausübung der Religionsfreiheit weder bedingt noch beschränkt.»). Schließlich wird die Freiheit der Vereinigung zu Religionsgesellschaften gewährleistet (Art. 137 Abs. 2 WRV).

Darüber hinaus baut die Verfassung gewisse überkommene Verknüpfungen zwischen (christlichem) Glauben und staatlicher Rechtsordnung konsequent ab und komplettiert so den Selbstand der religiösen (oder areligiösen) Überzeugung. Eidesleistungen können nun – insofern im Unterschied zur Paulskirche[115] – ohne den Zusatz «So wahr mir Gott helfe» erbracht werden (Art. 136 Abs. 4, 177 WRV);[116] auch ist der Religionsunterricht nicht mehr obligatorisch und können Lehrer durch jederzeit zulässige Erklärung die Erteilung religiösen Unterrichts ablehnen (Art. 149 Abs. 2 WRV).[117] Martin Heckel hat mit nicht erlahmendem Nachdruck den Charakter der Weimarer Reichsverfassung als einer «Epochenschwelle» betont.[118] In der Tat kommt mit ihr der Prozeß der Säkularisierung im staatsrechtlichen Sinne zu einem gewissen Abschluß. Das sieht man unter anderem daran, daß – zumindest nach herrschender Lehre – von der Religionsfreiheit auch die irreligiösen oder antireligiösen Auffassungen als geschützt angesehen werden.[119] Dem entspricht jedenfalls die von Anschütz und anderen Autoren vertretene Position: Durch Art. 135 WRV

auch förmlich in Kraft gesetzt. Aufgeklärte Säkularität wurde dadurch zu einem Merkmal der verfassungsstaatlichen Wirklichkeit.»

115 Differenzierend zur dortigen Regelung Kühne 1985, S. 472ff.

116 Freilich haperte es insofern an einer klaren gesetzlichen Umsetzung sowie wohl auch an einer Gerichtspraxis, die den Betreffenden ausdrücklich auf sein Wahlrecht hinwies: vgl. Mirbt 1930, S. 345f.; Anschütz 1933, Art. 136 Anm. 5 (S. 627f.).

117 Mirbt 1930, S. 344; Anschütz 1932, S. 685, 688.

118 Heckel 1999, S. 249. Siehe auch (neben einer Fülle weiterer Publikationen mit gleichlautender Aussage) Heckel 2007, S. 40f., 120f. u. ö.; zustimmend Unruh 2017, S. 188.

119 Mirbt 1930, S. 329; Anschütz 1932, S. 681.

sei «die religionslose (insb. atheistische) Weltanschauung» genauso freigegeben «wie jede religiöse (theistische)».[120] Die Gegenposition bezog bemerkenswerter-, aber nicht überraschenderweise Carl Schmitt, der die «antireligiöse Überzeugung» vom Schutz der Norm ausnehmen wollte.[121] Dagegen sprach aber entschieden die ausdrückliche Gleichstellung der Weltanschauungsgemeinschaften mit den Religionsgesellschaften in Art. 137 Abs. 7 WRV.

Das Grundgesetz beendet diese Debatte durch explizite Klarstellung in Art. 4 Abs. 1, wo das tradierte religiöse Bekenntnis gleichberechtigt neben das weltanschauliche gestellt wird: «Die Freiheit des Glaubens, des Gewissens und die Freiheit des religiösen und weltanschaulichen Bekenntnisses sind unverletzlich.»[122] Die Areligiosität, Irreligiosität oder gar Antireligiosität wird der Religiosität verfassungsnormativ gleichgestellt – denn Weltanschauungen können bekanntlich auch dezidiert areligiöse oder antireligiöse Philosophien oder sonstige Welterklärungsmodelle umfassen. Das Grundgesetz schützt «neben dem transzendenten Glauben auch die säkulare Weltanschauung».[123]

Art. 4 GG erfaßt nun praktisch alles und von allem auch das Gegenteil: die Bildung religiöser Gemeinschaften wie der Austritt aus ihnen oder der Übertritt zu anderen; das positive Bekenntnis zu einer Religion oder Konfession ebenso wie auch das bewußte Nichtbekenntnis («negative» Religionsfreiheit); das Bekenntnis nicht zu einer Religion, sondern zu einer Weltanschauung, deren Profil dezidiert antireligiös ausgeprägt sein kann; schließlich auch die völlige Ablehnung einer – transzendenten oder materialistischen – Bindung an irgendein System der «Sinnorientierung».[124] Die Glaubensfreiheit ist, um das eingangs angeführte Zitat in Erinnerung zu rufen, «ein Recht in säkularem Ge-

120 Anschütz 1933, Art. 135 Anm. 4 Fn. 2 (S. 619).

121 Schmitt 1932, S. 584.

122 Zur Weltanschauungsfreiheit als Grundrecht Hoffmann 2012; zur Fülle an Weltanschauungsgemeinschaften Mertesdorf 2008.

123 Morlok 2013a, Art. 4 Rn. 11.

124 Morlok 2013a, Art. 4 Rn. 45.

wand, das der Erfüllung im religiösen Geist ebenso offen steht wie dem Gegenteil».[125]

VIII. Resümee: Vom Staatsattribut zum subjektiven Recht

Welche Erkenntnisse lassen sich aus dieser langen und in den konkreten historischen Konflikten häufig arg verwickelten Geschichte der Durchsetzung der Religionsfreiheit in Deutschland für die Ausbildung eines säkularen Staates gewinnen? Man kann diese Arbeit der Jahrhunderte zunächst einmal als eine Lerngeschichte und als einen Ausdifferenzierungsprozeß von Religion und Politik begreifen, der erfahrungsgesättigt zu der Einsicht führt, daß dem Staat als einer säkularen Institution für glaubensbezogene Wahrheitsfragen schlicht die Kompetenz fehlt.[126] Plurale Religionsfreiheit und Neutralität des Staates führen zur Ausklammerung der Wahrheitsfrage. Der freiheitliche Verfassungsstaat überwindet die divergenten Wahrheitsansprüche der religiösen Gruppen und den daraus resultierenden Streit nicht durch strikte konfessionelle Homogenität, sondern durch Zulassung von Glaubensvielfalt bei gleichzeitiger Distanzierung von den unterschiedlichen Antworten auf die Wahrheitsfrage.[127]

Konkret demonstriert die Rekonstruktion der Entwicklung, wie konfliktreich und langwierig die Ausbildung eines säkularen Staates war. Es zeigt sich aber auch, wie Schritte hin zur Säkularisierung unternommen werden konnten, ohne daß der individualistische Grundrechtsgedanke bereits seinen Siegeszug angetreten hatte.[128] Die Bestimmungen des Augsburger und stärker noch die des Westfälischen Friedens machen dies deutlich. Hier geht die sukzessive Ausbildung korporativ gebundener Religionspluralität der vollständigen Individua-

125 Schlaich 1985, S. 430f.

126 Eine oft gebrauchte Wendung: Heckel 1999, S. 262; Heckel 2009, S. 379f.; Waldhoff 2010, S. 47; Winzeler 2012, S. 125.

127 Heckel 1980, S. 906ff.; Schlaich 1985, S. 444; Dreier 2013, S. 33ff. m. w. N.

128 Ähnlich Mirbt 1930, S. 321.

lisierung der Religionsfrage weit voraus. Diese Pluralität (erst Glaubenszweiheit, dann Glaubensdreiheit) gewährt gleichsam reflexweise mit der Auswanderungsfreiheit ein frühes Individualrecht und kann sich dann 1648 bis zur Duldung von Minderheitenbekenntnissen, also der Toleranz im eigentlichen Sinne, steigern, wie die Regelungen zur Hausandacht belegen. Die Restriktion auf die Hausandacht indiziert dabei, wie wichtig die Religion als Staatsreligion und damit als Form kollektiver Identität weiterhin bleibt. Nicht nur für politische Denker wie Thomas Hobbes stand lange Zeit die fehlende Überlebensfähigkeit eines politischen Gemeinwesens bei Glaubensverschiedenheit seiner Bürger fest.[129] In den meisten frühneuzeitlichen Staaten galt unumstößlich die Maxime: «Un roi, une loi, une foi».[130]

Noch im 18. und 19. Jahrhundert hat die korporative, nicht die individualrechtliche Seite großes Gewicht, was sich in den verschiedenen Abstufungen, Privilegierungen, Konzessionen und Genehmigungen zeigt. Nicht minder interessant ist freilich, daß sich im 19. Jahrhundert das Verhältnis gleichsam umkehrt und nun mit der Gleichstellung der Bekenntnisse in puncto bürgerlicher und politischer Rechte die individuelle Berechtigung der Gleichstellung der Kirchen voranschreitet. Typisch ist dafür etwa die Regelung der Deutschen Bundesakte von 1815, die den Genuß der bürgerlichen und staatsbürgerlichen Rechte allen Mitgliedern einer christlichen Religionspartei gewährte;[131] doch betraf diese Parität nur die einzelnen Angehörigen der jeweiligen christlichen Konfession, nicht die Rechte der Religionsgesellschaften als solche.[132]

Erst wenn der Staat die religiöse Wahrheitsfrage vollständig privatisiert hat und sich mit keinem Glauben und keiner Konfession mehr identifiziert, kann volle Religionsfreiheit, ja schließlich sogar Weltanschauungsfreiheit gewährleistet und rein individualrechtlich konzipiert werden. Der Weg geht vom Staatsattribut zum subjektiven Recht: War katholisch oder evangelisch einmal das Charakteristikum eines (die Un-

129 Das war die allgemeine Überzeugung und entsprach der Praxis der meisten Staaten. Siehe Scheuner 1975, S. 363ff.; Strohm 2008, S. 383ff.

130 Dazu Forst 2003, S. 183; Dreier 2010, S. 12.

131 Vgl. oben S. 82.

132 Siehe nochmals Fürstenau 1891, S. 102ff.

tertanen umfassenden) Staates, handelt es sich heute um die Bezeichnung der Zugehörigkeit von Individuen, die von ihrer Religionsfreiheit Gebrauch machen.[133] Und auch beim subjektiven Recht muß man noch einmal zwischen den drei klassischen Ausprägungen der Bekenntnisfreiheit (auch: Glaubens- oder Gewissensfreiheit), der Kultusfreiheit und der Vereinigungsfreiheit differenzieren. Das ist eine sich steigernde Stufenfolge zunehmender Freiheit, durchaus auch im historischen Sinne.[134] Die jüngste, die Vereinigungsfreiheit, gibt es in Deutschland nirgends vor 1848. Die Kultusfreiheit hingegen, also die private und öffentliche Ausübung der Religion, war für die anerkannten christlichen Konfessionen schon weit vorher gewährleistet, etwa im Preußischen Allgemeinen Landrecht von 1794. Und die früheste und älteste Form, die Gewissensfreiheit in Gestalt der Hausandacht, findet bereits im Westfälischen Frieden Anerkennung.

Will man die Gesamtentwicklung in einem schlanken Satz bündeln und resümieren, so kann man mit Klaus Schlaich – mit dem wir dieses Kapitel begonnen haben und mit dem wir es auch beenden wollen – sagen: «Die Entwicklung geht von der Konfessionalität über die Parität bzw. konfessionelle Pluralität zur Neutralität bzw. Säkularität der politischen Gemeinwesen.»[135]

Das Stichwort der Neutralität führt uns sogleich zum nächsten Kapitel.

133 Ähnlich wie hier Hölscher 2017, S. 13f.

134 Anschütz 1932, S. 684.

135 Schlaich 1985, S. 438.

KAPITEL III

Die religiös-weltanschauliche Neutralität des Staates – Konzeption, Kritik, Kontroversen

Dem Gebot religiös-weltanschaulicher Neutralität des Staates kommt in der grundgesetzlichen Verfassungsordnung eine Schlüsselrolle zu. Es markiert gewissermaßen die Sinnmitte der rechten Verortung der Religion in einem pluralen und freiheitlichen Gemeinwesen (dazu I.). Freilich sind gegenüber diesem Konzept immer wieder Einwände formuliert worden, die aber letztlich nicht durchschlagen (II.). An exemplarischen Problemfeldern und entsprechenden Kontroversen läßt sich die unverminderte Aktualität des Neutralitätsgebotes demonstrieren (III.), das in der Judikatur des Bundesverfassungsgerichts allerdings eher vernachlässigt und in den notorischen Konfliktfällen nicht mit hinlänglicher Entschiedenheit aktiviert wird (IV.).

I. Das Konzept religiös-weltanschaulicher Neutralität des Staates

In der staats- und verfassungsrechtlichen Literatur herrscht Einigkeit über die zentrale Bedeutung des Gebotes religiös-weltanschaulicher Neutralität des Staates. Es gilt als «verfassungstheoretischer und verfassungsrechtlicher Schlüsselbegriff»,[1] als «Kernelement des Verhältnisses

1 Huster 2002, S. 23; siehe noch Schlaich 1987a, Sp. 2242: «Schlüsselbegriff» im

von Kirche und Staat»,[2] als «Zentralbegriff des Religionsverfassungsrechts»[3] oder als «Elementarprinzip des Staatskirchenrechts».[4] Im Neutralitätsgebot laufen wesentliche historische Entwicklungslinien und zentrale verfassungsrechtliche, aber auch politisch-philosophische Begründungsmuster zusammen. Für das Verständnis der Stellung und des Stellenwerts der Religion ist es von eminenter Bedeutung. Im folgenden sei zunächst die verfassungsrechtliche Grundlage des Neutralitätsgebotes referiert (1.), bevor seine wesentlichen Gehalte erörtert (2.) und etwaige Folgen für den Normsetzungsprozeß diskutiert (3.) werden.

1. Verfassungsrechtliche Verankerung

Im Text des Grundgesetzes finden sich Wendungen wie religiöse oder weltanschauliche Neutralität nicht. Es ist also kein «verfassungsrechts*textliches* Prinzip».[5] Aber das ist nicht entscheidend. Auch das Wort «Repräsentation» ist dem Grundgesetz fremd, und dennoch sind wir uns einig, daß Repräsentation ein wichtiges und unentbehrliches Element unserer demokratischen Ordnung ist. Im Falle der religiös-weltanschaulichen Neutralität kommt hinzu, daß Judikatur und Literatur diesen Grundsatz in überzeugender und allgemein konsentierter Weise aus einer Art von Gesamtschau mehrerer grundgesetzlicher Normen hergeleitet haben. Gelegentliche Vorstöße, den Begriff wegen seiner Mehrdeutigkeit und seiner unterschiedlichen Auslegung gänzlich zu verabschieden,[6] sind zu Recht ohne nennenswerte Gefolgschaft geblieben: Letztlich können so gut wie alle zentralen Begriffe der Verfassung in ihrem Bedeutungsgehalt als hochgradig umstritten gelten. Religiös-

Staatskirchenrecht. Früh schon Hollerbach 1967, S. 104: «tragendes Element der staatskirchenrechtlichen Ordnung der Verfassung».

2 Droege 2006, Sp. 1623.

3 Czermak 2008, Rn. 159. Ähnlich Morlok 2013b, S. 3: «Zentralbegriff der Staatstheorie und des Verfassungsrechts».

4 Mückl 2009, § 159 Rn. 67.

5 Krüper 2005, S. 80 (Hv. i. O., H. D.).

6 Holzke 2002, S. 903ff. Im übrigen herrscht in einem Kernbereich weitgehende Übereinstimmung bei der Erfassung des Regelungsgehaltes der Neutralität: siehe nur Czermak 2008, Rn. 159ff.

weltanschauliche Neutralität des Staates wird üblicherweise als «objektiv-rechtliche Kehrseite» der Religionsfreiheit oder ihr Korrelat[7] begriffen und bezeichnet, also gewissermaßen als andere Seite der Medaille,[8] bildet aber durchaus einen eigenen verfassungsrechtlichen Maßstab und stellt keine unnötige Verdoppelung dar.[9] Das läßt sich aus der Existenz freiheitlicher Staaten ersehen, die zwar umfassende Religionsfreiheit gewährleisten, aber eine Staatskirche bzw. eine Staatsreligion kennen.[10]

Für die verfassungsrechtliche Herleitung ist eine Sentenz des Bundesverfassungsgerichts aus dem Jahr 1965 kanonisch geworden. In dem Urteil heißt es:

> «Das Grundgesetz legt durch Art. 4 Abs. 1, Art. 3 Abs. 3, Art. 33 Abs. 3 sowie durch Art. 136 Abs. 1 und 4 und Art. 137 Abs. 1 WRV in Verbindung mit Art. 140 GG dem Staat als Heimstatt aller Staatsbürger ohne Ansehen der Person weltanschaulich-religiöse Neutralität auf. Es verwehrt die Einführung staatskirchlicher Rechtsformen und untersagt auch die Privilegierung bestimmter Bekenntnisse […].»[11]

Das ist über Jahrzehnte hinweg Grundlage der Judikatur gewesen und bis heute geblieben.[12] Die Anhäufung von nicht weniger als sechs unterschiedlichen Normen mag auf den ersten Blick etwas unübersichtlich

7 So Korioth 2011, § 97 Rn. 6; Renck 1989, S. 2444; ähnlich Morlok 2013a, Art. 4 Rn. 161: «Sie ist das notwendige Gegenstück auf Seiten des Staates zur religiösen und weltanschaulichen Freiheit der Bürger.» Krüger 1966, S. 49: «staatliche Seite der Religionsfreiheit der Bürger».

8 Morlok 2018, Art. 140 Rn. 35; Habermas 2005c, S. 9; Dreier 2013, S. 25.

9 Mit Nachdruck betont von Nolte 2000, S. 109ff.; wie hier auch Heinig 2009, S. 1140; Palm 2013, S. 41; Engi 2017, S. 136f. Anders aber Möllers 2009, S. 58: bloße «Reflexfigur». Das stuft das Gebot zu niedrig bzw. als zu unbedeutend ein. Das Bundesverfassungsgericht spricht richtig davon, der Neutralitätsgrundsatz wurzele «auch» in der Religionsfreiheit: BVerfGE 139, 321 (347).

10 Das gilt etwa für Dänemark, England oder Norwegen; treffender Hinweis bei Holzke 2002, S. 909; Casanova 2015, S. 25f.

11 BVerfGE 19, 206 (216). Zur Herleitung in Österreich instruktiv Wagrandl 2016, S. 314ff.

12 Siehe etwa BVerfGE 33, 23 (28); 93, 1 (16f.); 108, 282 (299f.); 123, 148 (178); 138, 296 (338f.). Rekapitulation der Judikatur bei Palm 2013, S. 35ff., 51ff.

erscheinen. Doch zeigt die nähere Betrachtung, daß sie auf verschiedene Teilgehalte des Neutralitätsprinzips verweisen, die ihr Zentrum im Identifikationsverbot[13] finden.

2. Konsens: Identifikations- und Privilegierungsverbot als Kerngehalte

a) Institutionelle Nichtidentifikation

Dieses Identifikationsverbot weist erstens eine ganz fundamentale institutionelle Komponente auf,[14] nämlich die Trennung von Staat und Religion, die ihren knappsten Ausdruck in den Worten «Es besteht keine Staatskirche» (Art. 137 Abs. 1 WRV) gefunden hat.[15] Jede Form der Verklammerung staatlicher und kirchlicher Institutionen ist damit prinzipiell ausgeschlossen. Der Staat hat seinen Ort weder *in* der Kirche (als Kirchenregiment) noch *über* der Kirche (als Staatsaufsicht). Es besteht ein allgemeines Einmischungs- oder Interventionsverbot, was Kooperation nicht ausschließt. Doch untersagt ist die «Regelung genuin religiöser oder weltanschaulicher Fragen», die «parteiergreifende Einmischung in die Überzeugungen, die Handlungen und in die Darstellung Einzelner oder religiöser und weltanschaulicher Gemeinschaften».[16] Der säkulare Staat «verzichtet auf jedwede Form von Religionshoheit».[17]

13 Grundlegend Krüger 1966, S. 178ff.; anknüpfend Obermayer 1971, Art. 140 GG Rn. 78ff.; ähnlich wie hier Nolte 2000, S. 106; referierend zur zentralen Bedeutung der Nichtidentifikation Wagrandl 2016, S. 313f.

14 Ähnlich wie hier die Unterscheidung von zwei Verfahrensmodi zur Verwirklichung des Ziels gleicher Religions- und Gewissensfreiheit bei Maclure/Taylor 2011, S. 29ff. (Laizität bedeutet in deren Buch soviel wie Säkularität, Gewissensfreiheit soviel wie Religionsfreiheit); ihnen zufolge besteht der erste Modus in der organisatorischen Trennung von Kirche und Staat, der zweite in der Neutralität des Staates gegenüber Religion und Weltanschauung. Siehe dazu auch Fateh-Moghadam 2014, S. 147.

15 Dazu Morlok 2018, Art. 140/137 WRV Rn. 16ff.; Mückl 2009, § 159 Rn. 61ff.

16 BVerfGE 105, 279 (294).

17 Böckenförde 2007, S. 13. Ferner Morlok 2013a, Art. 4 Rn. 166.

b) Sachliche Nichtidentifikation

Diese institutionelle Nichtidentifikation leitet bereits über zum freiheitlichen Aspekt und damit dem Verbot staatlicher Einmischung in die Glaubensangelegenheiten der Individuen. Religion und Weltanschauung (die man immer als gleichberechtigt geschützte dazuzählen muß) sind Grundrechte und als solche Sache der Bürger. Dafür steht der Verweis auf die Freiheitsgarantien des Art. 4 GG sowie auf Art. 136 Abs. 4 WRV, wonach niemand zu einer kirchlichen Handlung oder Feierlichkeit oder zur Teilnahme an religiösen Übungen gezwungen werden darf. Da hier das Prinzip grundrechtlicher Freiheit herrscht, darf der religiös und weltanschaulich neutrale Staat «den Glauben oder Unglauben seiner Bürger nicht bewerten»[18] – genausowenig, wie er die freie Meinungsäußerung, die künstlerische oder wissenschaftliche Tätigkeit der Bürger bewerten darf. Der Staat darf den entsprechenden Einstellungen seiner Bürger also weder Ablehnung noch Unterstützung entgegenbringen.[19] Er darf insbesondere nicht Partei ergreifen, sich weder inhaltlich mit einer bestimmten Religion oder Weltanschauung identifizieren noch den Anschein dazu erwecken, was etwa für die staatliche Präsentation religiöser Symbole Bedeutung erlangt.[20]

c) Diskriminierungsverbot

In der Verlängerung dieses Gedankens treten dann drittens die gleichheitsrechtlichen Normen auf den Plan, denen zufolge etwa die Innehabung bestimmter Rechte oder der Zugang zu einem öffentlichen Amt unabhängig vom religiösen oder weltanschaulichen Bekenntnis ist (Art. 3 Abs. 3, Art. 33 Abs. 3 GG; Art. 136 Abs. 1 WRV).[21] Freiheits- und Gleichheitsaspekte greifen ineinander, so daß man das Neutralitätsgebot geradezu als «Chiffre für das Zusammenspiel von religiösem Diskri-

18 BVerfGE 12, 1 (4). Siehe auch BVerfGE 102, 370 (397).

19 BVerfGE 105, 279 (294f.); siehe noch BVerfGE 41, 65 (84); 138, 296 (339).

20 Wie hier Heimann 2016, S. 28ff., 91ff.

21 In allgemeiner Wendung Heckel 1980, S. 898: «Die Säkularisierung des Staatskirchenrechts hat […] neben ihrer Freiheitsfunktion eine nicht minder bedeutsame Gleichheitsfunktion.»

minierungsverbot, Religionsfreiheit und Verbot der Staatskirche»[22] bezeichnen kann. Eng verbunden mit beiden Aspekten ist der Gedanke der Äquidistanz, die der Staat zu den verschiedenen Religionen und Weltanschauungen halten muß. Räumt er im Unterschied zu strikt laizistischen Systemen den Religionen öffentliche Wirkungsmöglichkeiten ein oder stellt ihnen entsprechende Foren zur Verfügung, so muß er hier wie insbesondere bei direkten Fördermaßnahmen auf strikte Gleichbehandlung achten:

> «Wo er [scil.: der Staat] mit Religionsgesellschaften zusammenarbeitet oder sie fördert, darf das nicht zu einer Identifikation mit bestimmten Religionsgesellschaften oder einer Privilegierung bestimmter Bekenntnisse führen.»[23]

Das Neutralitätsgebot ist privilegienfeindlich und dient der Entfaltung der Religions- und Weltanschauungsfreiheit aller Bürger.

d) Verzicht auf religiöse Legitimation

Ganz generell bringt das Identifikationsverbot über die genannten Teilgehalte hinweg zum Ausdruck, daß der Staat selbst nicht auf einer distinkten metaphysischen Wahrheit oder bestimmten transzendenten religiösen bzw. weltanschaulichen Sinngehalten aufruht. Der Staat übt insofern Enthaltsamkeit und «verzichtet auf religiöse Legitimation».[24] Er ist säkularer Staat.[25] Sowenig es eine Staatsreligion gibt, sowenig gibt es eine Staatsweltanschauung.[26] Bereits Robert von Mohl hatte ver-

22 Heinig 2009, S. 1137 in Beschreibung seiner Handhabung durch das Bundesverfassungsgericht.

23 BVerfGE 123, 148 (178).

24 Czermak 2008, Rn. 166; Morlok 2018, Art. 140 Rn. 37. Deutlich schon Böckenförde 1969, S. 55: «der Staat ist nicht göttliche Stiftung oder göttliche Ordnung, sondern gemeines Wesen (res publica) im Interesse des Wohls aller einzelnen». Siehe auch Mertens/Köhler 2008, S. 196; Mahlmann 2016, S. 59: Verfassungsstaat als «innerweltliches Projekt».

25 Vgl. Mückl 2009, § 159 Rn. 61; Gärditz 2010, § 5 Rn. 14ff., 19ff. – Gelegentlich wird ein Prinzip der Säkularität als eigenständiges, neben der Neutralität stehendes Prinzip proklamiert; so etwa Mückl 2012, S. 35ff., der jedoch sogleich zugesteht, daß es hier mancherlei «Verwobenheit und Überschneidung» gibt (S. 37). In der Sache dürfte der Differenzierungsgewinn gering ausfallen.

26 Siehe Mückl 2009, § 159 Rn. 65 m. w. N.; Mückl 2012, S. 68f.; Gärditz 2010, § 5

merkt: «Die übersinnlichen Tendenzen des Menschen, Sittlichkeit und Religion, liegen außerhalb des Befugnißkreises des Rechtsstaats.»[27] Der liberale Staat erhebt keine Wahrheitsansprüche, sondern Geltungsansprüche,[28] die keiner über- oder außerweltlichen Beglaubigung oder Rückversicherung, keiner Verankerung in einem höheren Prinzip oder einer höheren Instanz bedürfen, sondern sich auf die immanente Legitimität des demokratischen Verfassungsstaates im Sinne des Volkssouveränitätsgedankens gründen.[29] Dieser baut auf Legalität, nicht auf Moralität. Nicht ausgeschlossen ist natürlich, daß Religionen zu den stützenden Kräften eines freiheitlichen Verfassungsstaates zählen und dieser von jenen in tatsächlicher Hinsicht gestärkt und mitgetragen wird. Entscheidend ist jedoch, daß es keinen normativen Nexus im Sinne einer legitimatorischen Abhängigkeit des Staates von der Religion gibt.

e) Bedeutungszuwachs

Das Neutralitätsgebot trägt der vorhandenen Pluralität von religiösen und weltanschaulichen Überzeugungen Rechnung. «Es ermöglicht dem Staat, gegenüber und in einer religiös und weltanschaulich geprägten Gesellschaft seine spezifischen Aufgaben wahrzunehmen, ohne Spannungen unter den Anhängern verschiedener Bekenntnisse hervorzurufen.»[30] Daher wird das Gebot um so wichtiger, je mehr sich das religiöse Feld pluralisiert und zerklüftet, je uneinheitlicher und mannigfaltiger die Gemeinschaften werden, je unterschiedlicher und konfliktreicher sie sich gebärden. Dementsprechend hat das Neutralitätsgebot in jüngerer Zeit angesichts zunehmender Heterogenität der

Rn. 48; Joas 2012, S. 18; Morlok 2013a, Art. 4 Rn. 166. – Siehe noch unten S. 115ff.

27 Mohl 1829, S. 9.

28 Gärditz 2010, § 5 Rn. 17f., 28; Goerlich 2011, S. 39; Dreier 2013, S. 34; Hillgruber 2013, S. 123; Nettesheim 2017, S. 36. Siehe auch Mückl 2012, S. 41: der entscheidende Punkt der Trennung von Staat und Kirche liege darin, «dass der Staat nicht mehr die Wahrheits- und die Kirche nicht mehr die Machtfrage» stellt.

29 Von daher läßt sich religiös-weltanschauliche Neutralität auch als Forderung der Demokratie verstehen (Wagrandl 2016, S. 320ff., 323).

30 Muckel 2011, § 96 Rn. 29.

Gesellschaft an Bedeutung gewonnen.[31] Das wird in der Wissenschaft klar und eindeutig festgehalten: «Staatliche Neutralität wirkt integrativ und ist angesichts einer weitgehenden Pluralisierung in den Überzeugungen der Bürger eine funktionale Voraussetzung dafür geworden, daß der Staat Heimstatt aller Bürger sein kann.»[32] In den Worten des Bundesverfassungsgerichts:

> «In einem Staat, in dem Anhänger unterschiedlicher religiöser und weltanschaulicher Überzeugungen zusammenleben, kann die friedliche Koexistenz nur gelingen, wenn der Staat selbst in Glaubens- und Weltanschauungsfragen Neutralität bewahrt.»[33]

3. Dissens: Reichweite der religiös-weltanschaulichen Neutralität im Rechtsetzungsprozeß

Die rekapitulierten Grundsätze und Teilgehalte des Neutralitätsgebotes (Identifikations- und Privilegierungsverbot) bilden verfassungsrechtliche Maßstäbe, die man in ihrem Kerngehalt als weitgehend konsentiert betrachten darf, auch wenn sie in konkreten Streitfällen immer wieder neu zu justieren sein mögen. In der Judikatur dominiert bei entsprechenden Konstellationen wie den breit diskutierten Kruzifix- oder Kopftuchfällen zudem eine grundrechtliche Sichtweise, die das Gebot zu Unrecht in den Hintergrund treten läßt.[34] In letzter Zeit ist der Neutralitätsgrundsatz aber aus ganz anderem Grund in den Blickpunkt je-

31 Morlok 2018, Art. 140 Rn. 36. Dort heißt es weiter: «Die Neutralität des Staats gegenüber religiösen und weltanschaulichen Überzeugungen und die Neutralität der Rechte und Pflichten der Bürger ohne Ansehen ihrer Überzeugung dienen der Ausdifferenzierung einer eigenen staatlichen Sphäre, die damit Unterschiede in den Überzeugungen ‹neutralisiert› und so über diese gesellschaftlichen Unterschiede hinweg die Rolle des Staatsbürgers konstituiert.»

32 Morlok 2013a, Art. 4 Rn. 161.

33 BVerfGE 105, 279 (295) mit Hinweis auf BVerfGE 93, 1 (16f.). Ganz in diesem Sinne begreift Mahlmann 2016, S. 63 die Säkularität der Verfassung als eine Bedingung dafür, Zustimmung bei den Bürgern «über religiöse und weltanschauliche Grenzen hinweg zu gewinnen».

34 Dazu noch näher und kritisch unten S. 135ff.

denfalls der Wissenschaft gerückt. In der politischen Philosophie ist nämlich seit längerem Gegenstand intensiver Erörterung, welche Anforderungen sich aus diesem Gebot für den politischen Prozeß der Rechtsetzung ergeben, und diese Fragen sind auch von seiten der Staatsrechtslehre aufgegriffen worden. Konkret geht es um die Folgen staatlicher Entscheidungen für Religion und Weltanschauung seiner Bürger sowie um die Frage, ob sich aus dem Neutralitätsgebot bestimmte Begründungs- oder Verfahrensanforderungen für politische Entscheidungen im allgemeinen ableiten lassen. Also: Was genau bedeutet die Aussage, das Recht dürfe aus Neutralitätsgründen «keinen religiösen oder weltanschaulichen Vorstellungen verpflichtet sein und keine solchen Gehalte umfassen»,[35] es sei «keinen religiösen oder weltanschaulichen Vorstellungen verpflichtet»?[36] Muß die Auswirkung der gesetzlichen Regeln für alle betroffenen Gruppen gleich sein, muß also Wirkungsneutralität herrschen? Oder genügt das, was man vor allem in der politischen Philosophie unter dem Stichwort der Begründungsneutralität entwickelt hat? Und zeitigt das Gebot Folgen für die Ordnung des politischen Entscheidungsprozesses, legt es diesem sozusagen Zügel an?

a) Keine Wirkungsneutralität

Die erste Frage wird unisono und richtig dahingehend beantwortet, daß die Neutralität nicht und niemals als Auswirkungsneutralität gefaßt werden kann.[37] Denn daß sich Rechtsnormen auf verschiedene Sachverhalte und Personen unterschiedlich auswirken, ist ebenso evident wie unvermeidlich. Auch Normen, die die Lebenspraxis gläubiger Menschen betreffen, können und werden ungleiche Wirkungen zeitigen, weil sie mit der einen Religion kompatibler sind als mit der anderen. Gesetzliche Tatbestände lassen sich nicht so fassen, «dass sie auf die

35 Muckel 2011, § 96 Rn. 29.

36 Morlok 2018, Art. 140 Rn. 37.

37 Grundlegend dazu Rawls 1992, S. 375ff. Siehe auch Huster 2004, S. 11ff.; Czermak 2008, Rn. 170; Waldhoff 2010, S. 45ff., 50f.; ferner Maclure/Taylor 2011, S. 93ff., 96ff.; Palm 2013, S. 88; Heimann 2016, S. 30f.; Wagrandl 2016, S. 316f.

Praktiken aller Religionen gleich gut anwendbar sind».[38] Es ist «nicht möglich, das Gemeinwesen auf eine Weise einzurichten, die allen Überzeugungen und Lebensformen in gleicher Weise entspricht», weil jede Regelung wie auch jede Nichtregelung «auf irgendeine Lebensform eine vorteilhafte oder nachteilige Wirkung ausüben» kann.[39]

Die Vorstellung einer Wirkungsneutralität arbeitet aber nicht nur mit irrealen Annahmen – sie negiert auch das Wesenselement der Demokratie, den Kampf um die Mehrheit für bestimmte Vorstellungen zur Gestaltung der gesamtgesellschaftlichen Ordnung.[40] Die von den konkurrierenden Parteien verkörperten oder auch explizit gemachten Welt- und Lebensentwürfe werden im Erfolgsfalle in entsprechende rechtliche Regelungen gegossen,[41] die wiederum die gesellschaftlichen Gruppen einschließlich der religiösen und weltanschaulichen Milieus unterschiedlich treffen. Um ein Beispiel zu nennen: Gezielte und breitgestreute Fördermaßnahmen zur Berufstätigkeit von Frauen (angefangen vom Girls' Day über spezifische Förderungen in Wirtschaft und Universität bis hin zu Kitaplatz-Garantien und Erziehungsjahren) dürften an Familien weitgehend vorbeigehen, in denen ein religiös und kulturell geprägtes traditionelles Bild von der Frau als Ehe- und Hausfrau dominiert.[42] Neutralität meint nicht Wertungsaskese, Inhaltsleere oder Gleichgültigkeit. Weltanschauliche Neutralität verlangt keine Indifferenz gegenüber den sozialen und politischen Verhältnissen, denn der

38 Treffend Möllers 2009, S. 79.

39 Huster 2004, S. 13 (erstes Zitat), S. 12 (zweites Zitat).

40 Dieses Gestaltungselement ist zu Recht stark betont in jüngeren Entscheidungen des Bundesverfassungsgerichts, bei denen die Stoßrichtung gegenüber Tendenzen (zu weit) fortschreitender europäischer Integration lag, die im Endeffekt dem in Deutschland gewählten Bundestag keine relevante Entscheidungsmacht mehr übrigließen. Siehe etwa BVerfGE 123, 267 (349ff.); 132, 195 (244ff.); 135, 317 (403ff.).

41 Zu dieser Gestaltungsmacht demokratisch gewählter parlamentarischer Mehrheiten, die auch durch die Bindung an die Verfassung nicht in Frage gestellt wird, etwa Dreier 2010, S. 17f. m. w. N.; ähnliche Stoßrichtung (mit weitergehenden Schlußfolgerungen) bei Nettesheim 2017, S. 29ff.

42 Siehe auch den Hinweis bei Maclure/Taylor 2011, S. 25f.: ein Staat, der die kritische Autonomie der Schüler fördert, macht es Eltern schwer(er), ihren Kindern ein doktrinäres Glaubenssystem zu vermitteln.

Staat ist kein Neutrum.[43] Jede Rechtsordnung, auch und gerade eine demokratische,[44] beruht auf bestimmten sozialen, kulturellen und ideellen Grundlagen. Die vielfältige Prägung unseres Rechts durch das Christentum ist ein herausragendes Beispiel dafür.[45] So haben Maclure und Taylor völlig zu Recht betont, daß eine gewisse «Voreingenommenheit zugunsten bestimmter Grundwerte *konstitutiv* für liberale Demokratien» sei und «die Neutralität des demokratischen und liberalen Staates *per definitionem* nicht absolut sein» könne.

> «Insofern der Staat neutral gegenüber den Glaubens- und Wertesystemen der Bürger ist, *verteidigt* er ihre Gleichheit sowie ihre Freiheit, ihre eigenen Zwecke zu verfolgen. Der Staat ergreift demnach Partei für die Gleichheit und Autonomie der Bürger, indem er es ihnen freistellt, ihren eigenen Lebensplan und ihre eigene Lebensweise zu wählen. Auf diese Weise können Gläubige und Atheisten ihren eigenen Vorstellungen gemäß leben, ohne ihr eigenes Weltbild den jeweils anderen aufzwingen zu dürfen.»[46]

Weltanschaulich-religiöse Neutralität bedeutet mithin Äquidistanz und Nichtidentifikation, aber nicht den Verzicht auf Wertentscheidungen, die sich auf verschiedene Milieus und Gesellschaftsgruppen unter-

43 So Hollerbach 1998, S. 31. Ähnlich Nettesheim 2017, S. 31; Engi 2017, S. 131ff.

44 Also kann die Antwort auf die rhetorische Frage, ob eine demokratische Ordnung neutral sein kann (Möllers 2014, S. 117), natürlich nur negativ ausfallen. Weltanschauliche Neutralität und Wertneutralität sind eben nicht identisch. Vgl. noch unten S. 115ff.

45 Dazu näher Dreier 2013, S. 43ff. Siehe auch (mit Blick auf den Schutz des Karfreitags durch Art. 140 GG i. V. m. Art. 139 WRV) BVerfGE 143, 161 (193): «Der Bezug der Vorschrift auf die damals anerkannten Feiertage verdeutlicht, dass dem Gesetzgeber hierbei insbesondere die Anknüpfung an christlich geprägte Traditionen eröffnet wird und er den Bedürfnissen nach einer entsprechenden Gestaltung der Feiertage folgen darf. Dass der Gesetzgeber danach der gewachsenen und für weite Teile der Bevölkerung bis heute fortdauernden besonderen Bedeutung des Christentums Rechnung trägt, macht dies nicht zu einer verfassungsrechtlichen Privilegierung einer ‹Mehrheitsreligion›, sondern ist Ausdruck der Prägekraft der Geschichte.»

46 Maclure/Taylor 2011, S. 26; Hv. i. O., H. D. Siehe auch Schlaich 1985, S. 434; Engi 2017, S. 135.

schiedlich auswirken.[47] Fazit: Eine Wirkungs- oder Ergebnisneutralität ist weder möglich noch erstrebenswert.

b) Begründungsneutralität

Weil dem so ist, kommen politische Philosophie (Rawls, Habermas) und beträchtliche Teile der Staatsrechtslehre darüber überein, daß – lediglich – Begründungsneutralität verlangt werden kann.[48] Gängiger Rede zufolge soll sie beinhalten, daß die Rechtfertigung von Normen an öffentlich kritisierbare und vor allem akzeptierbare Geltungsansprüche gebunden ist.[49] Der weltanschaulich neutrale Staat müsse sich auf Gründe beschränken, die prinzipiell jedem ohne Rekurs auf religiöse Erfahrungen oder Glaubensüberzeugungen einsichtig zu machen sind. Besonders kompakt ist das von Jürgen Habermas unter Rekurs auf und Aufnahme von zentralen Elementen der Rawls'schen Theorie des politischen Liberalismus formuliert worden. Bei ihm heißt es:

> «Das Grundrecht der Gewissens- und Religionsfreiheit ist die angemessene Antwort auf die Herausforderungen des religiösen Pluralismus. So kann nämlich auf der Ebene des sozialen Umgangs der Staatsbürger das Konfliktpotential entschärft werden, das auf der kognitiven Ebene zwischen den existentiell relevanten Überzeugungen von Gläubigen, Andersgläubigen und Ungläubigen uneingeschränkt fortbesteht. Für eine gleichmäßige Gewährleistung der Religionsfreiheit ist nun der säkulare Charakter des Staates zwar eine notwendige, aber keine zureichende Bedingung. […] Wenn sich das Prinzip der Toleranz vom Verdacht einer repressiven Festlegung *der Grenzen* der Toleranz befreien soll, verlangt die Definition dessen, was noch und was nicht mehr toleriert werden kann, einleuchtende Gründe, die von allen Seiten gleichermaßen akzeptiert werden können. Faire Regelungen können nur zustande kommen, wenn die Beteiligten lernen, auch die Perspektiven der jeweils ande-

47 Bündig Waldhoff 2010, S. 48; Huster 2015, S. 216ff.

48 Eine besonders gründliche und ausführliche Darstellung bietet Huster 2002, S. 98ff., 652ff. mit umfänglichen Nachweisen; sehr eingehend auch Fateh-Moghadam 2014, S. 100ff., 122ff., 154ff., 450ff.; knapp Heimann 2016, S. 30f.; Engi 2017, S. 123ff. Speziell zu Habermas: Fischer 2009, S. 185ff.

49 Repräsentativ insofern Gutmann et al. 2012, S. 22ff.; kritische Rekonstruktion bei Möllers 2014, S. 118ff.

> ren zu übernehmen. Insofern bietet sich die deliberativ verfasste demokratische Willensbildung als geeignetes Verfahren an. [...] Die Bedingungen für die gelingende Teilnahme an der gemeinsam ausgeübten Praxis der Selbstbestimmung definieren die Staatsbürgerrolle: Die Bürger sollen sich, trotz ihres fortdauernden Dissenses in Fragen der Weltanschauung und der religiösen Überzeugung, als gleichberechtigte Mitglieder ihres politischen Gemeinwesens gegenseitig respektieren; und auf dieser Basis staatsbürgerschaftlicher Solidarität sollen sie in Streitfragen eine rational motivierte Verständigung suchen – sie schulden einander gute Gründe. [...] Bürger eines demokratischen Gemeinwesens schulden sich reziprok Gründe, weil nur dadurch politische Herrschaft ihren repressiven Charakter verlieren kann.»[50]

Wenn man darunter nicht allein die selbstverständliche Abwehr bewußter Diskriminierung religiöser oder weltanschaulicher Positionen versteht,[51] dann drängt sich mit Macht die Frage auf, *wer* hier eigentlich *wem* in einem konkreten politischen Gemeinwesen eine Begründung *wofür* schuldet. Allgemeiner gesagt: Hat die Forderung der politischen Philosophie nach guten Gründen, die wir angeblich einander schulden, irgendetwas mit den Funktionsimperativen einer freiheitlichen Demokratie, die im Großflächenstaat notwendig eine Parteiendemokratie ist, zu tun? Denn in einer liberalen Demokratie schulden politisch aktive Bürger einander im Grunde gar nichts. Es ist ihr gutes Recht, ihre womöglich noch so bornierten Interessen völlig diskursfrei zu vertreten und zu verfolgen. Parlamentarische Rechtsetzung ist im wesentlichen Produkt von politischem Wettbewerb und Mehrheitsentscheidungen.[52] Der Demokratie wohnt unweigerlich ein voluntaristisches Element inne.[53] In einer demokratischen Ordnung ist es somit «völlig ausreichend, ohne Angabe von Gründen, also idiosynkratisch, zu entscheiden und so politische Mitentscheidung mit Diskursverweigerung zu kombinieren.

50 Habermas 2005, S. 125ff.; siehe auch ebd., S. 140.

51 So die Kurzbestimmung bei Huster 2004, S. 13.

52 Siehe nur die einschlägige Wendung in der frühen Judikatur des Bundesverfassungsgerichts: Demokratie als «rechtliche Herrschaftsordnung auf der Grundlage der Selbstbestimmung des Volkes nach dem Willen der jeweiligen Mehrheit» (BVerfGE 2, 1; Leitsatz 2).

53 Dazu (jeweils m. w. N.) Dreier 1988, S. 482f.; Meßerschmidt 2000, S. 808ff.

Das Grundgesetz normiert keine deliberative Demokratie und damit auch keine Pflicht, nachvollziehbare Gründe für politische Entscheidungen zu geben.»[54] Hier klaffen verfassungsrechtliche und politisch-philosophische Anforderungen schlicht auseinander. Mag die politische Philosophie mit noch so guten Gründen gute Gründe fordern, sind diese für den konkreten politischen Rechtsetzungsprozeß dennoch rechtlich ohne Belang. Demokratie beruht auf Mehrheit, nicht auf Wahrheit. Der demokratische Wettbewerb hat nicht die Gestalt eines philosophischen Oberseminars.

Jedenfalls verfassungsrechtlich schuldet der Gesetzgeber nichts als das Gesetz selbst.[55] Begründungsneutralität kann daher nur bedeuten, daß sich Gründe zur Rechtfertigung einer Norm finden lassen, die dem Neutralitätsgebot gerecht werden, nicht jedoch, daß solche Gründe in den Beratungen und Entscheidungsprozeduren auch wirklich vorgebracht worden sind. Auf die Begründbarkeit, nicht auf tatsächliche Begründung oder Nichtbegründung kommt es an.[56] Hier zeigt sich, daß das Neutralitätsgebot ein verfassungsrechtlicher Maßstab ist, der beispielsweise in einer verfassungsgerichtlichen Überprüfung an Normen oder staatliche Handlungen angelegt wird – nicht anders als bei einer Prüfung anhand der Grundrechte oder des Rechtsstaatsprinzips. So hat denn das Bundesverfassungsgericht in seiner hochumstrittenen zweiten Entscheidung zum Schwangerschaftsabbruch ausdrücklich betont, das

54 Möllers 2009, S. 58 Fn. 58. Zur Begründung eingehender Möllers 2008, S. 63ff.; zustimmend Heinig 2009, S. 1138. Gegen Habermas auch Casanova 2006, S. 14.

55 Dazu zusammenfassend Waldhoff 2007, S. 325ff.

56 So auch Gärditz 2010, § 5 Rn. 41; Morlok 2013b, S. 15; Hillgruber 2013, S. 125; Engi 2017, S. 349. – Eine solche Begründbarkeit fehlte etwa im Falle einer vom Bundesverfassungsgericht für verfassungswidrig erklärten Norm, die ein Eheverbot bei Geschlechtsgemeinschaft vorgesehen hatte (im konkreten Fall war einer jungen Frau die Ehe mit einem Mann versagt worden, der zuvor ein langjähriges nichteheliches Verhältnis mit ihrer Mutter gehabt hatte). Das Gericht befand, daß eine Verbotsnorm, die sich allein «aus ‹uralten kultischen Vorstellungen›, aus ‹rational nicht enthüllbaren Auffassungen› oder sonst aus metaphysischen Gründen oder bestimmten religiös-kirchlichen Regeln» herleiten ließ, für das sich aber «keine rationalen» bzw. keine «sachliche(n), verstandesmäßig faßbare(n) Gründe» finden ließen, verfassungsrechtlich keinen Bestand haben könne: BVerfGE 36, 146 (163) – Eheverbot der Geschlechtsgemeinschaft.

Lebensrecht des Ungeborenen gelte «unabhängig von bestimmten religiösen oder philosophischen Überzeugungen, über die der Rechtsordnung eines religiös-weltanschaulich neutralen Staates kein Urteil zusteht»[57] – wobei man davon ausgehen darf, daß bei der politischen Entscheidung über die Abtreibungsfrage bei Gegnern und Befürwortern religiöse und weltanschauliche Motivationen eine starke Rolle gespielt haben, und zwar ganz legitimerweise.

c) Einschränkungen des politischen Prozesses?

Entgegen den Stimmen prominenter Autoren der politischen Philosophie reguliert und restringiert das Neutralitätsgebot daher nicht den politischen Entscheidungsprozeß. In diesem können alle Argumente, Gründe und Positionen vertreten werden, auch religiöse.[58] Demgegenüber meint Habermas im Gefolge von Rawls, «Politiker und Beamte innerhalb der staatlichen Institutionen» seien darauf «verpflichtet, Gesetze, Gerichtsentscheidungen, Verordnungen und Maßnahmen ausschließlich in einer allen Bürgern gleichermaßen zugänglichen Sprache zu formulieren und zu rechtfertigen».[59] Noch weiter geht die These, die «Zulassung religiöser Rechtfertigungen im Prozess der Gesetzgebung» verletze «das Prinzip [der Trennung von Staat und Kirche, H. D.] selbst».[60]

Hier geht es also, wie man treffend angemerkt hat, «im Namen staatlicher Neutralität nicht um den Schutz von Minderheiten, sondern um den Ausschluss bestimmter Beiträge vom demokratischen Diskurs».[61] Das aber ist einer freiheitlichen Demokratie zutiefst fremd. Denn diese

57 BVerfGE 88, 203 (252).

58 Wie hier Böckenförde 2007, S. 14; Mertens/Köhler 2008, S. 199f.; Gärditz 2010, § 5 Rn. 41; Joas 2012, S. 18; Munsonius 2016, S. 106ff.; Nettesheim 2017, S. 35. So schon eindeutig Obermayer 1971, Art. 140 GG Rn. 78.

59 Habermas 2005a, S. 127f.

60 Habermas 2005a, S. 129; ebd., S. 140: «Illegitim ist der Verstoß gegen das Prinzip der weltanschaulich neutralen Ausübung politischer Herrschaft, wonach alle mit staatlicher Gewalt durchsetzbaren politischen Entscheidungen in einer Sprache *formuliert* sein müssen und *gerechtfertigt werden können*, die allen Bürgern gleichermaßen zugänglich ist.» (Hv. i. O., H. D.)

61 Möllers 2014, S. 121.

beruht ja gerade auf dem Gedanken eines offenen Austauschs der Meinungen, dem Pluralismus der Werthaltungen, Interessen und Standpunkte – und zwar ganz gleich, ob diese einen «Rationalitätstest» bestehen würden oder nicht. Ohnehin fragt man sich, warum eigentlich bestimmte politische Programme, bestimmte ökonomische Lehren oder bestimmte philosophische Konzeptionen von vornherein «rationaler» sein sollen als bestimmte Überzeugungen religiöser Gruppen; soll die Übersetzungsnotwendigkeit eigentlich auch für Weltanschauungen gelten, etwa für den Marxismus-Leninismus in seiner doktrinären und vulgärphilosophischen Variante aus der Zeit Stalins?[62] Nein: Der Prozeß freier politischer Willensbildung in der Demokratie läßt prinzipiell jeden Beitrag zu[63] – die verschrobenste philosophische Spekulation ebenso wie völlig weltfremde ökonomische Theorien, esoterische ökologische Thesen und eben ohne weiteres auch dezidiert religiöse Positionen. Jeder Blick auf einen Stimmzettel für Bundes- oder Landtagswahlen zeugt von dieser Vielfalt, über die kein Philosophenkönig zu Gericht sitzt. Der Grundsatz demokratischer Gleichheit sichert allen Bürgern Mitwirkungsmöglichkeiten bei der Gestaltung des politischen Gemeinwesens zu. Er ist strikt formal zu begreifen; Differenzierungen und Abstufungen sind ihm fremd. Denn Wesen und Wert der Demokratie liegen, wie Hans Kelsen nachdrücklich betont hat, eben gerade und vor allem darin, daß sie den politischen Willen eines jeden Bürgers gleich einschätzt, «wie sie auch jeden politischen Glauben, jede politische Meinung, deren Ausdruck ja nur der politische Wille ist, gleichermaßen achtet».[64] Es spielt also keine Rolle, ob sich die politische Anschauung aus religiösen oder profanen Quellen speist. Etwas pathetisch formuliert: Gott läßt sich aus der Politik nicht verbannen – und

62 Kritisch wie hier Heinig 2009, S. 1138; Möllers 2014, S. 122f.

63 Letzte Schranken bilden die Elemente der streitbaren (wehrhaften, militanten) Demokratie, wie sie in Art. 9 Abs. 2, 18 und Art. 21 Abs. 2 GG Gestalt gewinnen (dazu Dreier 1994, S. 750ff.; knapp Dreier 2007, § 1 Rn. 29).

64 Kelsen 1929, S. 101. Weiter schreibt er: «Darum gibt sie jeder politischen Überzeugung die gleiche Möglichkeit, sich zu äußern und im freien *Wettbewerb* um die Gemüter der Menschen sich geltend zu machen.» (Hv. i. O., H. D.).

der säkulare Staat macht sich eine solche Verbannung auch gar nicht zum Programm.

Das gilt nicht nur für die Vorformung der politischen Willensbildung in der gesellschaftlichen Sphäre,[65] sondern genauso für Debatten und Beschlußfassungen im Parlament. Auch hier darf jeder Standpunkt geäußert werden, gleichviel, ob er philosophischer, ökonomischer, ökologischer, religiöser, weltanschaulicher oder sonstiger Provenienz ist. Habermas hingegen will hier gewissermaßen Filter einbauen.[66] Die strikte Forderung nach Begründung politischer Stellungnahmen unabhängig von religiösen oder weltanschaulichen Überzeugungen richte sich an Politiker, «die innerhalb der staatlichen Institutionen der Pflicht zu weltanschaulicher Neutralität unterliegen, also an alle, die öffentliche Mandate einnehmen oder dafür kandidieren»;[67] hier bildeten «die institutionellen Schwellen zwischen der ‹wilden› politischen Öffentlichkeit und den staatlichen Körperschaften Filter, die aus dem Stimmengewirr der öffentlichen Kommunikationskreisläufe nur die säkularen Beiträge durchlassen».[68] Diese Auffassung kulminiert in der geradezu grotesken Forderung, die Geschäftsordnung des Parlaments müsse dessen Präsidenten ermächtigen, «religiöse Stellungnahmen oder Rechtfertigungen aus dem Protokoll zu streichen».[69] Nicht weniger absurd erscheint, daß er es als «interessante Frage» betrachtet, «inwieweit sich Kandidaten im Wahlkampf als religiöse Personen zu erkennen geben oder gar [!] als solche bekennen dürfen».[70] Im freiheitlichen Verfas-

65 Hier will Habermas sozusagen «großzügig» zulassen, daß die Bürger ihre politischen Stellungnahmen und Überzeugungen noch in einer religiösen Sprache formulieren, auch wenn sie dafür keine Übersetzungen finden: Habermas 2005a, S. 133ff.; dazu Fischer 2009, S. 194ff.

66 Willems 2013, S. 509 merkt an, Rawls habe im Unterschied dazu «keine wie immer geartete rechtliche Beschränkung der Redefreiheit» postuliert, sondern lediglich «religionspolitische Tugend- oder Zivilitätszumutungen».

67 Habermas 2005a, S. 133f.

68 Habermas 2005a, S. 137.

69 Habermas 2005a, S. 137. Kritisch wie hier Willems 2013, S. 517ff. m. w. N.

70 Habermas 2005a, S. 134 Fn. 32. – Auch die Antwort auf die Frage, ob es legitim sei, daß «sich demokratische Mehrheiten auch religiöser Argumente bedienen» (Gutmann et al. 2012, S. 27), sollte eigentlich klar und deutlich ausfallen.

sungsstaat ist das keine Frage, vielmehr eine offenkundige Selbstverständlichkeit. Da es auf sie also nur eine Antwort gibt, ist sie noch nicht einmal interessant.

d) Fazit

Das verfassungsrechtliche Neutralitätsgebot führt weder zur Notwendigkeit einer «Übersetzung» religiöser Beiträge in eine säkulare Sprache noch zu deren Ausschluß aus dem gesamtgesellschaftlichen Diskurs oder der parlamentarischen Beratung und Entscheidung. Die für alle geltenden Gesetze müssen allerdings so beschaffen sein, daß sie nicht bestimmte Glaubenssätze einer Religion oder Weltanschauung voraussetzen oder allein zu deren Durchsetzung dienen. Neutralität heißt insofern nicht, daß die Autoren der Normen diese glaubensunabhängige Begründungsleistung selbst erbringen müßten, sondern allein, daß eine solche Begründung möglich und leistbar ist; das wird nur ganz selten nicht der Fall sein.[71] Im übrigen bleiben die eingangs erläuterten grundgesetzlichen Aspekte des Identifikationsverbotes von den soeben in puncto Wirkungs- oder Begründungsneutralität diskutierten Ausprägungen staatlicher Neutralität gänzlich unberührt.

II. Kritik: Einwände gegen das Konzept

Auch ein in dieser Weise gefaßtes Neutralitätsgebot stößt ungeachtet seiner verfassungsrechtlichen Verankerung immer wieder auf systematische und konzeptionelle Einwände. Es handelt sich insbesondere um den Einwand evidenter Nichtgeltung (dazu 1.), den Einwand des Selbstwiderspruchs (2.) und den Einwand des Definitionszwanges (3.).

71 Vgl. oben S. 108. Ähnlich wie hier Engi 2017, S. 133ff.

1. Der Einwand evidenter Nichtgeltung

Nicht selten wird die Geltung des Neutralitätsgebotes mehr oder minder rundheraus mit dem Hinweis auf bestimmte andere Normen, auch und gerade des Verfassungsrechts, negiert. Die Rechtsordnung, so das Argument, lege selbst Zeugnis davon ab, daß sie kein derartiges Gebot kenne. Das läßt sich – wenn man nicht gleich ganz pauschal die Neutralität zum Mythos erklärt[72] – in dem Satz bündeln: Ein Staat, der den Sonntag als Tag der Arbeitsruhe und der seelischen Erhebung gesetzlich schützt, kann evidenterweise nicht als religiös neutral gelten.[73] Auf ähnlicher Ebene liegen die allfälligen Hinweise auf den Religionsunterricht als ordentliches Schulfach gemäß Art. 7 Abs. 3 GG oder auf den Status mancher Religionsgesellschaften als Körperschaften des öffentlichen Rechts gemäß Art. 137 Abs. 5 WRV. So problematisch diese Normen nun auch erscheinen mögen, wenn man sie als Abstriche von einem idealen oder reinen «Modell» staatlicher Neutralität begreift – das Neutralitätsgebot als einen verfassungsrechtlichen Maßstab treffen die Hinweise nicht. Denn selbst wenn man in ihnen punktuelle Ausnahmen vom prinzipiellen Gebot sieht, so ist entscheidend, daß diese ihrerseits in der Verfassung verankert sind, also legitimes Sonderrecht[74] darstellen. Die Normen des Grundgesetzes sind nun aber, wenn man einmal von der Ewigkeitsklausel des Art. 79 Abs. 3 absieht, allesamt prinzipiell gleichen Ranges. So kann in der grundgesetzlich vorgesehenen Privilegierung des Sonntags oder des Religionsunterrichts kein «Verstoß» gegen ein Gebot oder gar dessen «Widerlegung» liegen,[75] das seinerseits

72 Ladeur/Augsberg 2007a, S. 12ff.; Hillgruber 2010, S. 15ff.

73 Siehe Möllers 2009, S. 57.

74 Siehe Gärditz 2010, § 5 Rn. 34; Heimann 2016, S. 32. Judikatur: BVerwGE 42, 346 (347f.). – Vgl. noch unten S. 114f.

75 Ausdrücklich BVerfGE 125, 39 (84): «Denn die Verfassung selbst unterstellt den Sonntag und die Feiertage, soweit sie staatlich anerkannt sind, einem besonderen staatlichen Schutzauftrag und nimmt damit eine Wertung vor, die auch in der christlich-abendländischen Tradition wurzelt und kalendarisch an diese anknüpft.» Desgleichen mit Blick auf den Karfreitag BVerfGE 143, 161 (193): «Denn seine Anerkennung ist in Art. 139 WRV und damit in der Verfassung selbst angelegt. Sie erweist sich nicht als neutralitätswidriges Privileg.»

aus einer Zusammenschau mehrerer Normen der gleichen Verfassungsordnung abgeleitet wird. Das Neutralitätsgebot ist eben, verfassungsrechtlich betrachtet, «keine Meta- oder Übernorm», an der andere Regelungen und Garantien des Grundgesetzes gemessen werden könnten.[76] «Die Verfassung darf sich ‹Neutralitätsverstöße› erlauben, da es keinen ihr vorgelagerten verfassungs*rechtlich* relevanten Neutralitätsbegriff geben kann.»[77]

Im übrigen erscheint schon die Annahme der «Durchbrechung»[78] eines allgemeinen Grundsatzes der Neutralität zugunsten spezieller Regelungen nicht über jeden Zweifel erhaben. So ist der Sonntagsschutz durchaus einer säkularen Rechtfertigung zugänglich,[79] so daß sich – wie bei anderen Rechtsfiguren auch – die Motivation seiner Genese von der Legitimation seiner heutigen Geltung abkoppeln läßt. Und den Religionsunterricht muß man nicht zwingend als Ausnahme vom Neutralitätsgebot interpretieren, sondern kann ihn durchaus als dessen Ausprägung verstehen, weil der Staat zwar verpflichtet wird, Religionsunterricht als ordentliches Lehrfach anzubieten, er sich aber bei der Einrichtung gegenüber den Religionsgemeinschaften neutral zu verhalten hat und einzelne Bekenntnisse nicht privilegieren darf. Weil der Unterricht inhaltlich nach den Grundsätzen der Religionsgemeinschaften erteilt

76 Siehe nur Waldhoff 2010, S. 43ff., insb. S. 45. Ähnlich Heinig 2009, S. 1140; Unruh 2017, S. 220f. Eine solche methodologische (und terminologische) Vorsicht ist auch das eigentliche Anliegen von Holzke 2002, siehe insb. S. 910.

77 So Waldhoff 2010, S. 44. Desgleichen Grzeszick 2007, S. 146.

78 BVerwGE 42, 346 (348). Aus der Literatur statt vieler Renck 1989, S. 2445 zu Art. 7 Abs. 3 GG, Art. 140 GG i. V. m. Art. 137 Abs. 5 u. 7 WRV: «Diese Durchbrechungen des Prinzips stellen indes [...] nur Ausnahmen dar.» Siehe auch Czermak 2008, Rn. 165; zahlreiche weitere Nachweise für die Redeweise von Durchbrechungen bei Holzke 2002, S. 908; ferner Heimann 2016, S. 32ff. (Ausnahmen, Durchbrechungen). – Kritisch zu solcher Terminologie bereits Weber 1969, S. 496, 511f.; Morlok 2013b, S. 11.

79 Siehe Morlok 2018, Art. 140/139 WRV Rn. 10; Heinig 2009, S. 1140; Maclure/Taylor 2011, S. 67, 88ff.; Mückl 2012, S. 52f. In BVerfGE 125, 39 (79ff.) werden auf S. 80f. sowohl die sozialen wie die spezifisch religiösen Aspekte hervorgehoben, um resümierend festzuhalten (S. 81): «Art. 139 WRV ist damit ein religiöser, in der christlichen Tradition wurzelnder Gehalt eigen, der mit einer dezidiert sozialen, weltlich-neutral ausgerichteten Zwecksetzung einhergeht.»

wird, ist eine Identifizierung des Staates mit bestimmten Glaubenssätzen ausgeschlossen.[80] Desgleichen wäre beim Status als Körperschaft des öffentlichen Rechts darauf hinzuweisen, daß dieser wiederum prinzipiell allen Religionen und kraft expliziter verfassungsrechtlicher Anordnung auch den Weltanschauungen offensteht (arg. Art. 137 Abs. 7 WRV).[81] Eine offenkundige Privilegierung bildet insofern nur die Fixierung des status quo für die christlichen Großkirchen (Art. 137 Abs. 5 WRV). Letztlich kommt es auf diese Feinheiten verfassungsrechtlicher Dogmatik aber schon wegen des allgemeinen normenhierarchischen Arguments nicht an.

Fazit: Hinweise auf den verfassungsrechtlichen Sonntagsschutz oder den Religionsunterricht können die Geltung des Neutralitätsgebotes als seinerseits verfassungsrechtliche Vorgabe nicht ins Wanken bringen.

2. Der Einwand des Selbstwiderspruchs

Der Einwand des Selbstwiderspruches setzt deutlich grundsätzlicher an. Er rekurriert darauf, daß das Grundgesetz selbst eine durchaus gehaltvolle Ordnung mit dezidierten normativen Fixierungen errichtet – man denke nur an die grundlegenden Verfassungsprinzipien wie Rechtsstaat, Demokratie und Sozialstaat oder an die zentrale Rolle der Grundrechte.[82] Wenn der Verfassungsstaat diese Bestimmungen als fundamental statuiere und vielleicht sogar zu einem bestimmten Menschenbild verdichte, dann – so das Argument – sei das keineswegs neutral, vielmehr liege darin letztlich eine eigene Weltanschauung[83] bzw.

80 Zu diesem Punkt schon früh Weber 1969, S. 511f.; siehe nun Brosius-Gersdorf 2013, Art. 7 Rn. 88 m. w. N.; ferner Muckel 2011, § 96 Rn. 30: Die Garantien des Religionsunterrichts und der Militärseelsorge seien «wegen ihrer grundsätzlichen Offenheit gegenüber jeder Form von Religion und Weltanschauung nicht als Durchbrechungen, sondern als Bestätigung und Ausdruck des Grundsatzes der religiös-weltanschaulichen Neutralität zu begreifen». Dezidiert gegen eine solche Sichtweise Holzke 2002, S. 906f.

81 Art. 137 Abs. 7 WRV findet auch auf den Religionsunterricht gemäß Art. 7 Abs. 3 GG Anwendung: Morlok 2018, Art. 140/137 WRV Rn. 137.

82 Im Überblick Dreier 2007, § 1 Rn. 93ff., 104ff., 116ff., 133ff.

83 Hillgruber 2007, S. 52f.

seien weltanschauungsaffine Züge zu erkennen.[84] Doch verkennt dieser Einwand den Unterschied zwischen einer Weltanschauung und den Prinzipien einer freiheitlichen Staatsordnung. Pointiert gesagt: Die Verfassung ist «weltanschaulich neutral, aber nicht wertneutral».[85] Das Grundgesetz unterscheidet sich vom Absolutismus und Wertobjektivismus religiöser Heilslehren oder Weltanschauungsdoktrinen schon dadurch, daß es sich zur eigenen Relativität bekennt. Es überhöht seine eigenen normativen Fixierungen nicht, begreift sie nicht als absolut wahr, sondern lediglich als geltend, verzichtet auf allgemein verbindliche Sinnstiftungsansprüche.[86] Es stellt gerade keine «säkularisierte Heilsordnung»[87] dar und versteht den Staat, wie es das Verfassungsgericht eindringlich formuliert hat, nicht als «Hüter eines Heilsplans»,[88] weil ihm jede Heilsgewißheit fehlt. Und es fehlt eben auch – mit Notwendigkeit – eine verbindliche weltanschauliche Grundlage.[89] Denn die freiheitliche Demokratie muß sich den Worten des Gerichts zufolge «zu der Auffassung bekennen, daß es im Bereich der politischen Grundanschauungen eine beweisbare und unwiderlegbare Richtigkeit nicht gibt».[90] Angesichts allfälliger Tendenzen zur Übersteigerung der Verfassung zu einer allumfassenden Wertordnung kann nicht nachdrücklich genug unterstrichen werden, daß das Grundgesetz «nicht zu einer konkreten politischen Weltanschauung verdichtet oder zu einem idealtypisch vorgedachten Gesellschaftsbild mit erzieherischen Absichten

84 Polke 2009, S. 131, 137.

85 Hesse 1995, Rn. 3. Siehe auch Schlaich 1985, S. 434; Palm 2013, S. 60.

86 Vgl. oben S. 10ff., 100f. Daß die Verfassung einige Festlegungen sogar mit einer nicht unproblematischen Ewigkeitsgarantie versieht (Art. 79 Abs. 3 GG), steht auf einem anderen Blatt (dazu Dreier 2009).

87 Treffend Leicht 1974, S. 3ff.

88 BVerfGE 42, 312 (332). Siehe auch Isensee 1987, § 13 Rn. 59.

89 Deutlich Schlaich 1987a, Sp. 2243: «Der freiheitlichen Demokratie fehlt es an der Verbindlichkeit einer bestimmten weltanschaulichen Grundlage.» Desgleichen Schlaich 1985, S. 433 m. w. N. – Siehe noch Droege 2006, Sp. 1623: «Der Staat hat aus sich heraus keine eigene Weltanschauung, keine religiöse Überzeugung, keinen Glauben. Weltanschauung und Religion werden ihm erst zur Aufgabe, weil und soweit seine Bürger religiöse und weltanschauliche Überzeugungen bilden, ihnen gemäß handeln und entsprechende Bedürfnisse an den Staat herantragen.»

90 BVerfGE 5, 85 (224).

gesteigert» werden sollte.[91] Im Gegenteil: Die unbedingte Loyalität der Bürger zu dieser freiheitlichen Ordnung darf nicht im Rechtssinne eingefordert werden. Von den Bürgern darf auch nicht verlangt werden, sich mit den grundlegenden Prinzipien der Verfassung in positiver Weise zu identifizieren.[92] Jedem bleibt es also unbenommen, den Sinn seines Lebens in denkbar größter Distanz zu den Postulaten eines freiheitlichen politischen Gemeinwesens zu suchen bzw. sich daran zu orientieren oder auch nicht. Rechtsgehorsam muß genügen.

Das ist die eine fundamentale Differenz. Die zweite betrifft den unterschiedlichen thematischen Einzugsbereich. Denn bei dem Ensemble an Garantien und Prinzipien, die den modernen Verfassungsstaat kennzeichnen, handelt es sich nicht um bestimmte Formen der Welt- und Letzterklärung. Genau so lassen sich aber Religion und Weltanschauung charakterisieren – bei aller Problematik einer Definition auf diesem Gebiet.[93] So erblickt das Bundesverwaltungsgericht darin «eine mit der Person des Menschen verbundene Gewißheit über bestimmte Aussagen zum Weltganzen sowie zur Herkunft und zum Ziel des menschlichen Lebens»;[94] in der Theologie spricht man von einer «Totalbestimmung der menschlichen Existenz und Lebensführung» und von «Gewißheiten über die Bestimmung der Welt und des menschlichen Daseins in ihr»;[95] im Verfassungsrecht wird das Schutzgut des Art. 4 GG in umfassender «Sinn- und Selbstorientierung»[96] verankert. Schon in der Wei-

91 Di Fabio 2016, S. 6.

92 BVerfGE 124, 300 (320). Dazu näher Dreier 2010, S. 21ff., 28ff.; knapp Böckenförde 2007, S. 35f.; mit Bezug auf Religionsgemeinschaften Heimann 2016, S. 40ff.

93 Siehe etwa Heun 2000, S. 334ff.; rechtsvergleichend Walter 2006, S. 204ff.; desgleichen aus Schweizer Sicht Winzeler 2012, S. 11, 117 mit Nachweisen aus der Rechtsprechung.

94 BVerwGE 90, 112 (115); siehe schon BVerwGE 89, 368 (370): «Gedankensysteme [...], die sich mit einer Gesamtsicht der Welt oder doch mit einer Gesamthaltung zur Welt bzw. zur Stellung des Menschen in der Welt befassen.» Ähnlich Munsonius 2016, S. 84f.

95 Zitate: Polke 2009, S. 58, 120. Siehe schon Herms 2001, S. 173: «Inbegriff von Überzeugungen über Ursprung, Verfassung und Bestimmung des menschlichen Daseins in der Welt». Weiter Überblick bei Schieder 2001, S. 53ff.

96 Morlok 2013a, Art. 4 Rn. 45. Ähnlich Munsonius 2016, S. 49f.: Religionen als «Res-

marer Republik hatte man Weltanschauung definiert als «jede Lehre, welche das Weltganze universell zu begreifen und die Stellung des Menschen in der Welt zu erkennen und zu bewerten sucht»[97]. Der freiheitliche Verfassungsstaat kann und will aber keine Gewißheitsaussagen über – im wahrsten Sinne des Wortes – Gott und die Welt treffen. Die Verfassung ist keine sinnstiftende Instanz, sie bietet «keine ganzheitliche Welterklärung».[98] Sie sieht bewußt von einer Totalbestimmung des Menschen ab und spricht genau umgekehrt diesem das Recht auf freie Sinnsuche zu: «Der ‹ethische Standard› des Grundgesetzes ist vielmehr die Offenheit gegenüber dem Pluralismus weltanschaulich-religiöser Anschauungen.»[99] Es ist gerade Ziel und Zweck des freiheitlichen Verfassungsstaates, diese Sinnfrage offenzulassen – offen für die Antwort, die jeder Bürger für sich (oft in Gemeinschaft mit anderen, in Religionsgemeinschaften und Weltanschauungsvereinigungen) findet: «Indem sich der laizistische Staat in der Frage nach den Bestimmungen der menschlichen Existenz ‹agnostisch› zeigt, anerkennt er die Souveränität der Person hinsichtlich ihrer Gewissensentscheidungen.»[100] Zentrales Ziel der Grundrechtsdemokratie ist gerade die Freiheit ihrer Bürger und deren «Selbstbestimmung über den eigenen Lebensentwurf und seinen Vollzug».[101] Die Normen der Verfassung dienen dazu, diesem Ziel möglichst nahe zu kommen: durch die Garantie individueller Freiheitsrechte, durch die demokratische Legitimation und die rechtsstaatliche Limitation des Staatshandelns. Wenn diese höchst anspruchsvolle Aufgabe gelingt, sind die fundamentalen Sinnfragen noch gar nicht an-

source von letztgültigem Sinn» mit «Transzendenzbezug». Schuppert 2017, S. 103: «spezifisches Verhältnis zur Welt».

97 Anschütz 1933, Art. 137 Anm. 12 (S. 649); ganz ähnlich Ebers 1930, Art. 137, S. 373. Zu heutigen Auslegungs- und Abgrenzungsversuchen von Religion und Weltanschauung knapp Badura 1989, S. 38f.; eingehend Heun 2000, S. 357ff.

98 Isensee 2011, § 87 Rn. 89.

99 BVerfGE 41, 29 (50). Vgl. auch Fateh-Moghadam 2014, S. 126: «Der säkulare Rechtsstaat beteiligt sich nicht am Wettbewerb der religiös-weltanschaulichen Konzeptionen, er nimmt keine eigene Position ein […].»

100 Maclure/Taylor 2011, S. 32. Laizistisch meint hier säkular, nicht etwa das französische System.

101 BVerfGE 63, 343 (357); ähnlich BVerfGE 60, 253 (268).

gesprochen, für die die großen Religionen und Weltanschauungen ihre unterschiedlichen Antworten bereithalten, sind die größten Themen menschlicher Existenz noch gar nicht berührt: die Liebe, das Glück, der Tod.[102] Kurz: Der freiheitliche Verfassungsstaat regelt ohne Zweifel wichtige, aber eben nicht die letzten Dinge.

3. Der Einwand des Definitionszwanges

Der dritte und letzte hier zu behandelnde Einwand bezieht sich auf den Umstand, daß der zur Neutralität verpflichtete Staat sich genötigt sieht zu bestimmen, was Religion, was Weltanschauung ist. Die Religionswissenschaftlerin Astrid Reuter erblickt darin ein unentrinnbares Dilemma mit destruktiven Konsequenzen für die Vorstellung einer neutralen Haltung des Staates. Das Dilemma ist ihr zufolge sogar ein doppeltes:

> «Denn nicht nur ist der säkulare Staat auf einen Begriff von Religion als *negativer* Bezugskategorie angewiesen; um Religionsfreiheit rechtlich zu garantieren, muß er auch *positiv* bestimmen, was Religion ist bzw. sein soll. Eben damit überschreitet er seine – durch Selbstverpflichtung auf Säkularität begrenzten – Kompetenzen und begibt sich in ein Dilemma: Er kann sich als säkularer Staat nur um den Preis der Übertretung des Säkularitätsprinzips konstituieren, und er kann auch Religionsfreiheit rechtlich nur garantieren, wenn er seine auf ‹weltliche› Angelegenheiten begrenzten Kompetenzen überschreitet. Im Zuge dieser unvermeidlichen Kompetenzüberschreitung verstößt der säkular verfasste Staat aber nicht nur gegen das Säkularitätsprinzip. Er greift auch in die Religionsfreiheit ein, die er – nicht zuletzt vermittels säkularer Selbstbegrenzung – rechtlich zu garantieren verspricht.»[103]

Der Staat werde dadurch, daß er bestimmte Handlungsformen und Gruppen als religiöse begreift, andere hingegen nicht, selbst «unvermeidlich auch zu einem Akteur innerhalb des religiösen Feldes. [...] Er kann sich als säkular nur um den Preis des Verstoßes gegen das Prinzip der Säkularität konstituieren. Und er kann auch Religionsfreiheit nur

102 Meier/Neumann 2010; Meier 2010; Graf/Meier 2010.

103 Reuter 2007, S. 181.

um den Preis eines Verstoßes gegen das Recht auf Religionsfreiheit garantieren.»[104] Noch entschiedener und kategorischer heißt es wenig später:

> «Er [scil.: der Staat, H. D.] muss nicht nur bestimmen, was Religion und also durch das Recht auf Religionsfreiheit geschützt ist. Er muss diese Bestimmung sogleich so vornehmen, dass die religiösen Freiheitsrechte *aller* potentiellen Rechtsträger *gleichermaßen* geschützt werden. Dabei verwickelt er sich zwingend in Selbstwidersprüche: Er bekennt sich zur Freiheit der Religion, bestimmt aber die Grenzen des religiösen Feldes und gibt so den diskursiven Rahmen vor, in dem Religion überhaupt erst als Religion identifizierbar und gesellschaftlich verhandelbar wird. Damit greift er unmittelbar in die Dynamik des religiösen Feldes und also in das Selbstbestimmungsrecht der Religionen ein. [...] Denn jede Definition ist nicht nur inklusiv, sondern unvermeidlich auch exklusiv. [...] Der säkulare Staat überschreitet mithin unvermeidlich und dauerhaft seine durch die Verpflichtung auf eine *säkulare* Freiheits- und Gleichheitsordnung eingeschränkten Kompetenzen.»[105]

Das sind so harte und im Grunde vernichtende Worte, daß sie den Verfassungsrechtler dazu nötigen, sein Instrumentarium noch einmal zu sondieren und sich seines analytischen Zugriffs zu versichern.

Dem Ausgangspunkt der Problemanalyse ist auch aus verfassungsrechtlicher Sicht durchaus zuzustimmen. Er ist zwar trivial, aber wichtig: Wenn man sich auf Grundrechte stützen will, dann muß man wissen, was diese schützen und was nicht. Die Garantien der Kunst- oder

104 Reuter 2007, S. 183.

105 Reuter 2007, S. 187. In dem insgesamt etwas redundanten Text heißt es wenig später (S. 188f.) nochmals: «Er [scil.: der Staat, H. D.] arbeitet also an der Begrenzung des religiösen Feldes: Er grenzt die einen ein und die anderen aus. Darüber hinaus behält er sich vor, die Religionsfreiheit auch derjenigen einzuschränken, die er prinzipiell als religiös und schutzbedürftig anerkennt [...]. Solche Einschränkungen basieren auf Bewertungen der Lebensführung und der Vorstellungen derer, die in der säkularen Freiheits- und Gleichheitsordnung grundsätzlich als religiös anerkannt werden; sie stellen daher einen Eingriff in das Selbstbestimmungsrecht der Religionen dar. [...] Diesem Dilemma kann der säkulare Staat nicht entrinnen: Er sucht mit den Mitteln des (Religions-)Rechts die Freiheit und Gleichheit der Religionen zu garantieren und übt doch mit eben diesen Mitteln unweigerlich Macht aus über die Religionen.»

Wissenschaftsfreiheit in Art. 5 Abs. 3 des Grundgesetzes etwa können nur greifen, wenn die in Rede stehenden Betätigungen oder Produkte rechtlich als künstlerische bzw. wissenschaftliche zu charakterisieren sind – und nicht als kommerzielle Industrieerzeugnisse oder als bloße Werbeprospekte.[106] Nichts anderes gilt für die Frage, was unter Presse, was unter Wohnung, was unter Eigentum im Sinne des Grundgesetzes zu verstehen ist. Grundrechtsdogmatisch gesprochen: Wir müssen in einem ersten Schritt den Schutzbereich, also die thematische Reichweite eines jeden Grundrechts bestimmen.[107] Das gilt auch für die individuelle Religionsfreiheit, die gegebenenfalls von Gewissensfreiheit, Meinungsfreiheit oder dem Auffangtatbestand der allgemeinen Handlungsfreiheit abzugrenzen ist.

Doch – dies das zentrale Argument gegen den vorgebrachten Einwand – bedeutet Definition nicht sogleich Intervention und zwingenden Distanzverlust. Wenn bereits die Definition von Religion eine Verletzung des Säkularitätsprinzips darstellen würde, dann müßte eine Definition von Presse die Pressefreiheit und eine Definition von Kunst die Kunstfreiheit verletzen. Davon kann aber nicht ernsthaft die Rede sein. Mit der juristischen Einstufung bestimmter Werke als Kunst und ihrer Abgrenzung von bestimmten anderen geistigen oder sonstigen Produkten ist noch nicht zwingend ein staatliches Kunstrichtertum etabliert. Gleiches gilt für die Bestimmung dessen, was als Religion und was vielleicht nur als persönliche Selbstverwirklichung im Sinne einer bestimmten Körperkultur oder Meditationstechnik einzustufen ist.[108] Auch das hat kein staatliches Glaubensrichtertum zur Folge. Hier wie dort werden nur die thematischen Einzugsbereiche der Grundrechtsga-

106 Instruktiv für die Wissenschaftsfreiheit BVerfGE 90, 1 (11ff., 14ff.): Es ging um die Frage einer Grundrechtsverletzung des Beschwerdeführers, dessen Buch «Wahrheit für Deutschland» von der Bundesprüfstelle für jugendgefährdende Schriften indiziert worden war. Das Verfassungsgericht billigt die Entscheidung des Bundesverwaltungsgerichts, wonach das Buch nicht in den Schutzbereich der Wissenschaftsfreiheit falle, stellt aber eine Verletzung der Meinungsfreiheit fest.

107 Näher zu den grundrechtsdogmatischen Aspekten und Operationen Dreier 2013a, Vorbemerkungen Rn. 119ff.

108 Beispiel: BVerwGE 82, 76 (78) – Transzendentale Meditation.

rantien ausgelotet, wobei es naturgemäß zu schwierigen Zuordnungsfragen kommen kann.[109] Zu bestreiten ist aber, daß bereits mit dem Akt der Zuordnung von Lebenssachverhalten zu bestimmten Normen eine Verletzung staatlicher Neutralität vorliegt.

Freilich schlummert in diesem unausweichlichen Definitionserfordernis die Gefahr einer gewissen Parteilichkeit der Begriffsbestimmung. Ihr beugen allerdings drei Elemente vor.

a) Das erste und wohl wichtigste Remedium besteht darin, die in Rede stehenden Zentralbegriffe (Glauben, Religion, Bekenntnis, Religionsgesellschaften, weltanschauliche Vereinigungen etc.) möglichst allgemein und formal zu bestimmen, um auf diese Weise nicht von vornherein bestimmte Gestaltungen auszuscheiden.[110]

> «Der säkulare und religiös-weltanschaulich neutrale Staat kann ausschließlich die Überprüfung dafür in Anspruch nehmen, ob sich eine Gemeinschaft zu Recht mit dem ‹säkularen Mantelbegriff› der Religionsgemeinschaft umgibt. Inhaltliche und bekenntnisorientierte Bewertungen sind schlechthin unzulässig.»[111]

109 Eher allgemeine Umschreibungen finden sich in: BVerfGE 12, 1 (4); 41, 29 (50); 83, 341 (Ls. 1; 353); 138, 296 (329f.) m. w. N.; s. auch BAGE 79, 319 (338). – Konkret wird das etwa bei der Einordnung der Scientology Church: vgl. Hamb. OVG, Urteil v. 17. Juni 2004 – 1 Bf 198/00, juris, Rn. 46ff.; bestätigend BVerwG DVBl. 2006, 387 (388): Die Frage, ob es sich bei Scientology um eine Weltanschauungs- oder um eine Religionsgemeinschaft handelt, durfte offen gelassen werden. In der Schweiz ist Scientology als Trägerin der Religionsfreiheit anerkannt: Winzeler 2012, S. 11.

110 Die Wissenschaftsfreiheit bietet eine gute Parallele. Auch hier gibt es kein Definitionsverbot, allerdings auch keine Verpflichtung auf ein bestimmtes Wissenschaftskonzept oder eine Wissenschaftstheorie, sondern eine offene, formale Bestimmung: als «geistige Tätigkeit mit dem Ziele, in methodischer, systematischer und nachprüfbarer Weise neue Erkenntnisse zu gewinnen» (BVerfGE 35, 79 [113]). Vgl. dazu Britz 2013, Art. 5 III (Wissenschaft) Rn. 18ff.

111 Mückl 2009, § 159 Rn. 88ff. («Gehalt und Bestimmungsmacht über den Begriff der Religionsgemeinschaft»), Zitat Rn. 89.

Darum hat sich das Bundesverfassungsgericht im Einklang mit der Lehre seit Jahrzehnten bemüht. Als Beispiel aus jüngerer Zeit mag die Entscheidung zur Einstufung der Zeugen Jehovas als Körperschaft des öffentlichen Rechts gelten.[112]

b) Zweitens mißt das Recht dem Selbstverständnis des Gläubigen und seiner Religions- oder Weltanschauungsgemeinschaft zentrale Bedeutung zu.[113] Da es keine objektiven Kriterien für wahren und falschen Glauben gibt, spielt der «Sinnhorizont des Gläubigen»[114] eine wichtige Rolle. Allerdings reicht die bloße Behauptung eines religiösen Bezuges nicht aus, sondern bedarf der Plausibilisierung.[115] Diese fällt naturgemäß dort leichter, wo Religionsgemeinschaften einen festen und dokumentierten dogmatischen Normenbestand aufweisen, wie das etwa im katholischen Kirchenrecht, im *Codex Iuris Canonici* der Fall ist. Freilich darf denjenigen Gläubigen, die bestimmte Lehrsätze ihrer Kirche nicht teilen oder ihrem Handeln einen Glaubensbezug beimessen, den ihre Kirche als neutral behandelt, der Rekurs auf Art. 4 GG nicht von vornherein abgeschnitten werden. Auch hierfür kennt die Spruchpraxis der Gerichte einschlägige

112 BVerfGE 102, 370. – Siehe dazu die Entscheidungsbesprechungen von Goerlich 2001; Muckel 2001; Sachs 2001; Sendler 2002.

113 Grundlegend zu diesem Kriterium für die Gesamtheit grundrechtlicher Normen Morlok 1993.

114 Morlok 2013a, Art. 4 Rn. 60. Sich dem anschließend Munsonius 2016, S. 85f.

115 Morlok 2013a, Art. 4 Rn. 60, 92; siehe zu diesem Punkt auch Munsonius 2016, S. 86 und Möllers 2009, S. 76: es bedürfe einer «objektiv nachvollziehbaren Erklärung des religiösen Kontexts»; das Kriterium der «Aufrichtigkeit» bei Maclure/Taylor 2011, S. 109 dürfte funktional äquivalent sein. Aus der Judikatur mit gleicher Stoßrichtung BVerfGE 83, 341 (353); 138, 296 (329f.). Für den Bereich der Wissenschaftsfreiheit ganz ähnlich BVerfGE 90, 1 (12): «Aus der Offenheit und Wandelbarkeit von Wissenschaft [...] folgt aber nicht, daß eine Veröffentlichung schon deshalb als wissenschaftlich zu gelten hat, weil ihr Autor sie als wissenschaftlich ansieht oder bezeichnet. Denn die Einordnung unter die Wissenschaftsfreiheit [...] kann nicht allein von der Beurteilung desjenigen abhängen, der das Grundrecht für sich in Anspruch nimmt.»

Fälle.[116] In der Literatur ist das zwar nicht gänzlich unumstritten,[117] wird aber weithin so gesehen:

> «Die Glaubensfreiheit schützt das Bilden und Haben einer religiösen oder weltanschaulichen Vorstellung, also die persönliche Überzeugung des Einzelnen (sog. *forum internum*). Das gilt auch für eine individuelle Glaubensüberzeugung, die von niemand anderem geteilt wird. Das Bundesverfassungsgericht hat in der Vergangenheit wiederholt den Standpunkt vertreten, daß die Mitgliedschaft in einer Religionsgemeinschaft nicht dazu führen dürfe, das Recht des Bürgers, frei von staatlicher Bevormundung eine religiöse Anschauung entwickeln zu können, auf von der Religionsgemeinschaft statuierte oder für verbindlich erklärte Positionen zu verengen. Daher komme die Gewährleistung der Religionsfreiheit auch demjenigen zugute, der seine von der herrschenden Lehre abweichende Auffassung auf einschlägige Textstellen in den maßgeblichen Schriften oder auf einzelne Autoritäten seiner Glaubensrichtung stützen könne.»[118]

c) Schließlich ist drittens daran zu erinnern, daß das Grundgesetz religiöses und weltanschauliches Bekenntnis gleichberechtigt nebeneinander- und damit normativ gleichstellt. Das entlastet bei der Beantwortung der zuweilen schwierigen Frage, ob eine Organisation als Religionsgesellschaft oder als Weltanschauungsvereinigung anzusehen ist, weil insofern eine Entscheidung entbehrlich erscheint.[119] Denn der grundgesetzliche Status ist weitgehend der gleiche, wie Art. 137 Abs. 7 WRV noch einmal unmißverständlich klarstellt.

Die Notwendigkeit der Definition von Religion, Glaube oder Weltanschauung führt den Staat, so unser Ergebnis, also nicht zwingend in ein

116 BVerfGE 33, 23 (29f.) – Eideszwang; E 104, 337 (345ff.) – Schächten.

117 Vgl. etwa Möllers 2009, S. 75 Fn. 169. Wie hier Maclure/Taylor 2011, S. 107f.

118 So für die h. M. Muckel 2011, § 96 Rn. 66 (Fußnoten fortgelassen, H. D.). Die Judikatur des Schweizer Bundesgerichts sieht das genauso; vgl. Winzeler 2012, S. 157ff. – Die dogmatische Alternative besteht darin, die entsprechenden Handlungen unter den Schutz der Gewissensfreiheit zu stellen; die Schutzintensität bleibt gleich.

119 Morlok 2013a, Art. 4 Rn. 58; Holzke 2002, S. 904; Walter 2006, S. 213; Heimann 2016, S. 56. Dazu, daß die Grenzen zwischen Religion und Weltanschauung auch deswegen verschwimmen, weil die Differenz von Transzendenz und Immanenz letztlich als Unterscheidungsmerkmal nicht weiterhilft: Muckel 2011, § 96 Rn. 61.

Dilemma und zur Überschreitung seiner säkularen Grenzen. Vielmehr kann man in Anlehnung an eine in anderem Kontext geprägte Wendung sagen: Nur was sich definieren läßt, läßt sich auch schützen.[120]

Das Gesamtfazit lautet, daß die Geltung des Gebotes religiös-weltanschaulicher Neutralität allen prinzipiellen Einwänden standhält und auf festem verfassungsrechtlichen Boden steht. Fragen wir daher abschließend, wo es heutzutage besondere Relevanz entfalten kann. Dazu sei zuerst ein Blick auf exemplarische Konfliktfelder geworfen (III.) und sodann die einschlägige Judikatur des Bundesverfassungsgerichts kritisch betrachtet (IV.).

III. Kontroversen: Exemplarische Problemfelder

1. Verfassungszuträglichkeit als Bewertungskriterium?

Auch wenn der Einwand des Definitionszwanges nicht durchschlägt, kommt ihm doch zumindest der Status einer Problemanzeige zu. Denn unschädlich für das Neutralitätskonzept bleibt die unausweichliche Notwendigkeit einer Definition nur, wenn diese hinlänglich allgemein und inhaltlich neutral gefaßt wird. Dem entsprach die frühe Judikatur des Bundesverfassungsgerichts nicht, der zufolge das Grundgesetz nicht jeden Glauben schütze, sondern nur denjenigen, der sich «bei den heutigen Kulturvölkern auf dem Boden gewisser übereinstimmender sittlicher Grundanschauungen im Laufe der geschichtlichen Entwicklung herausgebildet» habe.[121] Allerdings hat es diesen auch als Kulturadäquanzklausel bezeichneten Kulturvorbehalt ganz zu Recht bald wieder aufgegeben. So heißt es in einer späteren Entscheidung nach ausdrücklicher Zurückweisung der eben genannten Formel (allerdings ohne

120 Arndt 1966, S. 28. Ähnlich Isensee 2006a, S. 183: «Was der Jurist nicht definieren kann, das kann er auch nicht anwenden.»

121 BVerfGE 12, 1 (4). Dazu und zum baldigen Wandel näher Borowski 2006, S. 421ff.; knapp Hötte 2013, S. 226f.; Palm 2013, S. 75f.; ferner Fateh-Moghadam 2014, S. 144; Heimann 2016, S. 53f.

Ausweis, daß die Wendung einem früheren Beschluß des Gerichts entstammt):

> «Der ‹ethische Standard› des Grundgesetzes ist vielmehr die Offenheit gegenüber dem Pluralismus weltanschaulich-religiöser Anschauungen [...]. In dieser Offenheit bewährt der freiheitliche Staat des Grundgesetzes seine religiöse und weltanschauliche Neutralität.»[122]

Es sind seither allein formale Merkmale, die den Schutzbereich der Religionsfreiheit bestimmen und insbesondere von bestimmten individuellen Glaubens- und Gewissensinhalten abgrenzen.

Allerdings sind in jüngerer Zeit in der Literatur wieder Stimmen erklungen, die zu einer Abkehr von einer rein formalen Begriffsbestimmung der Religionsgesellschaften aufrufen und für eine Rückkehr zu wertender Ungleichbehandlung plädieren. Dahinter steht folgende Grundsatzfrage: Sollte es für das Verhältnis des Staates zu den Religionsgemeinschaften eine Rolle spielen, ob und inwieweit diese dem Bestand und der Entwicklung des freiheitlichen Gemeinwesens zuträglich sind – oder ob sie ihm fremd, ja womöglich ablehnend gegenüberstehen?[123]

Besonders offensiv hat diese Frage Paul Kirchhof bei den «Essener Gesprächen zum Thema Staat und Kirche» im Jahre 2004 bejaht. Schon der Titel seines Vortrages «Die Freiheit der Religionen und ihr unterschiedlicher Beitrag zu einem freien Gemeinwesen» läßt die Richtung erahnen[124]. Ausgangspunkt ist die These, es sei «für den Staat wesentlich, ob die Kirchen zum Krieg oder zum Frieden auffordern, ob sie ihre Mitglieder einen Fanatismus oder eine Kultur des Maßes lehren, ob sie die Verfassungsprinzipien von Rechtsstaat, Demokratie und Sozialstaatlichkeit zurückweisen oder aber anerkennen». (110) Daraus wird ein Auftrag an den Staat «zur freiheitsstützenden Intervention mit freiheitskonformen Mitteln» (111) gefolgert. Dem Staat könne und dürfe es

122 BVerfGE 41, 29 (50).

123 Zum folgenden im Überblick Waldhoff 2010, S. 48ff.; Unruh 2017, S. 213ff.

124 Kirchhof 2005, S. 105ff.; die im folgenden Haupttext eingeklammerten Seitenzahlen beziehen sich auf diesen Beitrag. – Siehe auch schon frühere Beiträge mit gleicher Stoßrichtung: Kirchhof 1995, S. 666ff.; Kirchhof 1999, S. 786ff.

daher nicht gleichgültig sein, daß «die eine Religion ihren Mitgliedern empfiehlt, demokratische Wahl- und Mitwirkungsrechte wahrzunehmen, eine andere Religion hingegen ihren Mitgliedern die Teilnahme an demokratischen Wahlen untersagt» (114). Gleiches gelte für die Gleichberechtigung der Geschlechter: Wenn die eine Religion «die Gleichheit jedes Menschen betont und insbesondere die Gleichberechtigung von Mann und Frau fordert, eine andere von der Frau ein lebenslanges Dienen erwartet, verhilft die eine Religion der Gleichberechtigung zur tatsächlichen Wirkung, während die andere diese behindert» (114). Diese Differenzen sollen dem Autor zufolge Konsequenzen zeitigen: «Die These, wegen der gleichen Religionsfreiheit für jedermann müsse der Staat religiöse Äußerungen und Institutionen in allen ihren Wirkungen gleich behandeln, ist deshalb falsch.» (115) Entscheidend ist der Punkt, der zum letztlich ausschlaggebenden Beitragsgedanken zurückführt: «Auch die staatliche Förderung von Religion und Kirchen durch Finanz-, Organisations- und personelle Hilfen [...] unterscheidet nach der Gemeinschaftserheblichkeit kirchlicher Tätigkeit.» (116) Verallgemeinert: «Der Staat darf für die Förderung [...] unterscheiden, welche kirchlichen Lehren und Lebensformen seine Kultur historisch entfaltet haben und gegenwärtig stützen, welche Religionen ihn anregen und bereichern, aber auch welche Lehren ihn in seiner Verfaßtheit verändern wollen.» (116)

Der Sache nach handelt es sich hier in gewisser Weise um eine Revitalisierung der alten Kulturadäquanzformel, weswegen die Literatur das in Rede stehende Problem zuweilen unter dem Stichwort Kulturvorbehalt abhandelt.[125] Gleichviel, ob diese terminologische Einordnung hilft: Es wird jedenfalls einer rechtlich folgenreichen Differenzierung zwischen kulturadäquaten und kulturfremden Religionen das Wort geredet. Und auch wenn Kirchhof den Islam mit keiner Silbe erwähnt, ist

125 Waldhoff 2010, S. 48ff.; Heinig 2009, S. 1139. Walter 2014, S. 191 unterscheidet zwischen Positionen, die nach der Sozialverträglichkeit der Religionen differenzieren (Kirchhof), und solchen, die eine Art christlich-abendländischen Kulturvorbehalt formulieren (Uhle, Ladeur/Augsberg; vgl. dazu Fn. 126). Doch scheinen mir beide Positionen stark ineinander überzugehen, so daß die Differenzierung keinen wirklichen Erkenntnisgewinn erbringt.

doch klar, wer mit den Beispielen neben den Zeugen Jehovas vor allem gemeint ist.

Nun steht Kirchhof mit dieser Position nicht völlig allein,[126] ist aber weit überwiegend und zu Recht auf Ablehnung gestoßen.[127] Insbesondere «ließe sich etwa die Förderung der christlichen Großkirchen nicht mit dem Argument rechtfertigen, sie besäßen für die Staats- und Gesellschaftsordnung als moralische Instanzen eine tragende Rolle; dies liefe auf die Etablierung einer Staatskirche hinaus, der Art. 140 GG in Verbindung mit Art. 137 Abs. 1 WRV entgegensteht».[128] In der Tat muß man feststellen, daß mit der Realisierung derartiger Thesen die Axt an das Neutralitätsgebot gelegt würde. Hier werden Religionen einer Ungleichbehandlung unterworfen, je nachdem, ob man sie als gemeinschaftszuträglich oder -abträglich einstuft. Es geschieht also genau das, was das Identifikationsverbot ausschließen soll: Religionen sehen sich einer Bewertung durch den Staat ausgesetzt. Des weiteren wird verkannt, daß die Freiheit der Religionen und die Neutralität des Staates gerade auf dem Ausschluß irgendwelcher Nützlichkeitserwägungen gründen.[129] Der Staat hat hier keine Noten zu vergeben und keine buchhalterischen Bilanzen aufzumachen, sondern muß die verschiedenartige und selbstzweckhafte Entfaltung des Sinnsystems «Religion» hinnehmen – dies im übrigen im eigenen Interesse wie in dem der Religionsgesellschaften selbst.[130] Ernst-Wolfgang Böckenförde hat immer

126 In der Stoßrichtung ganz ähnlich, wenngleich mit zuweilen anderer argumentativer Nuancierung: Uhle 2005, S. 454ff.; Ladeur/Augsberg 2007a, S. 12ff.; Ladeur/Augsberg 2007b, S. 84ff.; Hillgruber 2007, S. 67ff.; Rekapitulation bei Palm 2013, S. 62ff. (insb. Uhle und Ladeur/Augsberg). – Zur Kritik an Ladeur/Augsberg etwa Waldhoff 2010, S. 48f.; Gärditz 2010, § 5 Rn. 49ff. sowie die Rezension von Heinig 2011, S. 96: «Hier finden sich unnötig pauschalierende Aussagen über den Islam, mangelnder rechtsdogmatischer Feinschliff und am Ende läuft das Ganze auf ein ziemlich schlichtes Hierarchisierungsmodell heraus, wie es schon längere Zeit auch andere Autoren vorlegen.»

127 Siehe nur Waldhoff 2010, S. 48ff.; Palm 2013, S. 72ff., 79ff.; Walter 2014, S. 191f.; Unruh 2017, S. 213ff.

128 Korioth 2011, § 97 Rn. 11 (ohne explizite Nennung Kirchhofs); eindeutig ablehnend auch Heinig 2009, S. 1139; Heimann 2016, S. 30.

129 Stark betont von Gärditz 2010, § 5 Rn. 52; Unruh 2017, S. 219.

130 Heun 2005, S. 134.

wieder mit einer gewissen Vehemenz auf den Eigensinn und die Eigenlogik der Religion hingewiesen, deren «eigentliche Aufgabe» es gerade nicht sein könne und dürfe,

> «zur Integration der pluralistischen Gesellschaft durch entsprechende Konsensbildung beizutragen. Dies kann sich zwar als Folge ergeben, muß es aber nicht. Vielmehr kann gerade die Treue zu ihrem eigenen Auftrag Religionsgemeinschaften dazu zwingen, im Hinblick auf die bestehende Gesellschaft desintegrierend zu sprechen und zu handeln. Sie ist womöglich um ihrer eigenen Identität und Glaubwürdigkeit willen gehalten, nicht zu einer Integration beizutragen, die zwar noch auf der Grundlage freiheitlicher und demokratischer Auffassungen, aber nicht mehr auf der Grundlage dessen aufbaut, was ihr unabdingbar erscheint. [...] Dieser Anspruch hindert jedenfalls Christen und Juden daran, ihre Religion als gesellschaftlichen Integrationsfaktor auf der Basis und in den Grenzen eines mehrheitsfähigen Fundamentalkonsenses zu verstehen und sich an diesem auszurichten. Sie gäben sich damit einer Anpassungsstrategie anheim. [...] Die Wirksamkeit einer Religion im politischen Gemeinwesen und für es läßt sich nicht auf Legitimation oder Integration festlegen, sie kann ebenso auch Legitimation entziehen oder desintegrierend wirken, indem etwa die Unvereinbarkeit eines bestimmten Handelns oder gar bestimmter Strukturen in Staat oder Gesellschaft mit religiösen Grundforderungen aufgedeckt wird.»[131]

Zutreffend wurde schon bei der Diskussion des Kirchhofschen Vortrages festgestellt, daß die Umsetzung seiner Vorschläge eine Revolution des gegenwärtigen Religionsverfassungsrechts bewirken würde.[132] Dem ist im Grunde nichts hinzuzufügen. Es bliebe höchstens noch zu fra-

131 Böckenförde 1989, S. 268; ähnlich Böckenförde 2007, S. 29f.; gegen eine Instrumentalisierung der Religion für bestimmte Zwecke des weiteren Schieder 2001, S. 13, 53 – Übereinstimmung in puncto Nützlichkeitserwägungen insofern auch zwischen *Friedrich Wilhelm Graf* («Das war das Programm des siebzehnten, achtzehnten Jahrhunderts, Stichwort ‹Religionspolizei›. Dem Staat wird empfohlen, sich das Nützliche der Religion zu eigen zu machen.») und *Martin Mosebach* («In säkularistischen Theorien möchte man manchmal die Kirche dort gelten lassen, wo sie dem Gemeinwesen nützlich sein könnte. [...] Die Reduktion auf die nützlichen Sozialtugenden, das ist natürlich der Tod der Religion.») in einem FAZ-Streitgespräch (FAZ Nr. 299 v. 24.12.2015, S. 12).

132 Heun 2005, S. 133; kritisch auch Walter 2006, S. 553.

gen, wie hoch denn die Beitragsdividende der christlichen Kirchen für die Befestigung der Grundrechtsdemokratie in der Weimarer Republik oder in den frühen Jahren der Bundesrepublik, insbesondere vor dem II. Vaticanum, ausgefallen wäre – oder ob es hier womöglich noch Rückforderungen von staatlicher Seite gibt. Ähnlich spitz hat ein protestantischer Theologe einmal gesprächsweise angemerkt, Kirchhofs Konzept würde in Saudi-Arabien gewiß großen Beifall finden.

2. «Ehrfurcht vor Gott» als schulisches Erziehungsziel?

Das gilt möglicherweise auch für das Erziehungsziel der Ehrfurcht vor Gott, wenn man unter Gott allein Allah zu verstehen hätte. Zweifelsohne hatten allerdings die Väter und Mütter der Verfassungen mehrerer Bundesländer den christlichen Schöpfergott im Sinne, demgegenüber Ehrfurcht zu haben sie als schulisches Erziehungsziel verankerten. So heißt es in der Verfassung von Baden-Württemberg, die Jugend sei «in der Ehrfurcht vor Gott zu erziehen», zählt die Bayerische Verfassung die Ehrfurcht vor Gott zu den obersten Erziehungszielen, spricht die Verfassung Nordrhein-Westfalens davon, die Ehrfurcht vor Gott sei «vornehmstes Ziel» der Erziehung.[133]

Offenkundig geraten diese – in den Verfassungen der neuen Bundesländer nicht auffindbaren – Normen unter Rechtfertigungsdruck gegenüber dem grundgesetzlichen Neutralitätsgebot. Unisono bezeichnet man sie in der einschlägigen Literatur als die problematischsten und umstrittensten aller Erziehungsziele.[134] Wie groß dieser Druck ist, mag man an den zuweilen recht kryptischen Interpretationen und inhaltlichen Umschreibungsversuchen ablesen. Beim Ehrfurchtsgebot handele es sich um eine «Verweisung auf ein Anthropologicum ersten Ranges [...], nämlich einer spiritualisierenden numinosen Transzendentalver-

133 Art. 12 Abs. 1 Bad.-Württ. Verf.; Art. 131 Abs. 2 BayVerf.; Art. 7 Abs. 1 Nordrh.-Westf. Verf. Siehe auch Art. 33 Rheinl.-Pf. Verf.: «Die Schule hat die Jugend zur Gottesfurcht [...] zu erziehen.»; Art. 30 Saarl. Verf.: «Die Jugend ist in der Ehrfurcht vor Gott [...] zu erziehen.»

134 Siehe Möstl 2009, Art. 131 Rn. 10; Geis 2014, Art. 131 Rn. 7; Kamp 2010, Art. 7 Rn. 36; Brink 2014, Art. 33 Rn. 21.

weisung bzw. einer transzendentalen Ethisierung»[135] – was auch immer das nun genau heißen mag. Etwas konkreter wird es, wenn man zum Behufe der Rettung dieser Bestimmungen vor dem Verdikt ihrer Verfassungswidrigkeit auch deistische Gottesauffassungen[136] bzw. «Götter anderer Religionen und sogar nicht-personale Gottesauffassungen»[137] als einbegriffen ansehen will. Am Ende schrumpft die Ehrfurcht vor Gott dann zu einer «Transzendenzmetapher».[138] Doch auch bei dieser geradezu wagemutigen Deutung bleibt doch im Kern das Ziel der staatlichen Erziehung auf eine jenseitige, höhere Ordnung bestehen, darauf, daß es etwas Höheres als den Menschen gibt.[139] Selbst eine derart reduzierte Aussage überschreitet die staatliche Kompetenz, weil sie zum Beispiel eine konsequent materialistische, rein immanente Weltanschauung ausschließt. Deswegen hilft es auch nicht weiter, wenn konstatiert wird, daß die «in dem Bildungsziel ‹Ehrfurcht vor Gott› zum Ausdruck kommende ‹Überwindung materialistischen Geistes› sowie die Anerkennung des Geistig-Spirituellen und Wertschätzung transzendenter Ideen grundsätzlich als positiv zu bewerten» sei.[140] Denn auf die Bewertung als positiv durch den Kommentator kommt es nicht an. Vielmehr gilt: Wenn die Ehrfurcht vor Gott als verbindliches Gebot der Landesverfassung formuliert wird, steht es dem übergeordneten Identifikationsverbot des Grundgesetzes entgegen. Gleiches gilt für die Aussage, das Erziehungsziel wolle «vor einem rein materialistischen Denken

135 Kühne 1994, Art. 7 Anm. 4 a) aa), S. 13f.

136 Kühne 1994, Art. 7 Anm. 4 a) aa), S. 14. Ennuschat 2002, Art. 7 Rn. 23 sieht außer dem christlichen Gottesverständnis auch das islamische und jüdische als umfaßt an.

137 Kamp 2010, Art. 7 Rn. 37. Ähnlich Holzner 2014, Art. 131 Rn. 12, S. 774. Siehe noch Grawert 2008, Anm. 4 zu Art. 7 der Verfassung von Nordrhein-Westfalen (Stand: September 2015): Es könne nicht der Gott einer bestimmten Glaubensrichtung gemeint sein; die Norm diskriminiere «weder den Islam noch den Deismus oder Naturreligionen, den Atheismus [!], Agnostizismus [!] oder den Buddhismus». Daß die Rede von Gott auch Atheismus und Agnostizismus umfassen soll, scheint kaum noch nachvollziehbar.

138 Kamp 2010, Art. 7 Rn. 37 (unter Bezugnahme auf eine Wendung von Gottwald).

139 So die Aussage des FDP-Abgeordneten Krekeler im Verfassungsausschuß des Landes Nordrhein-Westfalen: Hinweis darauf bei Kühne 1994, Art. 7 Anm. 4 a) aa), S. 14; Kamp 2010, Art. 7 Rn. 37.

140 So Geis 2014, Art. 131 Rn. 9 (Fußnote fortgelassen, H. D.).

bewahren».[141] Solange also irgendwelche sachlichen Seins- und Sinnaussagen mit dem Ehrfurchtsgebot verknüpft werden, dürfte dieses auf dem Prüfstand der weltanschaulich-religiösen Neutralität kaum bestehen können. Letztlich erscheint es nur konsequent, die Norm auf die Beachtung von Toleranz und gegenseitigem Respekt zu reduzieren, womit aber für ein separates Erziehungsziel der Gottesfurcht neben den anderen (Nächstenliebe, Achtung und Duldsamkeit) im Grunde kein Raum mehr bleibt.[142]

Will man hingegen Relevanz und Gültigkeit der Gottesfurcht als eigenständiges Erziehungsziel retten, so bieten sich zwei Strategien an: Man kann dem Erziehungsziel der Ehrfurcht vor Gott entweder jeden transzendenten oder spezifisch christlichen Sinn austreiben oder ihm jegliche Verbindlichkeit absprechen. Für beide Strategien lassen sich einschlägige Judikate anführen.

Der Bayerische Verfassungsgerichtshof etwa hat in merkwürdig schlingernden Begründungsversuchen einerseits konstatiert, Ehrfurcht vor Gott könne nicht für alle verbindlich sein und auch nicht durch die Schule verbindlich gemacht werden; die Schüler dürften «weder rechtlich noch faktisch dem Zwang ausgesetzt werden, das von ihnen abgelehnte Erziehungsziel der Ehrfurcht anzuerkennen».[143] Andererseits hat das Gericht aber daraus nicht den Schluß gezogen, die Bestimmung für gegenstandslos zu erklären. Es hätte ja beispielsweise sagen können, bei der Ehrfurcht vor Gott handele es sich nur um eine «unverbindliche deklamatorische Wendung».[144] Statt dessen haben wir nun eine angeblich objektiv geltende und als solche verbindliche Norm der Bayeri-

141 Ennuschat 2002, Art. 7 Rn. 26.

142 Brink 2014, Art. 33 Rn. 22. – Hinweis auf die Strategie restriktiver Auslegung auch bei Hennecke 2001, Art. 33 Rn. 22: Das Erziehungsziel der Gottesehrfurcht sei «interpretativ zurückgenommen und zu einem allgemein-sittlichen Anspruch abstrahiert worden».

143 BayVerfGHE 41, 44 (48). Die sehr kritische Analyse des Urteils von Renck 1989, S. 2242ff. deckt dessen argumentative Schwächen schonungslos, aber im Kern absolut berechtigt auf. Wenig überzeugend hingegen Pawlowski 1989, S. 2240ff., der das fragliche Erziehungsziel nur noch als Unterrichtsgegenstand und als Hinweis auf die Herkunft des bayerischen Staates einordnen will.

144 So Renck 1989, S. 2245.

schen Verfassung vor uns, deren Inhalt aber nur so vermittelt werden darf, daß er nicht für alle verbindlich ist.[145] Wie das «Kunststück zu bewerkstelligen ist, zugleich zur Ehrfurcht vor Gott zu erziehen und nicht zu erziehen»,[146] zeigt das Gericht nicht auf. Wenn eine Norm ihren Aussagegehalt ebenso verbürgen soll wie dessen Nichtverbindlichkeit, hat sie offenkundig keine regulative Wirkung mehr. In diesem Fall sollte man sie besser gleich abschaffen.[147]

Die zweite Strategie setzt nicht auf eine Reduktion des Geltungsmodus, sondern auf eine Veränderung des Normsubstrats. Den einschlägigen Bestimmungen werden sozusagen ihre Glaubenszähne gezogen, indem man sie abpuffert und herunterdimmt zu allgemeinen Kulturwerten. Dafür muß zumeist eine Entscheidung des Bundesverfassungsgerichts von 1975 herhalten, in der es um die Zulässigkeit der christlichen Gemeinschaftsschule in Baden-Württemberg ging, wo die Schüler «auf der Grundlage christlicher und abendländischer Bildungs- und Kulturwerte» erzogen werden sollten. Das Verfassungsgericht hatte in durchaus zustimmungswürdiger Weise argumentiert, daß sich hier die «Bejahung des Christentums in den profanen Fächern […] in erster Linie auf die Anerkennung des prägenden Kultur- und Bildungsfaktors, wie er sich in der abendländischen Geschichte herausgebildet hat» beziehe, jedoch «nicht auf die Glaubenswahrheit».[148] Doch ist diese interpretative Transformation nicht mehr angängig, wenn die geforderte

145 Ebenfalls kritisch Stettner 2003, Art. 131 Rn. 26.

146 Zitat: Renck 1989, S. 2242; s. auch ebd., S. 2445. Unhaltbar hingegen Pawlowski 1989, S. 2241: das Ehrfurchtsgebot stelle sich «nur als eine tatsächliche Gegebenheit dar – ohne normativen Charakter».

147 Siehe auch die Kritik bei Hennecke 2001, Art. 33 Rn. 6: «Nähme man sie [die Erziehungsziele, H. D.] aber wörtlich und machte man sie im konkreten Schulunterricht zum Erziehungsprogramm, würde in der Tat die Grenze der weltanschaulichen Neutralität des Staates berührt und wohl auch überschritten.» Die andere Möglichkeit sieht Hennecke 2001, Art. 33 Rn. 7 darin, die Erziehungsziele im Unterricht nicht praktisch umzusetzen: «dann realisiert sich eine etwaige ‹Verfassungswidrigkeit› nicht und die Verfassungstatbestände verflüchtigen sich zu einem allgemeinen, aber wirkungslosen Rahmen».

148 Zitate: BVerfGE 41, 29 (52). Hierzu und zu den Parallelentscheidungen vom gleichen Tage (BVerfGE 41, 65; 41, 88) eingehend Hollerbach 1981, S. 259ff.; knapp, aber präzise Weber 1976, S. 462ff.

Ehrfurcht vor Gott in Rede steht. Denn diese konkrete Bezugnahme auf Gott hat originär religiösen Gehalt, den man nicht einfach weginterpretieren kann. Das wird regelmäßig verwischt dadurch, daß man unter der Hand aus der (konkreten) «Ehrfurcht vor Gott» eine (unspezifische) «Bejahung des Christlichen» macht und diese Bejahung dann mit Rekurs auf die Entscheidungsserie des Bundesverfassungsgerichts aus dem Jahre 1975[149] für verfassungsmäßig erklärt.[150] Die Berücksichtigung des Traditionsgutes des Christentums im allgemeinen und der Prägekraft des christlichen Rechtserbes im besonderen[151] ist aber etwas ganz anderes als die Vermittlung einer persönlichen Haltung wie der Gottesfurcht. Doch genau auf dieser problematischen Linie argumentiert auch das Bundesverwaltungsgericht in seinem Urteil zum islamischen Kopftuch.[152] Mit recht summarischem Blick auf die einschlägigen Regelungen in der baden-württembergischen Verfassung meint es, diese bezögen sich «auf christliche Tugenden und nicht auf spezielle Glaubensinhalte».[153] Aber speziell Ehrfurcht ist eine Haltung, die sich nicht so einfach wie beispielsweise der Gedanke der Hilfe für den Nächsten säkular übersetzen läßt. Kurios wird es im übrigen, wenn in der Entscheidung die Beschwörung der «aus der Tradition der christlich-abendländischen Kultur hervorgegangene[n] Wertewelt» direkt in die ersten vier Artikel des Grundgesetzes mündet: in die Anerkennung der unverfügbaren Menschenwürde, der allgemeinen Handlungsfreiheit, der Gleichheit aller Menschen und Geschlechter sowie der Glaubensfreiheit.[154] Die Geschichte des Christentums wird so zu einer Art Vorgeschichte des Grundgesetzes. Das hat weder das Christentum verdient, noch ist damit unserer Verfassung gedient.

149 BVerfGE 41, 29; 41, 65; 41, 88.

150 Ein Beispiel für viele: Braun 1984, Art. 12 Rn. 16.

151 Dreier 2013, S. 43ff.

152 BVerwG, Urteil v. 24.6.2004, in: JZ 2004, 1178ff. (1181 re. Sp.). – Unkritischer Rekurs darauf bei Möstl 2009, Art. 131 Rn. 10; desgleichen Mohr 2009, Art. 30 Rn. 3. Richtig hingegen Brink 2014, Art. 33 Rn. 24, die das Erziehungsziel der Gottesfurcht und die allgemeinen religiösen Bezüge klar auseinanderhält.

153 BVerwG, Urteil v. 24.6.2004, in: JZ 2004, 1178ff. (1181 re. Sp.).

154 BVerwG, Urteil v. 24.6.2004, in: JZ 2004, 1178ff. (1181 li./re. Sp.); dort li. Sp. auch das Zitat.

Fazit: Nimmt man die Ehrfurcht vor Gott beim Wort und die einschlägigen Normen der Landesverfassungen ernst, dürften sie den Anforderungen des grundgesetzlichen Neutralitätsgebots nicht genügen.[155]

IV. Zum Stellenwert des Neutralitätsgebotes in der Rechtsprechung des Bundesverfassungsgerichts

Die Liste der problematischen Fälle und Themenfelder ließe sich bequem verlängern. In jüngerer Zeit hat vor allem die Frage im Vordergrund gestanden, ob in den Klassenzimmern staatlicher Schulen Kreuze oder Kruzifixe hängen dürfen und ob es einer islamischen Lehrerin untersagt werden kann, während des Unterrichts ein Kopftuch zu tragen. Nun dominiert in den einschlägigen Judikaten wie auch in der wissenschaftlichen Diskussion eine Sichtweise, die ganz die individuellen Rechte der Beteiligten in den Vordergrund rückt. Gern ist hier von der positiven Religionsfreiheit auf der einen und der negativen Religionsfreiheit auf der anderen Seite die Rede.[156] Das führt zwangsläufig zu schwierigen Abwägungen und sehr filigranen Gewichtungen, die naturgemäß stark von subjektiven Wertungen und Einschätzungen geprägt und einer rationalen Begründung nur begrenzt zugänglich sind. Dieses Abstellen auf Betroffenheiten kann dann zu so unglücklichen Formulierungen wie der des Bundesverfassungsgerichts im Kruzifix-Beschluß führen, die Schüler seien gezwungen, «unter dem Kreuz» zu lernen.[157] Demgegenüber weist Stefan Huster zu Recht darauf hin, man könne es durchaus für hysterisch oder querulatorisch halten, «bereits die bloße Wahrnehmbarkeit des Kreuzes im Klassenzimmer als eine unzumutbare Beeinträchtigung zu empfinden».[158] Er bringt einen anderen Gesichtspunkt als eigentlich problematisch und letztlich ausschlaggebend ins Spiel: nämlich, daß hier «eine bestimmte religiöse Überzeugung

155 Unentschlossen und argumentativ schlingernd in diesem Punkt Palm 2013, S. 117ff.

156 Morlok 2013a, Art. 4 Rn. 69f.; Muckel 2011, § 96 Rn. 67ff.; Campenhausen 2009, § 157 Rn. 2, 57, 61.

157 BVerfGE 93, 1 (18).

158 Huster 2015, S. 206.

staatlicherseits bevorzugt und gegenüber den Schülern als vorzugswürdig dargestellt» wird.[159] Es geht mithin nicht um zu intensive Grundrechtseingriffe, sondern um solche (möglicherweise noch so marginale), die «aus den falschen Gründen» erfolgen.[160] Es kommt bei dieser überzeugenden Sichtweise also gar nicht darauf an, ob ein gewichtiger Eingriff in die Freiheitssphäre andersgläubiger oder areligiöser Schüler vorliegt. Entscheidend ist vielmehr, daß es sich vor dem Grundsatz religiös-weltanschaulicher Neutralität nicht rechtfertigen läßt, wenn sich der Staat mit einem bestimmten religiösen Symbol identifiziert.

Nun ist es nicht so, daß dieser Grundsatz in der Rechtsprechung des Bundesverfassungsgerichts gar keine Rolle spielen würde. Doch tritt er in der einschlägigen Judikatur stark zurück. In einer Entscheidung aus dem Jahre 1973, in der es um Kreuze in Gerichtssälen ging, hat das Gericht eine Prüfung der möglichen Verletzung des objektiven Neutralitätsgebots geradezu ostentativ von sich gewiesen und sich mit der Feststellung begnügt, es könne die Verletzung der subjektiven Religionsfreiheit eines Prozeßbeteiligten (hier: eines jüdischen Anwalts aus London) vorliegen.[161] Im Kruzifix-Beschluß von 1995 spricht der Senat das Neutralitätsgebot zunächst deutlich an,[162] um dann rasch das Schwergewicht auf das Verhältnis von positiver und negativer Religionsfreiheit zu verlagern.[163] Auch in den beiden Kopftuch-Urteilen der Jahre 2003 und 2015 dominiert eine solche Sichtweise. Doch – notabene! – trifft das nur auf das jeweilige Mehrheitsvotum zu. Denn die Entscheidung von 2003 ist äußerst knapp mit fünf gegen drei Stimmen (der Richter Jentsch, Di Fabio und Mellinghoff) ergangen, die von 2015 ebenfalls nicht einstimmig, sondern mit sechs gegen zwei Stimmen. Und in den sehr eingehenden und gründlichen Sondervoten wird nun gerade dem Neutralitätsgebot zentrale Bedeutung beigemessen und das gegenläufige Ergebnis der «dissenters» mit dessen Prävalenz begrün-

159 Huster 2015, S. 206.
160 Huster 2015, S. 209.
161 BVerfGE 35, 366 (374f.).
162 BVerfGE 93, 1 (16).
163 BVerfGE 93, 1 (21ff.). Ebenfalls kritisch dazu Nolte 2000, S. 113f.

det.[164] In der abweichenden Meinung des Richters Schluckebier und der Richterin Hermanns von 2015 findet sich der ebenso schlicht anmutende wie sachlich absolut treffende Hinweis, daß die Verpflichtung des Staates auf Neutralität keine andere sein könne als die der Verpflichtung seiner Amtsträger auf Neutralität.[165] Mit einem auf dieser Linie liegenden entscheidungsrelevanten Rekurs auf das objektivrechtliche Neutralitätsgebot käme es zu einer Entsubjektivierung der Bewertung der einschlägigen Konfliktlagen, was schon deswegen wünschenswert ist, weil Abwägungen zwischen Rechtsgütern und Gewichtungen von Belastungen immer sehr stark von gewissen Vorverständnissen, persönlichen Einschätzungen und eigenen Wertungen der entscheidenden Richterinnen und Richter geprägt sind. Hingegen ist der Staat eben ganz unabhängig von der Frage, wer in welchem Umfang und mit welchem Gewicht in seinen Grundrechten betroffen ist, zur Einhaltung des Neutralitätsgebotes verpflichtet. Auch kann die Konzentration auf die gegenläufigen subjektiven Freiheitssphären im Sinne von positiver und negativer Religionsfreiheit in die Irre oder ins Spekulative führen, wenn problematischerweise «Belastungen» konstatiert (und manchmal wohl auch eher konstruiert) werden müssen, auf die es gar nicht ankommt, wenn man sich auf die Einhaltung der objektiven Rechtspflicht beschränkt.[166] Bei einer stärkeren Fokussierung auf das Neutralitätsge-

164 BVerfGE 108, 282 (314ff.); 138, 296 (359ff.). Zustimmend Morlok 2018, Art. 137 WRV Rn. 21.

165 BVerfGE 138, 296 (367). In diese Richtung auch Di Fabio 2016, S. 6; Nettesheim 2017, S. 65.

166 Genau entgegengesetztes Votum bei Möllers 2014, S. 125ff. – Wie rasch allerdings die Gewichtung individueller Rechtspositionen zugunsten reiner Affirmation der bestehenden Mehrheitskultur ausschlagen kann, demonstriert das Urteil des OLG Nürnberg NJW 1966, 1926. Hier wird dem (vermutlich jüdischen) Zeugen, der sich zur Aussage nur unter der Bedingung der Entfernung des im Gerichtssaal angebrachten Kreuzes bereit erklärt hatte, nicht nur vorgehalten, er habe keine einzige Gerichtsentscheidung nennen können, die aufgrund der Anbringung der Kreuze anders ausgefallen wäre als ohne (S. 1927 re. Sp.), sondern auch triumphalistisch ausgeführt, daß in Bayern «die ganz überwiegende Mehrheit seiner Bevölkerung sich zur christlichen Religion bekennt» (S.1928 re. Sp.), nämlich gemäß Statistischem Jahrbuch von 1958 26,5 % zum evangelischen und 71,9 % zum katholischen Bekenntnis, so daß sich «höchstens ein Prozentsatz von 1,6 % nicht zu einer christli-

bot müßte dann auch nicht jeder Konflikt einzeln ausgefochten oder erst von einer Minderheit ein Widerspruch erhoben[167] und ein oft jahrelang andauernder und kostenträchtiger Gang durch die Instanzen angetreten werden.[168] Zur Wahrung des Neutralitätsgebots ist der Staat unabhängig davon verpflichtet, ob Maßnahmen in Grundrechte eingreifen oder ob Grundrechtsträger ihre Betroffenheit plausibel und ernsthaft darlegen können. Das dürfte befriedend wirken und der Rechtssicherheit dienen.

Bedauerlicherweise bleibt das jüngste Kopftuch-Urteil des Bundesverfassungsgerichts aus dem Jahre 2015 ganz der Logik des realen Betroffenseins konkreter Grundrechtsträger mit gegenläufigen Freiheitsansprüchen Dritter oder sonstigen Verfassungswerten verhaftet, deren Gewichtung jeweils in durchaus anfechtbarer – weil eben unweigerlich von subjektiven Wertungen geprägter – Weise vorgenommen wird. Das Gericht geht sogar so weit, die zunächst prinzipiell bejahte Zulässigkeit des Kopftuchtragens dann wiederum unter den Vorbehalt einer konkreten Gefährdung des Schulfriedens zu stellen.[169] Wenn es insofern

chen Religionsgemeinschaft bekennt» (ebd.). Fazit des Gerichts: «Den zahlenmäßig nicht ins Gewicht fallenden Personen, die sich nicht zu einer der christlichen Religionen bekennen, kann es nach Auffassung des Senats ohne weiteres zugemutet werden, daß sie sich mit dem Vorhandensein des nicht für sie bestimmten Kreuzes in den Gerichtssälen abfinden.» (S. 1928, re. Sp.). Wie segensreich wäre hier das schlichte Abstellen auf das Gebot der Nichtidentifikation gewesen; statt dessen kommt es zu einer nachgerade peinlichen Darlegung der religiösen Homogenität der Bevölkerung und der meisten Prozeßbeteiligten (abgesehen vom betroffenen Zeugen).

167 So etwa gemäß der in Bayern nach der Kruzifix-Entscheidung des Bundesverfassungsgerichts getroffenen Regelung, wonach zunächst der Anbringung zu widersprechen, dann mit dem Schulleiter eine gütliche Einigung zu versuchen, bei deren Nichtzustandekommen schließlich durch diesen eine Entscheidung zu treffen ist, bei der der Wille der Mehrheit Berücksichtigung verlangt (Art. 7 Abs. 3 des Bayerischen Gesetzes über das Erziehungs- und Unterrichtswesen). Der Bayerische Verwaltungsgerichtshof hat die Norm für verfassungsgemäß gehalten, das Bundesverwaltungsgericht (bei Absenkung der Anforderungen an den Widerspruch) desgleichen. Richtiger Auffassung zufolge verstößt die Regelung jedoch gegen das Identifikationsverbot: überzeugend Nolte 2000, S. 113ff.

168 Winzeler 2012, S. 13.

169 BVerfGE 138, 296 (340ff.).

ausführt, es könne eine Situation entstehen, «in der – insbesondere von älteren Schülern oder Eltern – über die Frage des richtigen religiösen Verhaltens sehr kontroverse Positionen mit Nachdruck vertreten und in die Schule hineingetragen würden, welche die schulischen Abläufe und die Erfüllung des staatlichen Erziehungsauftrages ernsthaft beeinträchtigte, sofern die Sichtbarkeit religiöser Überzeugungen und Bekleidungspraktiken diesen Konflikt erzeugte oder schürte»,[170] so verfängt es sich in seiner eigenen Logik. Denn das hieße ja im Klartext: Je heftiger der Widerspruch Dritter ausfällt, desto geringer die Religionsfreiheit! Es gehört aber gerade zu den ehernen Grundsätzen der Grundrechtsdogmatik, die Reichweite grundrechtlicher Freiheit nicht vom Einverständnis oder Wohlwollen Dritter abhängig zu machen. Wieder zeigt sich, daß das bloße Abwägen subjektiver Positionen in die Irre führt und wir gute Gründe haben, den Sinn für Wert und Bedeutung von Institutionen (und eben nicht nur von Personen) wieder zu ertüchtigen.[171] Ein ganz pragmatischer Einwand tritt noch hinzu: Soll denn an jeder betroffenen Schule von Jahr zu Jahr oder gar von Woche zu Woche eruiert werden, ob das Konfliktpotential noch unter der (von wem überhaupt definierten?) kritischen Schwelle bleibt – und in welchen Jahrgängen, in welchen Klassen, in welchen Fächern, in welchen Kursen? Diese völlig verfehlte Logik eines hypertrophen Konkretismus subjektiver Rechtsansprüche sollten wir überwinden. Eine Besinnung auf den Wert des objektivrechtlichen Gebots der religiös-weltanschaulichen Neutralität des Staates könnte dabei helfen.[172]

170 BVerfGE 138, 296 (341, Rn. 113). Mit Recht kritisch zu diesem Abstellen auf den Einzelfall vor Ort Enzensperger 2015, S. 872; Franzius 2015, S. 443; Ladeur 2015, S. 634; Heimann 2016, S. 106.

171 Beherzigenswertes Plädoyer: Di Fabio 2016, S. 6.

172 Gleiche Tendenz bei Steinberg 2017, S. 174ff., 190.

KAPITEL IV

Sakrale Elemente im säkularen Staat?

I. *Religious turn* in den Geistes- und Kulturwissenschaften

Sakrales oder Heiliges zieht in den letzten Jahren verstärktes Interesse auf sich. Das gilt nicht nur für Theologie und Religionsphilosophie, sondern reicht weit in andere wissenschaftliche Diskurse hinein.[1] Nehmen wir als Beispiel einen im Jahre 2013 erschienenen Sammelband mit dem Titel: «Das Heilige (in) der Moderne», Untertitel: «Denkfiguren des Sakralen in Philosophie und Literatur des 20. Jahrhunderts». Im Klappentext wird erläutert: «Das Heilige hat Konjunktur: Im Zuge des *religious turn* der Kulturwissenschaften erscheint es nicht mehr als Gegensatz zu einer säkularisierten Moderne, sondern als einer ihrer konstitutiven Momente.» Diese Konjunktur läßt sich auch an einer Reihe von anderen Titeln ablesen. So ist ein Aufsatz in einer sozialwissenschaftlichen Zeitschrift überschrieben «Hannah Arendt im Spannungsfeld von Säkularisierung und Sakralisierung»,[2] widmet sich ein ganzer – durchaus gewichtiger – Band im wesentlichen aus historischer Sicht der «Säkularisierung und Re-Sakralisierung in westlichen Gesellschaften»,[3] findet sich in einem interdisziplinären Gemeinschaftswerk zur «Ambivalenz des Religiösen» eine Abhandlung mit der Titelfrage «Resakralisierung als Signum der Postmoderne?».[4]

1 Einige Hinweise bei Krech 2015, S. 411ff.; Schmidt 2016, S. 279f.

2 Rosa 2014.

3 Hildebrandt et al. 2001.

4 Oberdorfer 2008.

Entsprechende Tendenzen haben, wenn die Zeichen nicht trügen, mittlerweile auch die Staatsrechtslehre erreicht. Das muß schon deswegen verwundern, weil «Rationalität [...] eine der Grundlagen des demokratischen Verfassungsstaates» bildet.[5] Das gilt für das innere Funktionsgefüge des modernen Staates ebenso wie für seine geistigen Fundamente. Der freiheitliche Verfassungsstaat ruht auf rationaler Grundlage.[6] Ideengeschichtlich vor allem ein Produkt der Sozialphilosophie der Aufklärung, sind seine bestimmenden Prinzipien Summe des seit dem 17. Jahrhundert dominierenden Naturrechtsdenkens, das man nicht zufällig – und in Abgrenzung zum Naturrecht des Mittelalters und der Antike – als Vernunftnaturrecht tituliert. Die entsprechenden Systeme der politischen Philosophie gründeten sich auf klar formulierte Annahmen und Grundsätze, wie etwa die Freiheit und Gleichheit aller Menschen im Naturzustand. Sie folgerten aus der Unsicherheit der vorstaatlichen Lebenswelt die Notwendigkeit der Errichtung eines staatlichen Gemeinwesens und gestalteten dieses wiederum nach bestimmten Maximen näher aus.[7] Vor allem der Gedanke eines Gesellschafts- bzw. Herrschaftsvertrages machte deutlich, daß der Staat rationales Produkt der Menschen war, weil er «erst aus dem durch Vernunfteinsicht und Zweckmäßigkeit bestimmten Willensentschluß, mithin der eigenen Disposition der Individuen», hervorging.[8] Bei allen Differenzen zwischen den Entwürfen von Thomas Hobbes, John Locke, Jean-Jacques Rousseau oder Immanuel Kant läßt sich doch sagen, daß wesentliche Elemente ihres jeweils einschlägigen Gedankengutes Eingang in die Verfassungen der westlichen Demokratien gefunden haben: staatliche Souveränität als Schutzinstanz der Bürger voreinander und vor äußeren Feinden; Menschenrechte und rechtsstaatliche Garantien;

5 So Schulze-Fielitz 1996, S. 233.

6 Zu Recht betont von Goerlich 2011, S. 34f. – Politiktheoretisch und sozialhistorisch weit ausgreifend Breuer 1998, der den rationalen Staat vom traditionalen und charismatischen abhebt und ihn in vier (von insgesamt neun) Kapiteln behandelt.

7 Ausführlicher zum neuzeitlichen Umbruch und zu den verschiedenen Entwicklungsstufen von Legitimitätsstandards bei den genannten Autoren: Dreier 2016, S. 71ff., 74ff.

8 Böckenförde 2004, § 24 Rn. 36. Vertiefend Taylor 2009, S. 219ff.

demokratische Legitimation der Staatsgewalt und Einrichtung von parlamentarischen Repräsentativkörperschaften.[9] Um die Sinnmitte eines solchen freiheitlichen Verfassungsstaates anzudeuten: Er beruht auf einem klugen Institutionenarrangement von Individualgarantien für die Bürger einerseits, der rechtsstaatlichen Limitation und demokratischen Legitimation der Staatsgewalt andererseits mit dem gemeinsamen Ziel einer friedensstiftenden und freiheitsgarantierenden Domestizierung und Rationalisierung politischer Herrschaftsgewalt.

Angesichts dieser starken Prägung durch Rationalität und vernünftige Strukturierung des politischen Gemeinwesens muß es irritieren, wenn in jüngerer Zeit nicht nur in der (allgemeinen oder politischen) Philosophie, sondern auch in der deutschen Staatsrechtslehre verstärkt Redeweisen und Denkfiguren begegnen, die dem strikt zuwiderlaufen. Man verortet die zentrale Verankerung des politischen Gemeinwesens nicht in Dimensionen aufklärerischer Vernunft, sondern in dunklen Tiefenschichten des Mythos, nicht in rationaler Argumentation, sondern in Vorstellungen des Numinosen oder gar des heiligen Opfers, nicht in der säkularen Distanz eines die religiöse Wahrheitsfrage ausklammernden neutralen Staates, sondern in dessen vorgeblich tiefer Durchtränkung mit Elementen der Sakralität. Nicht von ungefähr wurde der Staatsrechtslehre von Seiten der Politikwissenschaft kürzlich attestiert, hier erlangten Positionen Bedeutung, die «normativ für notwendig erklärte Sakralisierungswünsche» hegten und die «staatliche Ordnung ohne numinose Hilfskonstruktionen und Beistand des Religiösen als defizitär» einstuften.[10] Auch wenn derartige Ansätze noch bei weitem nicht die Oberhand gewonnen haben oder gar zur herrschenden Lehre erstarkt wären, sondern eher ein Schattendasein fristen, scheint ihre kritische (und notwendigerweise kursorische) Sichtung vonnöten.[11]

9 Zu dieser Rezeption aufklärerischen Gedankengutes durch die modernen freiheitlichen Verfassungen statt vieler Hofmann 1991, S. 126ff.; w. N. bei Dreier 2016, S. 76ff.

10 Schulz 2015, S. 371.

11 Nur zur Vermeidung von Mißverständnissen sei vermerkt, daß es im folgenden weder um das (unbestreitbare und im Kern unproblematische) christliche Rechtserbe

II. Problematische Deutungsangebote: Staatsmythologie und Verfassungssakralisierung

1. Verfassung als Mythos?

Versteht man unter Mythos mit einer der Encyclopedia Britannica entlehnten Definition eine «sakrale Wahrheit», dann sollte man aufmerken, wenn in Publikationen deutscher Staatsrechtslehrer die Rede vom Mythos tendenziell steigende Verwendung findet. Augenscheinlich meint etwa ein 2009 von Otto Depenheuer herausgegebener Sammelband die im Untertitel aufgeworfene Frage «Was konstituiert die Verfassung?» mit dem Haupttitel beantworten zu wollen, wenn dieser schlicht und ohne Fragezeichen lautet: «Mythos als Schicksal». Im durchaus programmatisch zu verstehenden Beitrag des Herausgebers ist dann vom «Mythos im deutschen Staatsleben» sowie vom «Staat als Mythos» die Rede.[12] Freiheitliche Verfassungen der Moderne werden pauschal als «säkularisierte Offenbarungen: nicht hinterfragbare, ewige Wahrheiten in der Form großer Erzählungen»[13] charakterisiert. Insbesondere die Figur der verfassunggebenden Gewalt, von der in der Präambel des Grundgesetzes (und der Sache nach in der Schlußbestimmung des Art. 146 GG) die Rede ist, lädt offenkundig zur Mythos-Vereinnahmung ein.[14] Sie, die verfassunggebende Gewalt, so lesen wir, sei ein «mythischer Autor», so daß aus der «rationalen Idee der Verfassung als ‹positiv-rechtliche Grundordnung des Staates› etwas mythisch Empfangenes» werde.[15]

Dies alles ist insofern neu, als noch vor wenigen Jahrzehnten – von einigen Carl Schmitt-Jüngern und der ganz andersartig ausgerichteten

geht (dazu Dreier 2013, S. 43ff.) noch um ideengeschichtliche Verknüpfungen zwischen religiösen und vernunftnaturrechtlichen Vorstellungen.

12 Depenheuer 2009, S. 17ff.

13 Depenheuer 2009, S. 20.

14 Isensee 1995, S. 68ff.: «demokratischer Mythos». Differenzierend Roellecke 2009, S. 151ff.

15 Depenheuer 2009, S. 21.

Studie von Ernst Cassirer[16] einmal abgesehen – eine solche Redeweise im Kontext staatsrechtlicher Erörterungen absolut unüblich war. Noch in Christoph Möllers' großer Gesamtschau über den «Staat als Argument» findet sich kaum etwas zu derartigen Perspektiven.[17] Diese wären freilich wenig besorgniserregend, wenn es sich dabei nur um sprachmächtige Bilder oder Pathosformeln handelte, mit denen etwa lediglich die Besonderheit der verfassunggebenden Gewalt als eines «Grenzbegriffs» des Verfassungsrechts hervorgehoben werden soll,[18] der in der Tat so etwas wie eine Schöpfung aus dem (rechtlichen) Nichts intendiert oder doch suggeriert. Wie immer sind aber auch hier die Übergänge fließend. So mag man – weil auch der Entstehungsprozeß einer Verfassung in vielerlei Hinsicht etwas Außergewöhnliches, über den rechtsstaatlichen und politischen Alltag weit Hinausreichendes ist – der Einschätzung aus philosophischem Munde noch durchaus zustimmen, daß eine verfassunggebende Versammlung «ohne ein Element des politisch Mysteriösen nicht gedacht werden kann».[19] Doch wirkt die staatsrechtliche Einschätzung, eine «empirisch-wissenschaftliche Vivisektion der tatsächlichen Vorgänge der Verfassunggebung» laufe «stets Gefahr, den mythischen Charakter der Verfassung zu sabotieren»,[20] bereits etwas kurios. Denn dann müßte die äußerst verdienstvolle, vom Deutschen Bundestag und vom Bundesarchiv in den Jahren 1975 bis 2009 besorgte Edition der Akten und Protokolle des Parlamentarischen Rates, die 15 dickleibige Bände umfaßt, als fortgesetzter Anschlag auf den (doch wohl als bewahrenswert eingestuften) Mythos der Verfassung angesehen werden. Und wer meint, der «Verfassungsmythos» wirke «als absoluter Reflexionsstop» und die verfassunggebende Gewalt sei ein «my-

16 Cassirer 1949.

17 Möllers 2000 (übrigens auch nicht in der «aktuellen Einleitung» der 2. Aufl., Tübingen 2011).

18 Böckenförde 1986. Näher zu dieser Sonderstellung Dreier 2009, S. 7ff., 24ff. Allgemein zu den Aporien der Vorstellung einer verfassunggebenden Gewalt Waldhoff 2010a, § 8 Rn. 1ff.

19 Sloterdijk 2016, S. 298.

20 Waldhoff 2010a, § 8 Rn. 22.

thischer Autor»,[21] der muß sich fragen lassen, warum dann dieses angeblich mythologisch entrückte Grundgesetz in den knapp 70 Jahren seines Bestehens mehr als 60 Mal Änderungsgesetzen mit zum Teil sehr umfänglichen Regelungen unterworfen werden konnte. Schließlich: Wo hat man eigentlich schon einmal einen Mythos gesehen, der seine eigene Änderung durch Vorgabe bestimmter Prozeduren und qualifizierter Mehrheitserfordernisse (vgl. Art. 79 Abs. 1, 2 GG) regelt?

2. Sakralisierung der Verfassung?

Auch die seit längerer Zeit anhaltende Tendenz zur Sakralisierung der Verfassung gibt Anlaß zur Besorgnis.[22] Zwar muß allein die Feststellung, unser Grundgesetz werde in jüngerer Zeit zunehmend wie eine Art weltlicher Bibel betrachtet und zum Gegenstand der Verehrung gemacht, die Züge von Frömmigkeit und Glauben trägt,[23] noch nicht zwingend bedeuten, die Verfassung selbst zu sakralisieren und damit zentrale Elemente eines säkularen Rechtsstaates infrage zu stellen. Doch lauern hier nicht unerhebliche Gefahren erstens für die Gestaltungsfreiheit des demokratischen Gesetzgebers, zweitens für die Freiheit der politischen Debatte und drittens für die moralische Freiheit der Bürger.

(1) Geht man von der Annahme aus, in der Verfassung seien wie in der Heiligen Schrift alle Antworten auf die entscheidenden (hier: politischen) Fragen und Probleme schon enthalten, dann sieht sich der demokratische Gesetzgeber auf eine bloße Vollzugsinstanz reduziert. Die Arbeit der Legislative erscheint lediglich als Deduktion und Ableitung aus der vielbeschworenen «Wertordnung» des Grundgesetzes, nicht mehr als Form autonomer demokratischer Selbstbestimmung in einer repräsentativen Demokratie. Und über die Schlüssigkeit dieser Ablei-

21 Depenheuer 2009, S. 21.

22 Ausgeklammert wird im folgenden die Sakralisierung der Verfassung im Verlauf der Französischen Revolution. Dazu überaus anregend Schmale 1988, insb. S. 57ff. («Die Verfassung – der andere Gott?»).

23 Zum folgenden näher Dreier 2009, S. 98ff. (zu den sogleich skizzierten drei Gefahren S. 102ff.).

tungen befindet nicht etwa das vermeintlich souveräne Volk, sondern das Bundesverfassungsgericht – gegebenenfalls aufgrund einer Entscheidung von fünf gegen drei Stimmen. Letztlich bleibt hier das Verständnis von Gesetzgebung als grundlegender Form politischer Autonomie einer Gesellschaft freier Bürger auf der Strecke.

(2) Wenn das Grundgesetz als Speicher absoluter Wahrheiten angesehen wird, kann darunter zudem Struktur und Duktus der für die freiheitliche Verfassungsordnung unerläßlichen offenen politischen Willensbildung leiden.[24] Der Rekurs auf vermeintlich höchste Verfassungsgüter bringt es allzu leicht mit sich, hier manche Debattenbeiträge schlicht für unzulässig zu erklären. Und nicht nur das. Das Maß an Unerbittlichkeit und Fanatismus, das wir aus Glaubenskämpfen aller Art kennen, erfaßt dann auch die Verfassung und läßt den legitimen und normalen Streit der «offenen Gesellschaft der Verfassungsinterpreten» (Peter Häberle) um ihre treffende Auslegung schnell zu einer Art von Heiligem Krieg werden. Im schlimmsten, aber nicht unwahrscheinlichen Fall führt das zur Verteufelung des Gegners, weil dieser nicht nur eine andere Position vertritt, sondern sich am Heiligtum der Verfassung versündigt. An den Debatten um die Menschenwürde nicht nur im Bereich der Bioethik kann man das gut studieren. Eine in die vehementen bundesrepublikanischen Konflikte nicht involvierte und von daher besonders überzeugungskräftige Stimme aus der Schweiz konstatiert: «Der instrumentelle Einsatz der Menschenwürde […] macht aus jedem politischen Alltagsproblem ein Grundsatzproblem, an dem sich Gut und Böse scheiden.»[25] Anders gesagt: In derart aufgelade-

24 Prägnant BVerfGE 90, 1 (20f.): «Die freie Diskussion ist das eigentliche Fundament der freiheitlichen und demokratischen Gesellschaft.»

25 Kley 2005, S. 107. Weiter heißt es dort S. 109: «Die jeweiligen rechtlichen oder politischen Gegner in einer Kontroverse vertreten nicht einfach eine andere Auffassung, sondern sie weichen in der Grundsatzfrage ab: Es sind Ungläubige.» Ferner S. 111: «Die Sakralisierung des Staatsrechts und der Politik schädigt die Demokratie. Denn die sakralen Verfahren beruhen auf autoritären Strukturen, drücken abweichenden Meinungen ein Schandmal auf und polarisieren die politischen Akteure, indem sie die Gegner in einer Debatte (z. B. über Gentechnologie) schlechthin verteufeln.»

nen Konflikten läuft jede konkurrierende verfassungspolitische Auffassung oder verfassungsrechtliche Auslegung Gefahr, von der anderen Seite als etwas zutiefst Unethisches, ja als Sakrileg empfunden zu werden.[26]

(3) Gefährdet wird schließlich drittens die freiheitsdienliche Trennung von Recht und Moral. Die zuweilen obsessive Fixierung der Politik auf das Grundgesetz findet ihr Pendant in der Vorstellung, in der Verfassung seien nicht nur die rechtlich-politischen, sondern auch die ethisch-moralischen Fragen unserer Zeit schon gelöst und hätten für Staat und Gesellschaft, für die Inhaber staatlicher Gewalt wie für die Bürger eine verbindliche Antwort gefunden, die nur noch dechiffriert werden müßte. Die Verfassung mutiert auf diese Weise zum Moralsubstitut. Bei einer Moralisierung und Ethisierung der Rechtsordnung können aber nur beide Seiten verlieren, die Bürger wie der Staat. Die Juridifizierung der Moral kolonisiert das individuelle Gewissen und die eigenen ethischen Maßstäbe. Umgekehrt führt die Moralisierung des Rechts in aller Regel dazu, partikulare Gruppenmoralen mit staatlicher Hoheitsgewalt als allgemein und für alle verbindliche Normen zu etablieren und mit Hilfe des staatlichen Zwangsapparats durchzusetzen. Das kann man am Sexualstrafrecht der frühen Bundesrepublik eingehend studieren.

Fazit: Das Grundgesetz ist keine Bibel, das politische Leben kein Gottesdienst, der Verfassungsexeget kein Hohepriester. Eine freiheitliche Verfassung betrachtet man am besten ganz nüchtern als Form friedensstiftender und freiheitsgarantierender Herrschaftsrationalisierung. Mythologisierung und Sakralisierung führen in die Irre und schaden nur.

26 Insofern treffend Depenheuer 2009, S. 22.

III. «Sakralisierung des Rechts» als historische Konstante?

Eine bemerkenswerte Facette des Sakralisierungsdiskurses stellt der sehr knapp gehaltene Beitrag dar, den der renommierte Verfassungshistoriker Dietmar Willoweit 2013 in der Juristenzeitung mit dem programmatischen (oder vielleicht enigmatischen) Titel «Die Sakralisierung des Rechts» veröffentlicht hat.[27] Er rekurriert eingangs auf Jan Assmanns Untersuchungen zum alten Ägypten mit dem auf den ersten Blick frappanten Ergebnis, dort habe es eine Entwicklung hin zu mehr Sakralität gegeben: Nicht Säkularisierung erscheint als die dominante Prozeßkategorie, sondern Sakralisierung. Doch während Assmann insofern nur von der Geschichte Ägyptens bis hin zur Achsenzeit spricht,[28] unterstellt Willoweit einen solchen Entwicklungsprozeß auch den weiteren geschichtlichen Epochen bis in unsere heutige Zeit. In enger Verknüpfung mit dieser Annahme geht er von einem gewissermaßen anthropologisch konstanten Bedürfnis der Menschen nach einer höheren, außerrechtlichen Legitimation des positiven Rechts aus. Infolgedessen stellen sich ihm «alle Transformationen und Umbrüche in der Rechtsgeschichte als Verschiebungen und Übertragungen von Sakralität dar».[29] So wird ein großer Bogen geschlagen vom altägyptischen Reich und der Antike über das theologische Naturrecht des Mittelalters und die Französische Revolution bis hin zur Weimarer Reichsverfassung und dem Glauben an die Menschenrechte im modernen Verfassungsstaat unserer Tage. Überall und immerfort, so die Botschaft, waltet die Sakralisierung des Rechts.

Man reibt sich die Augen: Hat es rationalistisches Naturrecht, Aufklärung, Trennung von Staat und Religion, Volkssouveränität als Legitimitätsprinzip, Glaubens- und Weltanschauungsfreiheit sowie die Verankerung entsprechender Regelungen im Rechts- und Verfassungssystem westlicher Demokratien gar nicht wirklich gegeben oder erscheinen

27 Willoweit 2013a.

28 Klar Assmann 1990/2006, S. 287f.

29 Fateh-Moghadam 2014a, S. 130.

diese Vorgänge als Oberflächenphänomene, unter deren dünner Schutzschicht Sakrales und Religiöses wenn nicht eruptiv durchbricht, so aber – weitaus wirksamer – doch strukturell fortwirkt?

In der Tat war, in welchen Varianten auch immer, die Sakralität und Sakralisierung von Herrschaft über Jahrtausende der Normal- und Regelfall gewesen: von der Göttlichkeit des Pharao über die alttestamentlichen Könige, die römischen und byzantinischen Kaiser bis hin zur sakralen Herrschaft in Mittelalter und früher Neuzeit, den wundertätigen Königen Frankreichs und der Lehre vom Gottesgnadentum der Fürsten im Konstitutionalismus.[30] Doch fiel diese lange Tradition jener «bürgerlichen Emanzipationsdynamik» (Ivan Nagel) zum Opfer, die in den Eingangsworten der amerikanischen Verfassung ihren kürzesten und prägnantesten Ausdruck fand – «We the People».

Genau jener Bruch, den Blumenberg in der Verteidigung der eigenständigen Legitimität der Neuzeit verortet und den wir staatstheoretisch und verfassungshistorisch in der Amerikanischen und Französischen Revolution erkennen, wird hier auf geradezu verstörende Art und Weise eingeebnet. Im Grunde herrscht wieder die von Blumenberg ebenso unbeirrt wie berechtigt angegriffene Tendenz vor, eine vollständige Säkularisierung oder eigenständige Säkularität als praktisch unmöglich zu betrachten. Statt dessen scheint überall Sakrales durch, wenngleich in verwandelter Gestalt. Auch die modernen, auf der – doch nicht zufälligerweise als rational titulierten – Naturrechtslehre der Aufklärung beruhenden Menschenrechte müssen dann zu etwas Heiligem werden, desgleichen die moderne Wissenschaft. Hat der Betrachter die Optik einmal so eingestellt, dann erkennt er, um die vielzitierte Wendung Blumenbergs aufzugreifen, in den vermeintlich säkularen Institutionen, Figuren und Konzeptionen nur die «*Umsetzung* authentisch theologischer Gehalte in ihre säkulare Selbstentfremdung».[31]

Willoweit selbst stützt sich nicht direkt auf diese Denktradition, die besonders wirksam bei Carl Schmitt zutage getreten ist.[32] Vielmehr hilft

30 Siehe etwa Bendix 1980 (I), S. 18ff., 41ff., 92ff.; Erkens 2002.

31 Blumenberg 1974, S. 77.

32 Ironischerweise ist Carl Schmitts Politische Theologie von Jan Assmann gerade mit

dem Autor ein eher unscharfer Begriff von Sakralität, der teils mit der Suprematie oder Unverletzlichkeit von Normen, teils mit Legitimitätsanforderungen, teils mit Wahrheitsansprüchen konnotiert wird, eine ziemlich gerade Verbindungslinie über mehrere tausend Jahre hinweg zu schlagen.

Der Verblüffungseffekt der These, die Sakralisierung des Rechts bilde auch in der Moderne ein sich durchhaltendes, konsistentes, wenn nicht gar konstitutives Merkmal,[33] läßt allerdings rasch nach und weicht der Ernüchterung, wenn man an der einen oder anderen Stelle eine kleine analytische Probebohrung vornimmt. Die ganz von der Sozialphilosophie der Aufklärung gespeiste Französische Revolution findet sich hier reduziert auf die (angeblich) heilige Vorstellung des höchsten Wesens, wie es im revolutionären Frankreich angerufen wurde. Die außerordentlich weltliche, dem Gottesgnadentum der konstitutionellen Monarchien endgültig den Garaus machende Weimarer Republik wird ganz zutreffend als eine Konkurrenzdemokratie mit völlig unterschiedlichen Parteiprogrammen charakterisiert – in einer überraschenden Wendung aber dergestalt, daß wegen des (angeblichen) Wahrheitsanspruches dieser Parteiprogramme der politische Kampf als Fortführung gleichsam heiliger Wahrheitsansprüche präsentiert wird.[34] Nun hat zwar Gustav Radbruch zeitgenössisch geschrieben, der gesamte politische Tageskampf lasse sich als endlose Diskussion um Gerechtigkeit begreifen[35] – aber doch nicht als Streit um eine sakrale Wahrheit!

Ziemlich weit hergeholt scheint mir schließlich der Schlußteil des knappen und deshalb oft nur mit Andeutungen arbeitenden Textes, in dem zum einen die Verwissenschaftlichung der Politik, vor allem ihre Abhängigkeit von wissenschaftlichen Erkenntnissen konstatiert und zum anderen auch dieser Prozeß als quasi-sakral etikettiert wird, weil die wissenschaftliche Wahrheit absolut gelte oder solche Geltung bean-

dem Hinweis kritisiert worden, daß nicht Säkularisierung des Theologischen den tatsächlichen Verlauf wiedergebe, sondern umgekehrt.

33 Willoweit 2013a, S. 160ff.: «Sakralisierung als Thema des modernen Rechts».

34 Willoweit 2013a, S. 161.

35 Radbruch 1973, S. 165.

spruche.[36] Nun muß man wohl schon gegenüber dem behaupteten Befund einer Verwissenschaftlichung der Politik sehr skeptisch sein. Der Umstand allein, daß sich (möglicherweise tatsächlich immer mehr) wissenschaftliche Politikberatungsgremien etablieren, sagt über deren tatsächliche Bedeutung und Wirksamkeit wenig aus. Man denke nur an manche kühle Reaktion der Politik gegenüber den ihr erstatteten Gutachten und Stellungnahmen, selbst wenn es sich dabei um gesetzlich etablierte Gremien wie den Kreis der fünf sog. Wirtschaftsweisen handelt. Und selbst wenn die Wissenschaft – was insgesamt eher selten der Fall ist – mit einer Stimme spricht, schlagen deren Erkenntnisse keineswegs zwingend auf die Politik durch. Sehr viel häufiger kommt ein einheitliches Votum erst gar nicht zustande, weil Dissens über die richtigen Konzepte innerhalb der betroffenen Disziplinen und zwischen ihnen besteht. Man studiere anschauungshalber einmal die Stellungnahmen des früheren Nationalen und heutigen Deutschen Ethikrates. Schon dieser Streit der Meinungen und Schulen steht aber jedweder Form einer Sakralisierung im Wege. Fazit: Der Schluß von der (angeblich) aktuell zunehmenden Verwissenschaftlichung der Politik auf die sich (angeblich) durchhaltende Sakralisierung des Rechts scheint mir in doppelter Hinsicht ein Kurzschluß zu sein. Denn weder gibt es eine solche durchgreifende Verwissenschaftlichung, noch wäre sie, wenn es sie gäbe, ein Indiz für Sakralisierung.

Insgesamt spricht Willoweit nicht nur in inflationärer Weise von Sakralisierung, weswegen der Begriff praktisch nichts mehr ab- oder eingrenzen kann.[37] Auch die Beispiele aus den verschiedenen Epochen wollen nicht recht überzeugen. Und wenn und soweit schließlich der Höchstrang bestimmter Normen als Sakralisierung begriffen wird,[38] dann müssen wir mit Ludwig Siep den Autor so interpretieren, daß dieser lediglich auf «rechtliche Unantastbarkeit und Unabwägbarkeit [rekurriert], ohne dafür einen religiösen oder gar ‹transzendenten›

36 Willoweit 2013a, S. 162f.

37 Diese Kritik etwa bei Fateh-Moghadam et al. 2015, S. 23ff., 121.

38 Willoweit 2013a, S. 161.

Rechtsgrund anzugeben».[39] Denn Absolutheit und Unverfügbarkeit im Rechtssystem kann und darf eben nicht kurzerhand gleichgesetzt werden mit der Vorstellung einer numinosen, unantastbaren Heiligkeit im Sinne von Sakralität. Dementsprechend müßten wir Sakralisierung durch normativen Höchstrang ersetzen, und der Verblüffungseffekt wäre vollständig perdu.

IV. Religiöse Tiefenstruktur des liberalen Staates?

Während wir es bei Willoweit «nur» mit dem Phänomen einer inflationären und daher wenig trennscharfen Verwendung von Sakralisierung zu tun haben, gehen andere Autoren daran, Figuren wie das heilige Opfer oder verwandte sakrale Vorstellungen als normativ gehaltvolle, wenn nicht gar tragende Elemente des freiheitlichen Verfassungsstaates auszuflaggen.

Derartig befremdliche Thesen werden von dem Staats- und Europarechtler Ulrich Haltern im Rahmen einer Kulturtheorie des Rechts präsentiert.[40] Ausdrücklich für den modernen, liberalen Staat vermerkt er, dieser sei (zugegebenermaßen paradoxerweise) ein absoluter Staat, was daran liege, daß sich letzte Werte von der Kirche zum Staat verschöben, von dessen «Sakralisierung» denn auch die Rede ist[41]. «So wie die Kirche der Körper Christi ist», schreibt Haltern, «ist der Staat der Körper des Souveräns.»[42] Souveränität sei daher «unhintergehbar religiöser Natur».[43] In ihr sei «eine Erinnerung angelegt, die sich im Glaubenssystem des Politischen genealogisch bis zum souveränen, verborgenen

39 Siep 2015, S. 20. – Aus theologischer Perspektive stellt interessante (und klugerweise vorsichtige) Erwägungen zur Rede von Unverfügbarkeit und Unantastbarkeit und deren Nähe zur Heiligkeit an Schmidt 2016, S. 284ff. («heiligkeitsaffine Unverfügbarkeit»).

40 Haltern 2003; Haltern 2007; Haltern 2008. An kritischen Rezensionen und Stellungnahmen siehe etwa Schönberger 2007, S. 628; Erbentraut 2008, S. 285ff.; Hofmann 2009, S. 61; Gutmann 2015, S. 56ff.

41 Haltern 2008, S. 211f., Zitat S. 212.

42 Haltern 2008, S. 212.

43 Haltern 2008, S. 216.

Gott zurückverfolgen» lasse.[44] Diese «Sinnwanderungen von der Religion zum Politischen» hinterlassen Haltern zufolge «tiefe Spuren [...] in der Struktur unseres Denkens und unserer politischen Begriffe». Vorläufiges Resümee: «Diese verdichten sich zu einer Tiefenstruktur, die unter der liberalen Designeroberfläche des demokratischen Rechtsstaats schlummert und sich jederzeit aktualisieren kann. Diese Tiefenstruktur ist um religiöses und mythisches Denken herum organisiert. Im Zentrum steht der Glaube; um ihn herum ranken sich Mythen, Träume von Ewigkeit, Todesängste und Opferbereitschaft in oszillierenden Konstellationen.»[45]

Was es speziell mit der Opferbereitschaft auf sich hat, wird an anderer Stelle erläutert, nämlich in einer Abhandlung zum Recht als Tabu, die den ausgefallenen Untertitel trägt «Was Juristen nicht wissen wollen sollten».[46] Das Opfer wird dort als «Kern des Rechts vorgestellt».[47] Das politische Gemeinwesen, heißt es weiter kategorisch, gründe sich auf geopferte Körper, das Opfer sei «das Einschreiben einer idealisierten Bedeutung auf den Körper».[48] Der Körper, der nicht bereit zum Opfer sei, habe keinen «Charakter, sondern nur Wünsche, Bedürfnisse und Begierden».[49] Der Staat sei ein erotisches Liebesobjekt, weil der Kern der Liebe wie des politischen Handelns das Opfer sei, denn beide verlangten nach Körpern.[50] «Eine Liebe oder eine politische Gemeinschaft, die ihre Mitglieder nicht zum Opfer aufrufen kann, hat keine historische Präsenz und ist nur eine kraftlose Idee.»[51] Und genau in diesem Stil und in diesem Ton geht es in der kleinen Monographie von 2007 mit dem Titel «Was bedeutet Souveränität?» weiter[52]: Souveränität sei die

44 Haltern 2008, S. 218.

45 Haltern 2008, S. 219; dort auch das Zitat zuvor. – Siehe auch Haltern 2003, S. 160: «Vernunft kann eine politische Ordnung niemals ausmessen.»

46 Haltern 2003.

47 Haltern 2003, S. 151ff.

48 Haltern 2003, S. 153 – mit Hinweis auf die biblische Episode vom Befehl Gottes an Abraham, seinen Sohn Isaak zu töten (Gen 22).

49 Haltern 2003, S. 154.

50 Haltern 2003, S. 159, 162.

51 Haltern 2003, S. 160.

52 Haltern 2007.

Teilhabe des Endlichen am Heiligen, der liberale Staat ein absoluter Staat, der Opfer jeder Art verlangen könne, der Staat wurzele wie die Kirche in Akten der Offenbarung usw. usf.

Ich verzichte auf die weitere Präsentation von Zitaten und Textparaphrasen. Doch sollte demonstriert werden, warum das Urteil Thomas Gutmanns, diese Texte reihten sich in die «gewaltpornographische Tradition der politischen Philosophie» ein,[53] zwar hart erscheinen mag – aber in der Sache absolut zutreffend ist.[54] Im Vergleich zu Halterns dunklem Geraune nimmt sich Carl Schmitt als geradezu nüchterner Autor aus.[55] Man steht letztlich ein bißchen hilflos vor der Frage, woher solche Thesen und Auffassungen stammen, die dazu noch mit der irritierenden Versicherung vorgetragen werden, der Autor liefere nur eine «beobachtende Diagnose»[56] und identifiziere sich nicht persönlich mit dem, was er beobachtet.[57] Welche Beobachtungen aber nun genau die angeblich fortwirkenden Elemente von Opfer, Heiligem, Mythos usw. tragen bzw. bezeugen sollen, bleibt weithin unklar. Haltern hält einerseits daran fest, daß seine «Diagnose» auf den liberalen Verfassungsstaat unserer Tage zutrifft, spricht aber andererseits von «Phänomene(n) des Politischen im 20. Jahrhundert», zu denen (man denke nur an Kommunismus, Faschismus und Nationalsozialismus) «auch massive Gewalt gehören», für deren Erklärung «man auf die Kategorien des Heiligen und des Opfers nicht verzichten» könne.[58] Weder für das eine noch für

53 Gutmann 2015, S. 62.

54 Siehe – nur in der Formulierung, nicht in der Sache milder – Hofmann 2009, S. 61: Es handele sich bei Halterns Texten um «eine Zivilisationskritik der heilen liberalen Rechtswelt im Namen einer Kulturwissenschaft des Rechts, die sich den verbliebenen ‹Tiefenschichten› des politischen Zusammengehörigkeitsgefühls widmet und in den Mythen von Gewalt, Krieg, Tod, der Allmacht, des Heiligen und des Opfers gründelt».

55 Schönberger 2007, S. 628.

56 Haltern 2008, S. 219.

57 Mehrfach betont Haltern, persönlich ein friedfertiger Mensch zu sein: siehe etwa Haltern 2007, S. 4, 116f.; Haltern 2008, S. 219. Kritisch dazu Schönberger 2007, S. 628; Erbentraut 2008, S. 289.

58 Haltern 2008, S. 220f. Ganz pauschal ist wieder nur davon die Rede, die «bisherigen Erfahrungen des neuen Jahrtausends lassen vermuten, dass weder das Bedürfnis

das andere bringt er allerdings Belege oder Beispiele. Michael Stolleis hat treffend von «Phantasmagorien» gesprochen.[59]

Obwohl Ansichten wie die Halterns im Bereich der Rechtswissenschaften eher Seltenheitscharakter genießen (was man im übrigen von der Philosophie einschließlich der politischen Philosophie wohl nicht sagen kann), erscheint mir dieses Maß an Obskurantismus doch besorgniserregend. Deshalb sei abschließend auf die massiven Gefahren hingewiesen, die mit einem solchen Denken und solch irrationalen Politikvorstellungen unvermeidlich verbunden sind. In einer an entlegener Stelle auf englisch publizierten Rezension zu Halterns Souveränitätsbuch finden sich hierzu außerordentlich treffende Worte. Der Autor betrachtet den Ansatz Halterns als einen theoretischen Rückschritt und legt dann das zentrale Problem offen, indem er ausführt: «Der Text handelt an keiner Stelle von dem Problem, wie Politik, die auf Begriffen wie Glaube, Gewalt, Tod, Opfer oder Heiligkeit beruht, so im Zaum gehalten werden kann, daß das Programm einer mystischen – oder gar erotischen – Identität des Staats und seiner Bürger nicht in einem materiellen und ethischen Desaster endet.»[60]

nach dem Heiligen noch die Welt der Souveränität im Verschwinden begriffen sind.» Was mit den «bisherigen Erfahrungen» gemeint ist, bleibt unklar.

59 Stolleis 2012, S. 394; s. noch ebd., S. 672.

60 Erbentraut 2008, S. 288 [Meine Übersetzung, H. D.]. Der komplette Abschnitt lautet im Original wie folgt: «One may agree with Haltern when he argues that politics cannot be entirely substituted by law. There may be questions that call for political – or should we say sovereign – decisions. But why should this more or less technical necessity be related to a religious dimension? Historically the idea of sovereignty made political compromises possible by simply excluding religious questions of truth. Good examples for this pacifying and overall successful strategy are the Peace of Augsburg and the Peace of Westphalia. Compared to this background, Haltern's approach seems to be a theoretical step backwards, even more so, he appears to support a highly dubious and dangerous agenda of theological reinforcement in the realm of politics. The text does not contain any reference to the problem of how politics, which are based on concepts such as belief, violence, death, sacrifice or holiness could be moderated in a way that the programme of mystic – or even erotic – identity of the state and its citizens does not end up in a physical and ethical disaster.»

V. «Sakralität der Person» als Kern der Menschenrechtsidee?

Ein ethisches Desaster dürfte mit dem nun abschließend zu diskutierenden Entwurf nicht zu befürchten sein – höchstens vielleicht eine ethische Überdosis und eine Überambitioniertheit, die auf ganz eigene und andere Weise in die Irre führt. Ich spreche von dem Buch des Soziologen Hans Joas aus dem Jahre 2011 über «Die Sakralität der Person».[61] Es hat vermutlich auch und gerade wegen dieses prägnanten und geradezu suggestiven Titels ein großes Echo und eine breite Rezeption quer durch die Disziplinen gefunden – am wenigsten bislang vielleicht noch in den Rechtswissenschaften.

1. Sakralisierung der Person?

Mit der Wendung von der Sakralität der Person greift Joas auf eine Textpassage von Emile Durkheim zurück, publiziert auf dem Höhepunkt der Dreyfus-Affäre. Dort heißt es:

> «Diese menschliche Person [...] wird als heilig betrachtet, sozusagen in der rituellen Bedeutung des Wortes. Sie hat etwas von der transzendenten Majestät, welche die Kirchen zu allen Zeiten ihren Göttern verliehen; man betrachtet sie so, als wäre sie mit dieser mysteriösen Eigenschaft ausgestattet, die um die heiligen Dinge herum eine Leere schafft, die sie dem gewöhnlichen Kontakt und dem allgemeinen Umgang entzieht. Und genau daher kommt der Respekt, der der menschlichen Person entgegengebracht wird.»[62]

Joas meint nun, der entscheidende Zug in der Entwicklung der Menschenrechte bestünde genau in einem solchen Prozeß der Sakralisierung der Person. Das scheint mir aber gleich aus mehreren Gründen schwerlich haltbar. Bevor ich allerdings meine Einwände formuliere, möchte ich eines festhalten: Ich hätte kein so grundlegendes Problem mit dem

61 Joas 2011.
62 Joas 2011, S. 82f.

Buch, wenn der Autor es «Menschenwürde als Form der Sakralität» oder «Sakralität als Interpretationskategorie für die Menschenwürde» getauft hätte. Denn in der Tat ist nicht zu übersehen, daß die Redeweise von der Unantastbarkeit der Menschenwürde und ihre Unabwägbarkeit zumindest gewisse Assoziationen zur Heiligkeit im Sinne unantastbarer Objekte oder Räume weckt.[63] Auch hier wäre zwar einzuwenden, daß selbst eine absolut geltende Norm, die in der Verfassung als unantastbar bezeichnet wird, weiterhin eine Norm in der Welt des Rechts bleibt und ihren Sonderstatus nur dort genießt.[64] Man sollte das nicht sogleich und umstandslos mit absoluten Tabus in der Sozialsphäre oder mit heiligen Orten oder Gegenständen in Religionen kurzschließen bzw. identifizieren[65]. Dennoch: Menschenwürde als Form oder Gestalt der Sakralität – das hätte gewiß zu spannenden Erörterungen und vielleicht zu neuen Erkenntnissen geführt.

Aber das Buch trägt nun einmal den Untertitel: «Eine neue Genealogie der Menschenrechte». Und da fangen die Schwierigkeiten an. Das Hauptproblem besteht darin, daß Menschen- oder Grundrechte[66] in dem knapp 300 Seiten langen Buch praktisch kaum vorkommen.[67] Es

63 Menschenwürde und Sakralität haben auf der sprachlichen Ebene Berührungspunkte: «Die ‹Unantastbarkeit› der Menschenwürde, die in Art. 1 Abs. 1 GG postuliert wird, erinnert sprachlich an die kulturell alte Idee sakraler Unberührbarkeit. Auch die Struktur und die Funktion des Würdesatzes, der in seinem Anwendungsbereich ein *absolutes* Verletzungsverbot statuiert […], bilden den Sinn des tapu nach, in Form strikter Verbote einen ‹Zaun vor […] sozialen Werten› aufzurichten.» (Fateh-Moghadam et al. 2015, S. 116).

64 Und diese freiheitliche Verfassungsordnung setzt sich selbst eben nicht in der Weise absolut, daß sie umfassenden Glauben verlangt und Wahrheitsansprüche erhebt. Siehe dazu Kapitel III dieses Buches zur religiös-weltanschaulichen Neutralität, insb. S. 115ff.

65 So verstehe ich auch Fateh-Moghadam 2014a, S. 139f.: Unter nachdrücklicher Berufung auf Durkheim selbst wird dort festgehalten, daß dessen auf der Sakralität der Person aufbauende Theorie der moralischen Integration der Gesellschaft eine radikal immanente ist und sich keineswegs von einem religiösen Ursprung oder einer transzendenten Größe ableitet.

66 Zur Abgrenzung beider vgl. Dreier 2014, S. 39ff. – Für die folgende Kritik spielt diese Abgrenzung keine Rolle, weil es für die in internationalen wie in nationalen Rechtsdokumenten niedergelegten Rechte insofern keinen Unterschied gibt.

67 Wie hier Möllers 2011, S. 51; Gutmann 2014, S. 505.

hätte ja nahegelegen, einen Blick in die UN-Menschenrechtserklärung von 1948 zu werfen (oder in das Grundgesetz von 1949 oder die Virginia Bill of Rights von 1776 oder die Landesverfassungen in der Bundesrepublik), um die angeblich neue Genealogie sowie seine zentrale These anhand der dort genannten Grund- und Menschenrechte zu erproben und zu erläutern: also an der Meinungs- und Pressefreiheit, der Eigentumsgarantie, der Religionsfreiheit, dem Schutz vor willkürlicher Verhaftung, der Berufsfreiheit oder den politischen Rechten wie dem Wahlrecht oder auch den etwa in der UN-Erklärung prominent vertretenen sozialen Rechten. Doch nichts von alledem wird – abgesehen von einigen pauschalen Hinweisen im ersten Kapitel im Zusammenhang mit der Amerikanischen und Französischen Revolution – näherer Betrachtung unterzogen. Menschenrechte sind bei Joas ein Blankettbegriff.

Joas konzentriert sich vielmehr auf zwei wichtige Entwicklungsprozesse, nämlich die Abschaffung der Folter und der Sklaverei.[68] Nun kann man mit Fug und Recht sagen, daß hier implizit natürlich Grundrechtsgarantien angesprochen sind: die gleiche Freiheit aller Personen und der Schutz von Leben und körperlicher Unversehrtheit. Und klar liegt auf der Hand, daß es sich in beiden Fällen nach unserer heutigen Überzeugung um geradezu exemplarische Fälle einer Verletzung der Menschenwürde handelt. Doch genau wegen dieser Engführung der Thematik auf Aspekte der Menschenwürde[69] gerät Joas der Funktionsmodus der Grund- und Menschenrechte in einem freiheitlichen Verfassungsstaat aus dem Blick. Vergegenwärtigt man sich deren Wirkungsweise, so wird rasch deutlich, daß diese keineswegs darin besteht, jeden Menschen wie in einem geheiligten Bezirk vor allen Zugriffen und Einwirkungen anderer abzuschirmen und gleichsam als sakrale Monade zu etablieren. Statt dessen besteht der leicht erkennbare Effekt der Einräumung gleicher Freiheit für alle darin, immer wieder aufs neue zu prü-

68 Joas 2011, S. 63ff., 132ff.

69 Die im übrigen latent und fälschlicherweise mit dem Lebensrecht identifiziert wird (kritisch auch Möllers 2011, S. 51).

fen und festlegen zu müssen, wo die Freiheit des einen an der Freiheit des anderen eine definitive Grenze findet.[70] Diese ist in modernen Grundrechtsdemokratien in aller Regel weit hinausgeschoben. In einer freiheitlichen Gesellschaft können in historisch vermutlich unvergleichbarem Umfang und Ausmaß Differenzen, Konkurrenzen und Konflikte ausgetragen werden, die aus Ein- und Übergriffen in die Sphäre des oder der anderen resultieren. Wirtschaftskonkurrenz auf den ökonomischen Märkten, grundrechtlich gestützt durch Eigentums- und Berufsfreiheit, kann einige Marktteilnehmer in den Ruin treiben. Auch Boykottaufrufe sind nicht verboten, sondern als Form der Meinungsfreiheit in recht weitem Umfange erlaubt.[71] Künstlerische Werke wirken (mit Absicht) oft höchst provokant und verletzen damit zuweilen die religiösen Gefühle vieler Mitbürger – man denke nur an den Skandal um das Bild «Jesus mit der Gasmaske» aus der Zeit der Weimarer Republik, von denen wir eine direkte Linie bis hin zu den Mohammed-Karikaturen unserer Tage ziehen können. Die Berichterstattung in der Presse greift immer wieder auf die Privatsphäre von (meist prominenten) Bürgern über mit der Folge, daß diese sich in ihrem allgemeinen Persönlichkeitsrecht gekränkt fühlen.

Der politische Meinungskampf auch und gerade zwischen den politischen Parteien fällt – nicht nur in Wahlkampfzeiten – chronisch heftig aus und schont den Konkurrenten nicht (manchmal noch nicht einmal den Parteifreund). Die Meinungsfreiheit in den USA ermöglicht praktisch jeden noch so starken (gewaltfreien) Übergriff in die Empfindungswelt Dritter, und auch in Deutschland sind die Grenzen mit der Schmähkritik sehr weit gesteckt. «Freiheit besteht darin, den anderen sagen zu können, was diese nicht hören wollen», soll George Orwell einmal formuliert haben. Auch die Wahrnehmung der Wissenschafts-

70 Zu diesem Grundproblem und -phänomen einer jeden Grundrechtsdogmatik Dreier 2013a, Vorbemerkungen Rn. 119ff., 134ff.; speziell für religiöse Konflikte gut verständlich Heimann 2016, S. 49ff., 91ff.

71 Siehe jüngst, auf der Linie des Bundesverfassungsgerichts (BVerfGE 7, 198 [210, 212); 25, 256 [264]; 62, 230 [244f., 247f.]) argumentierend, die Entscheidung des BGH zur Zulässigkeit des Aufrufs zu einer Kontenkündigung der «Nerzquäler» (NJW 2016, 1584; JuS 2016, 1149ff. [F. Hufen]).

freiheit führt nicht selten zu heftigen und mit Schärfe ausgetragenen Kontroversen zwischen Autoren, die ihr Gegenüber keineswegs schonen und in Watte packen, sondern es nach Kräften und vermutlich sehr zu dessen Mißfallen kritisieren – dieses Kapitel bietet vermutlich ein lebendiges Beispiel. Und Satire, um ein allerletztes Beispiel zu nennen, Satire darf zwar auch nicht alles, aber doch ziemlich viel, und sie darf Prominente, Politiker, Religionen, Geistliche, Einstellungen, Parteien, soziale Milieus oder was oder wen auch immer in weitem Umfang zum Gegenstand des Spottes machen, solange dies mit einem Mindestmaß an Intelligenz und Geist geschieht.

Man sieht also: Auf der ganzen Breite des Spektrums an Grund- und Menschenrechten findet sich von Sakralität der Person nicht die geringste Spur. Die durch Grundrechtsgewährleistungen geprägte Rechtsbeziehung der Menschen untereinander konstituiert «kein Verhältnis der Verehrung oder der heiligen Scheu».[72] Der Markt der Meinungen wie der der Waren ist von Kampf und Konkurrenz bestimmt. Freiheit bedeutet zugleich den potentiellen Ein- und Übergriff in die Freiheitssphäre anderer. Das ist kein Defizit des modernen Verfassungsstaates, sondern geradezu seine ratio, sein innerstes Wesen. Dieser Staat ist ein Staat der Zumutungen: Er mutet uns nicht nur zu, zu ertragen, daß der andere anders denkt, anders lebt, anders glaubt, anders redet und anders handelt, als man selbst es für richtig und geboten hält – er bietet auch umfassende Freiheit zu wechselseitiger Kritik, zum Meinungskampf, ja zur geistigen Provokation.

Der mit Titel und Untertitel des Buches erweckte und durch mehrere gleichlautende Formulierungen im Text bekräftigte Eindruck, die

72 Gutmann 2014, S. 506: «Während aus der Aura des Sakralen allenfalls ein Berührungsverbot im Sinne eines Tabus folgt und sakrale Objekte nicht handeln, haben Rechte einen performativen Sinn. Sie werden von ihren Trägern ausgeübt, eingefordert, in Anspruch genommen und durchgesetzt. Der Rechtsbeziehung unterliegt kein Verhältnis der Verehrung oder der heiligen Scheu, sondern eine spezifische Form der wechselseitigen Anerkennung von Personen, die sich als Gleiche respektieren und sich wechselseitig das Recht zuschreiben, ihre je eigene Vorstellung vom gelungenen Leben zu realisieren.»

Geschichte der Menschenrechte sei eine Geschichte der Sakralisierung der Person,[73] erweist sich bei Licht besehen als großer Irrtum, der Wesen und Wirken der Grund- und Menschenrechte in einer freiheitlichen Verfassung fundamental verkennt. In einem Satz: «Am Ende geht der Sakralitätstopos am Sinn von Menschenrechten vorbei.»[74]

2. Affirmative Genealogie?

Nicht weniger problematisch erscheint die zweite Säule des Werkes, nämlich die besondere Version einer Genealogie, die Joas mit dem schillernden Adjektiv «affirmativ» versieht.[75] Es geht dabei um die Verschränkung von Begründung und Narration, in der Folge aber um nichts Geringeres (und in meinen Augen Unmögliches) als die Überwindung der Differenz von Genesis und Geltung, ja von Sein und Sollen.[76] Während die Herausarbeitung der Genealogie ja eine durchaus lohnenswerte und möglicherweise immer wieder Neues zutage fördernde Aufgabe darstellt, steht man vor der «Affirmation» letztlich etwas ratlos. Wenn und soweit uns der Autor damit sagen will, daß er als politischer Mensch und Bürger eine affirmative Haltung zu den Menschenrechten hat, dann ist das löblich und erfreulich, aber für die wissenschaftliche genealogische Erklärung ihrer Entstehung völlig bedeutungslos. Denn sollte nicht für Historiker, Soziologen und Juristen gleichermaßen gelten, daß sie das Objekt ihrer Untersuchung zu erkennen, zu beschreiben und zu analysieren, nicht aber (jedenfalls nicht in ihrer Eigenschaft als Wissenschaftler) zu bewerten haben?[77] Oder aber

73 Joas 2011, S. 18, 81, 84, 100f., 204.

74 Gutmann 2014, S. 506.

75 Joas 2011, S. 147ff., 187ff. u. ö.

76 Joas 2011, S. 13f., 186.

77 Der Autor scheint hier durchaus anderer Meinung zu sein, wie man verschiedenen Andeutungen und Aussagen entnehmen kann: Joas 2011, S. 185 («Wenn wir uns aber aufgerufen fühlen, dann geht dieser Appell weit über das Forschen hinaus auf ein gegenwärtiges, in die Zukunft gerichtetes Handeln»); S. 187 («Unvermeidlichkeit der Selbstpositionierung des historisch arbeitenden Wissenschaftlers gegenüber den Sinngehalten»; Appell, «den der historisch verkörperte Sinn auf uns ausübt und dem wir uns nur durch falschen Selbstzwang […] verschließen können»); S. 190

Joas meint, die Menschenrechte bedürften zu ihrer dauerhaften Stabilisierung der Affirmation durch die Bürger, also ihrer Bejahung und Anerkennung, des tätigen Eintretens für sie, etwa in Gestalt entsprechender zivilgesellschaftlicher Aktivitäten. Dann wären die nötigen Erfordernisse und Faktoren in verfassungstheoretischer, sozialphilosophischer oder soziologischer Weise näher aufzuhellen, was sich zugleich als wesentlicher Beitrag zum ewigen Rätsel des Böckenförde-Diktums verstehen ließe.[78] Aber auch diesen Komplex geht Joas nicht näher an. Statt dessen stoßen wir auf Sätze, deren Status (wissenschaftliche Aussage, persönliches Bekenntnis, Handlungsaufforderung) merkwürdig unklar bleibt und deren Ton wohl nicht zufällig leicht predigthafte Züge trägt:

> «Um sich für den Appell historisch verkörperten Sinns zu öffnen, bedarf es nicht der historisch-soziologischen Analyse seiner Entstehung. Wenn aber dieser Sinn, wenn historisch entstandene Ideen und Werte abstrakt geworden sind, dogmatisch oder konventionell erstarrt, dann ist historische Forschung im Sinne affirmativer Genealogie der Weg zur Verlebendigung, weil nur die Begegnung mit der ursprünglichen Lebendigkeit den immer schon über seine Entstehungsbedingungen hinausweisenden Sinn wieder vernehmbar macht.»[79]

Täusche ich mich, oder klingt das hier nicht danach, der affirmativen Genealogie wenn schon nicht eine staatstragende, so aber doch eine menschenrechtsförderliche Rolle zuzuweisen? Die Wissenschaft der

(«Appellcharakter historisch verkörperten Sinns»); S. 191 («Affirmativ soll nicht die Bejahung eines faktischen Zustands in der Gegenwart heißen, sondern die Bejahung des Appells historisch gebildeter Ideale, die Bereitschaft zur Verwirklichung einst entstandener oder vielleicht sogar angeblich gegenwärtig geltender Werte»).

78 Zu ihm näher Kapitel VI dieses Buches (S. 189ff.)

79 Joas 2011, S. 202. Gutmann 2014, S. 505 hat das Buch nicht zu Unrecht eine «Bekenntnisschrift» genannt. Raimondi 2014, S. 89ff. bringt das Problem sehr behutsam, aber im Ergebnis klar auf den Punkt, wenn sie darlegt, daß Joas im Grunde gar keine «Begründung» bietet (S. 90): «Was die Genealogie tut, ist mithin kein Begründen im eigentlichen Sinn [...] Damit wird Genealogie zum kreativen Aneignungsakt, der nicht einfach nur protokolliert, sondern Zusammenhänge herstellt oder überkommene kappt, neue oder andere Geschichten erzählt und den gegenwärtigen Leser in einen noch stattfindenden Wertbindungsprozess affektiv einbindet.»

Geschichte und der Soziologie wird hier so eine Art Kooperationspartner von Amnesty International oder anderen Menschenrechtsorganisationen. Es spricht der Advokat der Menschenrechte, nicht ihr Analytiker, wie auch in der folgenden Sentenz, in der wissenschaftliche Analyse und gesellschaftliches Engagement sich offensichtlich vermischen: «Die Überlegungen über Gewalt und Menschenwürde haben aber nicht nur eine moralphilosophische Pointe, sondern implizieren auch eine moralische Forderung.»[80] Was hier wissenschaftliche Analyse, was moralisch-politische Position ist, läßt sich nicht mehr auseinanderhalten. Vielleicht hat die analytische Differenz von Genesis und Geltung und die Unterscheidung von Sein und Sollen doch ihren guten Sinn.

Schließlich steht Joas bei der affirmativen Genealogie vor dem Problem, welche Genealogien affirmiert werden und welche nicht. Mit leichter Süffisanz hat man dazu bemerkt:

> «Das Modell der ‹affirmativen Genealogie› muss freilich Affirmation und Genealogie auseinanderhalten, muss also Gründe jenseits der Genealogie finden, um zu begründen, warum es richtig ist, Personen zu schützen – sonst könnte ihm eine affirmative Genealogie des ‹Missbrauchs der Person› entgegengehalten werden.»[81]

Mit anderen Worten: Wenn man gute von schlechten Affirmationen unterscheiden muß, dann geht das letztlich nur mit guten, nein: nur mit besseren Gründen. Affektive Intensität und das Ergriffenwerden von Werten reichen da nicht hin. Damit sind wir schon beim nächsten Punkt.

3. Subjektive Evidenz und affektive Intensität

Hier geht es um die Frage, aufgrund welcher Faktoren sich Menschenrechte durchgesetzt haben und weiterhin dauerhaft Wirkungskraft ent-

80 Joas 2011, S. 146.

81 Möllers 2015, S. 444 Fn. 16. – Raimondi 2014, S. 93ff. weist auf die ambivalenten Seiten der Genealogie der Menschenrechte hin und betrachtet es am Ende als «offene Frage, wie sich Affirmation und Genealogie verbinden können» (S. 95).

falten. Für Joas bedarf deren erfolgreiche Durchsetzung «subjektiver Evidenz und affektiver Intensität» – eine Wendung, die er wiederholt aufgreift und nur leicht variiert.[82] Gemeint sind damit Gefühle der Überwältigung, für die er sich des ziemlich ungewöhnlichen, von Durkheim geprägten Ausdrucks der Efferveszenz bedient. Darin liegt die von ihm präferierte Alternative zur Begründung und Erklärung von Menschenrechten aus den rationalen Konstruktionen der aufklärerischen Sozialphilosophie einerseits oder dem Christentum andererseits. Wiederum paßt diese Vorstellung einer zunehmenden emotionalen Ablehnung der Sklaverei relativ gut zu abolitionistischen Bewegungen, für welche die moralische Erschütterung über den Sklavenhandel und die Abscheu vor der Entwürdigung der Betroffenen gewiß treibende Kräfte waren. Gleiches gilt für den Kampf gegen die Folter. Ob freilich dieser empathiegeleitete Prozeß mit dem Grundmotiv der Sakralität harmoniert, erscheint durchaus fraglich.[83]

Doch unabhängig davon vermag die Idee, Gefühle der Überwältigung und der kollektiven Empörung als ausschlaggebend für die Entfaltung und Durchsetzung der Menschenrechte zu halten, letztlich nicht zu überzeugen. Nicht allein, aber doch auch die Genese spricht dagegen. Man nehme nur einmal den Entwurf für eine Erklärung der Menschen- und Bürgerrechte, den der Abbé Sieyes im Juli 1789 dem Verfassungsausschuß vorgelegt hat.[84] Ganz klar und in konsequenter Deduktion rekapituliert er die Prämissen und Bausteine des neuzeitlichen Vernunftnaturrechts: die Gleichheit aller Menschen; der Eintritt in einen Gesellschaftszustand, der die Schwachen vor den Übergriffen der Starken schützen soll; die gleiche Freiheit aller als zentrales Recht eines jeden, das dort seine Grenzen findet, wo seine Wahrnehmung die Freiheit eines anderen beeinträchtigt; Etablierung einer staatlichen Ge-

82 Joas 2011, S. 18, 100, 191, 251.

83 Denn: «Sakrales lädt normalerweise nicht zur Einfühlung ein» (Lüddecke 2011, S. 4), sondern läßt uns eher fromm erschaudern, ja «bringt auch Schrecken mit sich» (Hütter 2006, Sp. 1437). Die Gegenläufigkeit von Genealogie und Sakralisierung hält auch Raimondi 2014, S. 92f. fest.

84 Sieyes 1981, S. 239ff. («Anerkennung und erklärende Darstellung der Menschen- und Bürgerrechte»); der konkrete Katalog S. 253ff.

walt zum Schutz dieser Rechte; aus alledem abgeleitet ein Katalog von Menschen- und Bürgerrechten. Das sind nüchtern und rational begründete Prinzipien, was Sieyes in seinen Vorbemerkungen auch ausdrücklich hervorhebt, wenn er sagt: Nur das weiß man wirklich, was man mit seiner Vernunft weiß.[85] Hier obwaltet also ungeachtet aller Leidenschaft, zu der die Denker wie die Akteure der Revolution durchaus in der Lage waren, der kühle Verstand, nicht die Überwältigung durch starke Gefühle. Und genau diesen kühlen Verstand und nicht starke Gefühle müssen wir uns hier und heute wünschen, wenn in unserer Verfassungsordnung tagtäglich viele tausend Male bei allen möglichen staatlichen Entscheidungen auf allen möglichen Rechtsfeldern und -ebenen die Reichweite der Grundrechte vermessen wird: durch Amtsträger, durch Richter, durch gesetzgebende Körperschaften, durch Anwälte und Betroffene. Die Überwältigung durch Gefühle ist kein guter Ratgeber und schon gar kein sicherer Führer auf dem Weg zu den Grundrechten. Nicht von ungefähr hat man darauf hingewiesen, daß subjektive Evidenz und affektive Intensität Merkmale sind, die auch den mentalen Zustand eines Lynchmobs treffend bezeichnen würden.[86] Weniger scharf formuliert: Die Ambivalenz solcher kollektiver Werterfahrungen bleibt völlig ausgeblendet.[87]

Insgesamt bleibt zu Joas also festzuhalten: Die Sakralitätsidee geht am Wesen der Menschenrechte vorbei; die affirmative Genealogie ist problematisch, weil der Status der Affirmation unklar ist; auf Merkmale subjektiver Evidenz und affektiver Intensität sollte man bei der Entfaltung und Durchsetzung der Menschenrechte besser verzichten.

VI. Resümee: Eigenständigkeit säkularer Ordnung

In diesem Kapitel wurden unterschiedliche Konzeptionen einer möglichen Sakralisierung des Staates und seines Rechtes und damit zugleich

85 Sieyes 1981, S. 241.
86 Fateh-Moghadam 2014a, S. 142.
87 Treffende Kritik: Gutmann 2014, S. 505.

einer Sakralisierung des Politischen angesprochen. Die Palette reicht von gewissen rhetorischen Aufladungen eines staatlichen Mythos über Tendenzen einer eher inflationären Begriffsverwendung von Sakralisierung bis hin zu obskuren Opfervorstellungen oder dem anspruchsvollen, aber letztlich fehlgehenden Versuch, eine menschenrechtliche Sakralität der Person zu begründen.

Das die verschiedenen Aspekte und Positionen verknüpfende Band wird man wohl darin sehen können, daß ihnen die Vorstellung einer notwendigen und unausweichlichen Aufladung der politisch-rechtlichen Sphäre mit religiösen Sinngehalten zugrunde liegt. Die religiöse Durchdringung der politischen Ordnung wird als unentrinnbar begriffen; auch die säkularen Demokratien könnten sich von dieser Kettung nicht lösen. Das ist der im Grunde alles entscheidende Punkt. Doch bedarf es wirklich einer «religiösen Besetzung der politischen Ordnung»,[88] damit diese Stabilität verbürgen kann und der «kollektiven politischen Existenz einen Sinn zu geben vermag»?[89]

Die Antwort kann nur negativ ausfallen. Der freiheitliche Verfassungsstaat, der mit den Grundrechten und nicht zuletzt mit der Religionsfreiheit den gesellschaftlichen Pluralismus garantiert[90] und sich selbst religiös-weltanschaulich neutral zu verhalten hat,[91] beruht gerade auf der Trennung von Religion und Politik. Er gewährt umfassende Freiheit auch und vor allem im weltanschaulich-religiösen Bereich, während für ihn selbst das Identifikationsverbot gilt und die religiöse Wahrheitsfrage tabu bleibt. Weiterhin stellt diese für den freiheitlichen Verfassungsstaat essentielle Trennung von Politik und Religion[92] kein bloßes Oberflächenphänomen oder lediglich eine «konstitutive Illusion»[93] dar. Sie schafft vielmehr die zentrale und indisponible Voraussetzung dafür, unter den Bedingungen gesellschaftlicher Pluralität eine

88 Hirsch 2002, S. 155; ähnlich ebd., S. 168 (jeweils mit kritischer, nicht affirmativer Intention).

89 Hirsch 2002, S. 169.

90 Dazu Kapitel II dieses Buches (S. 63ff.).

91 Dazu Kapitel III dieses Buches (S. 95ff.).

92 Kompakte theoriegeschichtliche Rekonstruktion bei Gutmann 2013, S. 455ff.

93 So zu Recht Hirsch 2002, S. 156.

friedensstiftende und freiheitsermöglichende Ordnung zu gestalten und zu bewahren. In einer solchen Ordnung wird das Religiöse durchaus nicht geleugnet, aber der Sphäre der Gesellschaft und nicht der des Staates zugeordnet.

Für ein angemessenes Verständnis des freiheitlichen, demokratischen Verfassungsstaates müssen wir weder die verfassunggebende Gewalt zu einem Mythos stilisieren noch die mit umfänglichen Freiheitsrechten ausgestatteten Mitglieder eines politischen Gemeinwesens mit dem Attribut der Heiligkeit versehen. Auch die Gewährleistung fundamentaler und keiner Abwägung unterworfener Rechtsgarantien, wie sie in der Menschenwürde-Norm des Grundgesetzes ebenso exemplarisch wie singulär Gestalt gewinnt, nötigt uns nicht dazu, hierin sogleich etwas Sakrales oder Numinoses zu erblicken.[94] Auf finstere Abwege führt schließlich das dunkle Geraune von einer der liberalen Rechtsordnung untergründig eingeschriebenen Welt von geopferten Körpern und heiligen Mythen. Das ist agambenhafter Obskurantismus.

Für allfällige Legitimations- und Letztbegründungsansprüche staatlicher Herrschaft scheint Sakralisierung ohnehin eher hinderlich als erkenntnisfördernd. Ernst-Wolfgang Böckenförde hat es vor Jahren einmal als «Credo von Carl Schmitt» bezeichnet, daß «ohne Bündnis von Herrschaft und Transzendenz» die politische Ordnung zu reiner Machtzusammenballung degenerieren würde.[95] Den modernen, freiheitlichen Verfassungsstaat zeichnet hingegen der konstitutive Verzicht auf ein solches Bündnis aus. Er ist ein «weltlich Ding» ohne metaphysische Bezüge und ohne Heilsansprüche.

Dieser säkulare Staat der Moderne bedarf keiner sakralen Aura und keines Mythos.[96] Er ist ein Geschöpf rationalen Denkens und Handelns, das auf «politische Ikonen, auf pseudoreligiöse Überhöhung und pseudotheologische Deduktion schadlos verzichten» kann.[97] Das alles

94 Siep 2015, S. 206: Stelle man allein auf die Unabwägbarkeit der Menschenwürdegarantie ab, habe das «mit Religion und Gottesbezug wenig zu tun».

95 Böckenförde 1996, S. 39.

96 So auch Isensee 1995, S. 72f. Knapp BVerfGE 123, 267 (346): «Der Staat ist weder Mythos noch Selbstzweck.»

97 Isensee 1995, S. 105.

verstellt nur den Blick darauf, daß es sich bei dieser fragilen Gestalt eines politischen Gemeinwesens um Menschenwerk handelt, das der beständigen Erneuerung und Verlebendigung durch seine Bürgerinnen und Bürger bedarf.[98] Absolute Wahrheiten und Heiligkeitsbehauptungen stehen dieser Einsicht im Wege. Mythen führen argumentativ unhinterfragbare Evidenzen mit sich. Genau das ist einer aufgeklärten Gesellschaft zutiefst fremd. Wir müssen und wir können also «auch im politischen Bereich mit der Profanität leben».[99]

Freilich drängt sich spätestens an dieser Stelle die Frage auf, ob all dies nicht durch die explizite Erwähnung Gottes in der Präambel des Grundgesetzes dementiert wird. Sie beschäftigt uns im nächsten Kapitel.

98 Näher dazu unten S. 208ff.

99 Schnädelbach 2009, S. 120.

KAPITEL V

Der Präambel-Gott

Kaum etwas vermag die gängige Redeweise vom säkularen Staat im allgemeinen und vom weltanschaulich-religiös neutralen Staat des Grundgesetzes im besonderen so verläßlich zu erschüttern oder doch in argumentative Nöte zu bringen wie der Hinweis darauf, daß ebendieses Grundgesetz expressis verbis von Gott spricht. Denn bekanntlich setzt dessen Präambel mit den Worten ein: «Im Bewußtsein seiner Verantwortung vor Gott und den Menschen».[1]

Wenn an derart exponierter Stelle eine explizite Bezugnahme auf ein höheres Wesen, eine transzendente Entität erfolgt, dann – so die immer wieder geäußerte Vermutung – könne es mit der Säkularität und weltanschaulichen Neutralität nicht sehr weit her sein. Ist das Grundgesetz also doch gar nicht so säkular, wie man üblicherweise meint und wie es in den vorherigen Kapiteln ausbuchstabiert wurde? Einer Antwort auf diese Frage möchte ich mich in vier Schritten nähern: auf eine Bestandsaufnahme zum Gottesbezug in der deutschen Verfassungsgeschichte (I.) folgt die Schilderung der Genese der grundgesetzlichen Wendung im Parlamentarischen Rat (II.) sowie die begriffliche Einordnung als *nominatio Dei*, die in der Sache eine Demutsformel darstellt (III.). Am Ende geht es dann um die Frage, ob die religiös-weltan-

1 «Im Bewußtsein seiner Verantwortung vor Gott und den Menschen, von dem Willen beseelt, als gleichberechtigtes Glied in einem vereinten Europa dem Frieden der Welt zu dienen, hat sich das Deutsche Volk kraft seiner verfassungsgebenden Gewalt dieses Grundgesetz gegeben.» Dieser erste Satz der Präambel des Grundgesetzes ist von deren im Zuge der deutschen Wiedervereinigung erfolgten Änderung (dazu Dreier 2013a, Präambel Rn. 12, 55ff.) unberührt geblieben.

schauliche Neutralität des Grundgesetzes durch den «Präambel-Gott»[2] irgendwie in Frage gestellt oder relativiert wird – oder ob der Transzendenzbezug die Säkularität der Verfassung noch einmal kräftig unterstreicht (IV.).

I. Gott in der Präambel: Bestandsaufnahme

Verfassungen einen Vorspruch, eine Präambel, voranzustellen, war und ist weithin üblich.[3] Die explizite Erwähnung Gottes war es in der Epoche des Konstitutionalismus insofern auch, als die Monarchen in den Vorsprüchen der Verfassung standardmäßig ihr Gottesgnadentum betonten – wobei dies, wie man zu Recht betont hat, «weniger dem Lobe Gottes als der Abwehr der Volkssouveränität und der Demokratie» diente.[4] Der Befund gilt für die Verfassungen des süddeutschen Frühkonstitutionalismus (Bayern 1818: «Maximilian Joseph, von Gottes Gnaden König von Baiern»; Württemberg 1819: «Wilhelm, von Gottes Gnaden König von Württemberg») wie für den mitteldeutschen Konstitutionalismus der 1830er Jahre (Kurhessen 1831: «Von Gottes Gnaden Wir Wilhelm der IIte»; Sachsen 1831: «Wir, Anton, von Gottes Gnaden König von Sachsen») und ist beim verfassungsrechtlichen Nachzügler Preußen nicht anders (Revidierte Verfassung 1850: «Wir Friedrich Wilhelm von Gottes Gnaden, König von Preußen»). Mit dem Sturz aller deutschen Monarchien im Jahre 1918 und der Umformung aller deutschen Gliedstaaten zu Republiken oder Freistaaten entfiel diese Bezugnahme. Sie wurde ersetzt durch die Proklamation einer verfassunggebenden Gewalt des Volkes. So heißt es zumeist ganz schlicht und schmucklos: «Das bayerische Volk hat sich [...] diese Verfassung gegeben» (Bayern 1919), oder etwas ausführlicher «Im Namen und als Vertretung des württembergischen Volkes hat die [...] verfassunggebende

2 Terminus: Essen 2001; Essen 2004, S. 16, 43, 73ff.

3 Überblick: Dreier 2013a, Präambel Rn. 1ff., 18 ff. – Pionierhafte Bestandsaufnahme: Häberle 1982; Fortführung speziell für den Gottesbezug: Häberle 1987.

4 Schlaich 1985, S. 436.

Landesversammlung die nachstehende Verfassung beschlossen» (Württemberg 1919), und in leichter Variation «Das Hessische Volk hat durch die [...] gewählte verfassunggebende Volkskammer [...] die nachstehende Verfassung» beschlossen (Hessen 1919). Ebenso schnörkellos sieht das in Sachsen 1920 («Das sächsische Volk hat durch die Volkskammer dem Freistaat Sachsen folgende Verfassung gegeben») und in Preußen 1920 («Das preußische Volk hat sich durch die verfassunggebende Landesversammlung folgende Verfassung gegeben») aus.

Wenngleich die Präambel der Weimarer Reichsverfassung vom 11. August 1919 etwas «gesprächiger» ausfällt («Das Deutsche Volk, einig in seinen Stämmen und von dem Willen beseelt, sein Reich in Freiheit und Gerechtigkeit zu erneuen und zu festigen, dem inneren und dem äußeren Frieden zu dienen und den gesellschaftlichen Fortschritt zu fördern, hat sich diese Verfassung gegeben»), so findet sich doch auch hier kein Gottesbezug – genausowenig wie in den insgesamt 17 Ländern der Weimarer Republik. Einen solchen Bezug hatte auch die geradezu lakonische Bismarck-Verfassung von 1871 nicht gekannt. Die letztlich niemals in Kraft getretene Paulskirchenverfassung von 1849 begnügte sich mit der schlichten Aussage: «Die deutsche verfassunggebende Nationalversammlung hat beschlossen und verkündigt als Reichsverfassung [...].»

Wie dieser kleine Streifzug zeigt, gibt es für den Gottesbezug in der Präambel des Grundgesetzes – abgesehen vom besonderen und andersgearteten Fall des lange überwundenen monarchischen Gottesgnadentums – kaum Vorläufer oder Vorbilder aus der deutschen Verfassungsgeschichte: Es handelt sich also um ein Novum.[5] Freilich muß man hier eine kleine Einschränkung machen, was die *unmittelbare* Vorgeschichte der Entstehung des Grundgesetzes angeht. Denn es waren die vor-

5 So auch Maurer 2003, S. 398. – Erwähnenswert wären höchstens einige *leges fundamentales* des Heiligen Römischen Reiches Deutscher Nation (Goldene Bulle 1356 [«Ewig allmächtiger Gott, einzige Hoffnung der Welt»], Westfälischer Frieden 1648 [«Im Namen der hochheiligen und unteilbaren Dreifaltigkeit, Amen»]) oder die Deutsche Bundesakte von 1815, die einsetzt: «Im Namen der allerheiligsten und unteilbaren Dreieinigkeit». Man wird in diesen Dokumenten aber kaum Vorläufer für die modernen nationalstaatlichen Verfassungskodifikationen sehen können.

grundgesetzlichen Verfassungen von Baden, Bayern, Württemberg und Rheinland-Pfalz, in denen (teilweise noch sehr viel expliziter und ausführlicher) Gottesbezüge in den Präambeln vorkamen.[6] Besonders plastisch setzt die Bayerische Verfassung von 1946 mit den Worten ein: «Angesichts des Trümmerfeldes, zu dem eine Staats- und Gesellschaftsordnung ohne Gott, ohne Gewissen und ohne Achtung vor der Würde des Menschen die Überlebenden des zweiten Weltkrieges geführt hat [...].»[7] Die kurzlebige Verfassung für Württemberg-Baden von 1946 spricht davon, daß das Volk sich die Verfassung «im Vertrauen auf Gott» gegeben habe; der gleichfalls wenig dauerhaften Verfassung für Württemberg-Hohenzollern von 1947 gemäß erfolgt die Verfassunggebung «im Gehorsam gegen Gott und im Vertrauen auf Gott, den allein gerechten Richter», während sich die badische Verfassung aus dem gleichen Jahr mit der Wendung «Im Vertrauen auf Gott» begnügt. In Rheinland-Pfalz (1947) ist die Rede vom «Bewußtsein der Verantwortung vor Gott, dem Urgrund des Rechts und Schöpfer aller menschlichen Gemeinschaft». Hier treten schon die motivationalen Hintergründe hervor, die zu einer solchen in der deutschen Verfassungsgeschichte unbekannten Bezugnahme, ja Beschwörung geführt haben: die Katastrophe des Krieges, die Barbarei des NS-Systems, der Verlust an Halt und Orientierung, die Rückbesinnung auf Naturrecht und Christentum.[8]

Zu den «Nachbildern» (Peter Häberle) des Grundgesetzes zählen

6 Im Überblick Maurer 2003, S. 398ff. – Die Hessische Verfassung von 1946 hingegen beschränkt sich auf die «Überzeugung, daß Deutschland nur als demokratisches Gemeinwesen eine Gegenwart und Zukunft haben kann».

7 Ähnlich, aber ohne Gottesbezug, zeigt sich die Verfassung Bremens von 1946 «Erschüttert von der Vernichtung, die die autoritäre Regierung der Nationalsozialisten unter Mißachtung der persönlichen Freiheit und der Würde des Menschen [...] verursacht hat».

8 Sie werden allerdings in den Beratungen des Parlamentarischen Rates nur selten im Zusammenhang mit dem Gottesbezug explizit gemacht; die Vergangenheit scheint stärker in Formulierungsvorschlägen auf, die letztlich keinen Eingang in die Endfassung finden, fällt aber auch dort eher vage aus («nationalsozialistische Zwingherrschaft», «Krieg und Gewalt», «nach einer Zeit der Willkür und Gewalt» etc.). – Zur Naturrechtsrenaissance sowie dem gesamten geistigen Umfeld siehe nur Hofmann 2012, S. 10ff.; Foljanty 2013, S. 51ff., 97ff.

schließlich zwei Landesverfassungen Westdeutschlands, die wortgetreu die Verantwortungsformel des Grundgesetzes übernehmen: Nordrhein-Westfalen (1950) und Baden-Württemberg (1953). Nach der Wiedervereinigung finden sich unter den Verfassungen der neuen Bundesländer lediglich in Sachsen-Anhalt 1992 («in Achtung der Verantwortung vor Gott und im Bewußtsein der Verantwortung vor den Menschen») und in Thüringen 1993 («gibt sich das Volk des Freistaates Thüringen in freier Selbstbestimmung und auch in Verantwortung vor Gott diese Verfassung») Bezugnahmen auf Gott.

II. Das Ringen um die Präambel im Parlamentarischen Rat

1. Der schwierige Weg zum Gottesbezug

Die knappe Bestandsaufnahme belegt, daß der Präambel-Gott in Deutschland zwar keine lange Tradition hat. Die noch vor dem Grundgesetz verabschiedeten Landesverfassungen boten aber dem von September 1948 bis Mai 1949 in Bonn tagenden Parlamentarischen Rat einiges Anschauungsmaterial mit gewisser Orientierungsfunktion für die Formulierung der Präambel.[9] Dennoch (oder vielleicht auch gerade deswegen) zählte die Erarbeitung des Präambeltextes zu den schwierigsten, umstrittensten und verwickeltsten des ganzen Grundgesetzes. Hier entspann sich ein zähes Ringen, und nur auf «verschlungenen Pfaden»[10] gelangte man zur endgültigen Fassung. Umstritten war dabei nicht das Ob, sondern das Wie einer Präambel, ihre formale und inhaltliche Gestaltung. Schon der Herrenchiemseer Entwurf hatte einen Mehrheits- und einen Minderheitsvorschlag präsentiert[11] – bemerkenswerterweise ohne Gottesbezug. In den langwierigen und umwegreichen Beratungen

9 Freilich sind Bezugnahmen auf die Präambeln der Landesverfassungen eher selten. Im Falle der Bayerischen Verfassung fallen sie dezidiert kritisch aus (Parl. Rat V, S. 510f.).

10 Mahrenholz 2009, S. 61.

11 Vgl. Parl. Rat II, S. 579; zu den Beratungen ebd., S. 97ff., 192ff., 506ff.

des Parlamentarischen Rates[12] ging es zum einen darum, welche Gesichtspunkte man überhaupt (und natürlich: mit welcher Akzentuierung) in der Präambel erwähnen sollte: etwa die Teilung Deutschlands, das Besatzungsstatut, das Selbstbestimmungsrecht der Völker, die Vorläufigkeit der Verfassung, die NS-Vergangenheit, das Verhältnis zum Deutschen Reich, der Name des neuen Gebildes, die Lage Berlins.[13] Die verschiedenen diskutierten Entwürfe unterschieden sich dementsprechend deutlich.[14] Zum anderen spielte immer wieder die Frage des Stils eine Rolle: Sollte man einen etwas erhabeneren, pathetischen Ton anschlagen oder sich lieber strikt sachlich äußern?[15] Mit beiden Aspekten eng verwoben war die Frage eines Gottesbezuges, der aber zunächst in keiner der präsentierten Varianten vorkam.[16] Die in erster Lesung vom Ausschuß für Grundsatzfragen am 18. Oktober 1948 angenommene Entwurfsfassung der Präambel[17] war auf allgemeine Ablehnung sowohl

12 Ausführliche und detaillierte Darstellungen des Prozesses finden sich etwa bei Deike 1999, S. 196ff.; Weinholt 2001, S. 8ff.; minutiöses Protokoll des Ganges der Beratungen zu den einzelnen Aussagen der Präambel bei Murswiek 2005, Rn. 6–59.

13 Vgl. die Auflistung der zahlreichen Punkte, die aufgrund der vorangegangenen Beratungen in der 7. und 8. Sitzung des Ausschusses für Grundsatzfragen (vgl. Parl. Rat V, S. 156ff., 172ff.) in der Präambel Erwähnung finden sollten, durch den Vorsitzenden des Ausschusses, Dr. v. Mangoldt (Parl. Rat V, S. 264ff., 496ff.); (selbst-)kritisch dazu Heuss, Parl. Rat IX, S. 193.

14 Anschaulich die einzelnen, besonders in der Anfangsphase stark voneinander abweichenden Versionen, die in Parl. Rat VII, S. 1, 91, 134, 202, 396, 445, 497, 532 und 571 abgedruckt sind.

15 Das ist zum zentralen Thema gemacht bei Herold/Röder 2013, S. 376ff.; allgemein dazu Häberle 1982, S. 227ff.

16 Siehe etwa die Vorschläge der Abgeordneten Zinn und Heuss in der 7. Sitzung des Ausschusses für Grundsatzfragen vom 6. Oktober 1948 (Parl. Rat V, S. 156ff.) oder die von Otto Suhr präsentierte Version (Parl. Rat V, S. 260 Anm. 4). Auch der vom Ausschuß erarbeitete Entwurf vom 18. Oktober 1948 (Parl. Rat V, S. 333ff.) kommt noch ganz ohne Gottesbezug aus. Gleiches gilt für einen weiteren Vorschlag von Heuss vom 20. Oktober (Parl. Rat IX, S. 104f.) sowie für den sog. «bayerischen» Vorschlag (Parl. Rat V, S. 498ff.), der rein technisch-formal gehalten war und sofort der Ablehnung verfiel (dazu Deike 1999, S. 201; Herold/Röder 2013, S. 378f.).

17 Abdruck in Parl. Rat VII, S. 1 sowie in Parl. Rat V, S. 333f. Siehe dazu die Erläuterungen von Carlo Schmid sowie die anschließende Diskussion in der 9. Sitzung des Ausschusses für Grundsatzfragen vom 12. Oktober 1948 (Parl. Rat V, S. 229ff.) sowie die weitere Debatte in der 10. Sitzung am Tag darauf (Parl. Rat V, S. 260ff.).

in der Öffentlichkeit wie auch im Parlamentarischen Rat selbst gestoßen.[18] In der sechsten Sitzung des Plenums vom 20. Oktober 1948 fand neuerlich eine ausführliche Aussprache über die Präambel nebst Präsentation weiterer Vorschläge statt.[19] In diesem Kontext unterbreitete der Abgeordnete Süsterhenn (CDU)[20] zum ersten Mal den Vorschlag, einen Gottesbezug in die Verfassung aufzunehmen. Er zielte vor allem darauf ab, das Grundgesetz insgesamt so zu sichern, daß es «seine fundamentalen Wurzeln letzten Endes auch im Metaphysischen findet», weswegen «sowohl in der Präambel wie auch in dem wesentlich mit der Präambel zusammengehörigen Artikel 1 eine solche metaphysische Verankerung der ewigen menschlichen Freiheitsrechte erfolgen müßte».[21] Freilich ging seine konkrete Anregung zunächst nur dahin, in Art. 1 GG zu formulieren: «Die Würde des Menschen ist begründet in ewigen, von Gott gegebenen Rechten.»[22] Doch ungeachtet dessen war damit ein Stein ins Wasser geworfen, der sofort seine Kreise zog und die gesamte weitere Debatte um die Gestaltung der Präambel befeuerte.[23] Im Anschluß an Süsterhenn führte Theodor Heuss in der Plenumssitzung aus: «etwas Numinoses muß in der Verfassung drin sein; [...] gehobene Sprache, feierlicher Duktus der Worte, Kadenz der Sätze. Die Präambel muß eine gewisse *Magie des Wortes* besitzen. Man könnte auch von ei-

18 Sie galt vor allem als zu lang und zu kompliziert. Siehe Deike 1999, S. 199ff. und die Hinweise auf Stimmen aus der Öffentlichkeit und den Fraktionen in: Parl. Rat V, S. 497 Anm. 4 und 5. Vgl. auch die Einlassung von Heuss (Parl. Rat V, S. 192): «Bei meinen Fraktionsfreunden ist unsere Präambel furchtbar durchgefallen: ich fürchte, sie ist auch bei anderen Leuten durchgefallen. Ich habe sie über den Sonntag einigen Leuten gezeigt, und auch bei denen habe ich fast nur Vorwürfe und keine Zustimmung gefunden.»

19 Parl. Rat IX, S. 178ff.

20 Süsterhenn war engagierter Katholik und Verfechter des christlichen Naturrechts. Als Vorsitzender der Vorbereitenden Verfassungskommission Rheinland-Pfalz hatte er die Verfassung des Landes von 1947 mit ihrer Bezugnahme auf Gott in der Präambel entscheidend mitgeprägt.

21 Parl. Rat IX, S. 185.

22 Diesem Vorschlag war kein Erfolg beschieden. Zu den Gründen Dreier 2013a, Art. 1 Abs. 1 Rn. 23.

23 Speziell zur Genese der letztlich gefundenen Formulierung Murswiek 2005, Rn. 19ff.; Vogt 2007, S. 155ff.

ner profanen Liturgie sprechen.»[24] Sein direkt danach von ihm verlesener eigener Vorschlag verzichtet allerdings noch weitgehend auf entsprechende Akzente und kennt schon gar keinen Gottesbezug.[25] Am Ende seiner eindringlichen Rede wendet er sich implizit an Süsterhenn, erklärt einerseits seine prinzipielle Offenheit für eine «theologische Formel», betont aber andererseits seine «Sorge, dabei Gott zu bemühen für die Unzulänglichkeiten, die Torheiten und die Mißverständnisse, die auf Grund eines sehr menschlichen Werkes entstehen».[26] Doch nicht von ihm, sondern von Seebohm, dem führenden Vertreter der nationalkonservativen Deutschen Partei, der im Plenum gleich nach Heuss das Wort ergriff, wird zum ersten Male diejenige Wendung präsentiert, die schließlich den Weg in das Grundgesetz finden wird. Seebohm rekurriert auf Süsterhenns Anregung, setzt sich nachdrücklich für eine «ethische Qualifikation der Präambel» ein und bekundet seine Auffassung, «daß die Bezugnahme auf unsere *Verantwortung vor Gott* in diese Präambel hineingehört: denn wir sind nicht nur dem deutschen Volk, sondern durch unser Gewissen auch den geistigen Mächten verantwortlich, die sich in Gott personifizieren.»[27] Sodann verliest er den Vorschlag seiner Partei, der mit den Worten einsetzt: «Im Bewußtsein seiner Verantwortung vor Gott [...]».[28]

24 Heuss, Parl. Rat IX, S. 193f.; kurz darauf betont er noch einmal den «Akzent des Feierlichen» (ebd., S. 195). – Ein Detail am Rande: Als Heuss ausführt, die erste Fassung der Präambel sei ganz «ohne das Sakrale», notiert das Protokoll den Zwischenruf von C. Schmid: «So heilig sind wir auch nicht!» (Parl. Rat IX, S. 194).

25 Heuss, Parl. Rat IX, S. 194f.

26 Heuss, Parl. Rat IX, S. 196. Weiter sagt er: «Man muß sehr vorsichtig sein um der theologischen Position willen, diese sehr diesseitigen Werke zu stark im Metaphysischen verankern zu wollen, weil man sich selber dann in eine quasi Nichtverantwortung begibt.»

27 Parl. Rat IX, S. 199.

28 Parl. Rat IX, S. 200; diese Worte entsprechen dem Beginn der Präambel der Verfassung von Rheinland-Pfalz (nur daß es dort «der» und nicht «seiner» Verantwortung heißt). Bei Seebohm geht es wie folgt weiter: «in Treue zu seinen Vätern und zum Nutzen der kommenden Geschlechter, erfüllt von dem Willen, seine Freiheitsrechte zu wahren, erneuert das deutsche Volk in den Ländern Baden [etc., H. D.] unter Mitwirkung der Vertreter Groß-Berlins das Deutsche Reich als Bund deutscher Länder, der alle deutschen Staaten als gleichberechtigte Glieder umfassen soll. Es

2. Verantwortung statt Vertrauen

Damit war für die weiteren Beratungen eine Spur gelegt, auf der in den folgenden Wochen und Monaten eine Verständigung möglich wurde: Gottesbezug ja, aber in einer eher moderaten Variante. Weichenstellende Bedeutung kam insofern der 19. Sitzung des Ausschusses für Grundsatzfragen vom 9. November (!) 1948 zu, die sich ausschließlich der zweiten Lesung der Präambel widmete. Erst am Schluß einer mäandernden und weitgehend unstrukturierten Debatte richtet sich das Augenmerk auf den Gottesbezug.[29] Der Vorsitzende, v. Mangoldt, plädiert für die Wendung «Im Vertrauen auf Gott und die wiedererweckten sittlichen Kräfte des deutschen Volkes».[30] Dem hält Theodor Heuss mit durchschlagender Wirkung entgegen:

> «Wenn es heißt: im Vertrauen auf Gott und die sittlichen Kräfte des deutschen Volkes, wird einer herausstellen, der liebe Gott ist der Beitrag der CDU, die sittlichen Kräfte sind von der Sozialdemokratie.[31] […] Mir ist es viel lieber, zu sagen: in ihrer Verantwortung vor Gott. Es ist sauberer als das andere. Den lieben Gott für all die Dummheiten, die hier gemacht werden, unmittelbar verantwortlich zu machen, ist eine theologische Überhebung. Wenn wir aber sagen: ‹in ihrer Verantwortung vor Gott› oder: ‹in dem Bewußtsein …›, so ist mir das viel lieber als ‹Gott› und ‹die sittlichen Kräfte› nebeneinander zu stellen.»[32]

Das traf auf allgemeine Zustimmung.[33] Zwar war auch das noch nicht der endgültige Durchbruch. Schaut man sich aber einmal die in den anderen Gremien des Parlamentarischen Rates in der Folgezeit gefaßten Beschlüsse und unterbreiteten Vorschläge an, so ist der Bezug auf Gott

will einen Bundesstaat schaffen, der in der Gemeinschaft der Völker sein Leben im Dienste des Rechtes und des Fortschrittes der menschlichen Gesellschaft in Freiheit und Frieden gestaltet.» Dazu Deike 1999, S. 200.

29 Parl. Rat V, S. 518ff.

30 Parl. Rat V, S. 518.

31 Hier vermerkt das Protokoll «Heiterkeit».

32 Parl. Rat V, S. 519f.; vgl. auch seinen kurzen Einwurf zuvor (S. 509).

33 Parl. Rat V, S. 520. Siehe Deike 1999, S. 201.

nunmehr eine feste und beständige Größe. Die diesbezüglichen Differenzen sind eher marginal. Während der Hauptausschuß durchgängig die Redeweise von «der» Verantwortung vor Gott bevorzugt, weiterhin die sittlichen Kräfte des deutschen Volkes mit ins Spiel bringt und die Präambel mit der Betonung des Einheitswillens beginnen läßt,[34] legt sich der Redaktionsausschuß unter Fortfall der sittlichen Kräfte von Beginn an auf «Im Bewußtsein seiner Verantwortung» fest sowie darauf, die Präambel mit diesen Worten beginnen zu lassen – und setzt sich damit letztendlich durch.[35]

III. Invocatio Dei – Nominatio Dei – Demutsformel

Wenn in den Debatten des Parlamentarischen Rates der Gottesbezug zum Thema wird, beziehen sich die Redner darauf zuweilen mit dem (vermeintlichen) *terminus technicus*, indem sie unabhängig von der jeweils konkret diskutierten Variante von einer *invocatio* sprechen.[36]

34 Siehe etwa die konstanten Versionen des Hauptausschusses vom 10. Dezember 1948, 20. Januar 1949 und 10. Februar 1949 (Parl. Rat VII, S. 91, 202, 396): «In dem Willen, die Einheit der Nation zu erhalten, hat das deutsche Volk in den Ländern Baden [etc., H. D.] Abgeordnete mit der Aufgabe betraut, dem staatlichen Leben in einem Grundgesetz eine neue Ordnung zu geben. Im Bewußtsein der Verantwortung vor Gott und den Menschen und im Vertrauen auf die sittlichen Kräfte des deutschen Volkes [...].»

35 Redaktionsausschuß vom 13. Dezember 1948 (Parl. Rat V, S. 875ff. Parl. Rat VII, S. 134): Diese Version entspricht mit Ausnahme der später nach der Aufzählung der Länder noch hinzugefügten Passage («um dem staatlichen Leben für eine Übergangszeit eine neue Ordnung zu geben») der im Mai 1949 beschlossenen endgültigen Fassung. Damit hat sich der Redaktionsausschuß souverän über die Fülle der konkurrierenden und im Grundsatzausschuß hin- und hergewendeten Varianten und Vorschläge hinweggesetzt. Siehe noch die (bis auf die zeitweilig vorgesehene Erwähnung von Groß-Berlin) unveränderten Vorschläge: Redaktionsausschuß vom 25. Januar 1949 und vom 2.–5. Mai 1949 (Parl. Rat VII, S. 202, 497): «Im Bewußtsein seiner Verantwortung vor Gott und den Menschen, von dem Willen beseelt, seine nationale und staatliche Einheit zu wahren [...].» Das übernimmt der Hauptausschuß am 5. Mai 1949 (Parl. Rat VII, S. 532), und so wird es dann beschlossen.

36 Siehe etwa Heuss (Parl. Rat V, S. 509, 519); v. Mangoldt (Parl. Rat V, S. 519). Auch die Register der Parl.-Rat-Bände verwenden durchweg den Terminus *invocatio Dei*.

Diese Redeweise ist in den ersten Jahren und Jahrzehnten ganz überwiegend verbreitet gewesen[37] und auch heute noch gelegentlich in der Staatsrechtslehre zur Kennzeichnung des Gottesbezuges in der Präambel des Grundgesetzes anzutreffen.

Mittlerweile ist aber ganz überwiegend die Erkenntnis gereift, daß man nicht jede Variante eines Gottesbezuges pauschal als *invocatio Dei* bezeichnen sollte, sondern auch hier Differenzierung nottut. Dafür spricht schon die Evidenz des sehr unterschiedlichen Intensitätsgrades der verschiedenen Gottesbezüge. Bereits die vorgrundgesetzlichen Landesverfassungen zeigen insofern eine gewisse Bandbreite: Während die bayerische Verfassung gleichsam negativ von einer Ordnung «ohne Gott» spricht, ergeht die Verfassung Württemberg-Hohenzollerns nicht nur im Vertrauen auf, sondern im «Gehorsam gegen Gott», und die Präambel der Verfassung von Rheinland-Pfalz sieht in Gott gar – wie einst der Sachsenspiegel – den «Urgrund allen Rechts». Auch ein Blick auf die (wenigen) Präambeln anderer europäischer Staaten mit Gottesbezug läßt eklatante Unterschiede zur Erwähnung Gottes im Grundgesetz erkennen.[38] Auf die längste Tradition kann insofern die Schweiz zurückblicken. In der Eidgenossenschaft beginnt die Verfassung seit dem 19. Jahrhundert mit den Worten «Im Namen Gottes des Allmächtigen», und davon ist man auch bei der «nachgeführten», also revidierten Verfassung von 1999 nicht abgewichen.[39] Die wohl ausführlichste und intensivste Bezugnahme findet sich in der Verfassung Irlands vom 1. Juli 1937: «Im Namen der Allerheiligsten Dreifaltigkeit, von der alle Autorität kommt und auf die, als unserem letzten Ziel, alle Handlungen sowohl der Menschen wie der Staaten ausgerichtet sein müssen, anerkennen Wir, das Volk von Irland, in Demut alle unsere Verpflichtungen gegenüber unserem göttlichen Herrn, Jesus Christus, der unse-

37 Nachweise bei Dreier 2013a, Präambel Rn. 32.

38 Siehe zum folgenden etwa Häberle 1987, S. 4ff.; Maurer 2003, S. 396f., 402f.; Goerlich 2004, S. 23ff.; Mahrenholz 2009, S. 64ff. – Weitere europäische Staaten mit Gottesbezug sind Albanien, Polen, Malta und die Ukraine.

39 Dazu knapp Maurer 2003, S. 396f.; ausführlich Engi 2017, S. 387ff., 393ff. – Schon der eidgenössische Bundesvertrag von 1291 setzte ein mit den Worten: «In nomine domini, amen.»

ren Vätern durch Jahrhunderte der Heimsuchung hindurch beigestanden hat.» Kürzer, aber ebenfalls deutlich beginnt die Verfassung Griechenlands vom 9. Juni 1975 mit den Worten: «Im Namen der Heiligen, Wesensgleichen und Unteilbaren Dreifaltigkeit […].»[40]

Die Berufung auf Gott in dem Sinn, daß man ein Verfassungswerk gleichsam in dessen Namen und gestützt auf seine Autorität erläßt, auf der einen Seite – und eine Erwähnung Gottes im Bewußtsein der Verantwortung vor ihm auf der anderen deuten eine große Spannweite ab, die man nicht irreführenderweise mit ein und demselben Terminus abdecken sollte. So hat sich denn mittlerweile in der Wissenschaft die Position durchgesetzt, als *invocatio Dei*[41] nur solche Gottesbezüge zu bezeichnen, bei denen Gott als Referenzautor genannt wird.[42] Hier geben die Menschen vor, gewissermaßen stellvertretend für Gott oder doch in seinem Namen oder Auftrag zu handeln. Gott erscheint geradezu als «handelndes Subjekt».[43] Wenn hingegen, wie im Grundgesetz, lediglich vom Bewußtsein der Verantwortung gesprochen wird, so ist das «weder eine Anrufung noch ein Bekenntnis und schon gar nicht eine Legitimation aus höherem Recht.»[44] Das Grundgesetz erging nicht im Namen Gottes und beruht nicht auf göttlicher Stiftung. Für den Gottesbezug des Grundgesetzes sollte man daher besser und präziser von *nominatio Dei* sprechen, eine Bezeichnung, die in der verfassungsrechtlichen Literatur mittlerweile weitgehend Verwendung findet.[45]

40 Deutlich zurückgenommener hingegen die Verfassung Polens vom 2. April 1997, die als Autoren der Verfassung sowohl «diejenigen, die an Gott als die Quelle der Wahrheit, der Gerechtigkeit, des Guten und des Schönen glauben, als auch diejenigen, die diesen Glauben nicht teilen, sondern diese universellen Werte aus anderen Quellen ableiten», benennt und dann konsequent fortfährt: «im Gefühl der Verantwortung vor Gott oder vor dem eigenen Gewissen». Die Verfassung der Ukraine spricht wie das Grundgesetz vom Bewußtsein der Verantwortung vor Gott.

41 Manchmal auch als *invocatio Dei* i. e. S. bezeichnet.

42 Ausführlich von theologischer Seite Zeindler 2000, S. 65ff. mit klarer Unterscheidung zwischen Anrufungs- und Verantwortungsformel. Desgleichen Essen 2004, S. 33f.; Huber 2006, S. 38, 40f.

43 Zeindler 2000, S. 67.

44 Hilpert 2006, S. 29.

45 Maurer 2003, S. 409f.; Goerlich 2004, S. 11f.; Mahrenholz 2009, S. 64; Dreier 2013a, Präambel Rn. 33 mit zahlreichen weiteren Nachweisen. Teilweise ist auch von

Dieser Deutung hat sich auch die 1991 eingesetzte Gemeinsame Verfassungskommission angeschlossen, die u.a. über die Frage einer möglichen (dann aber mit breiter Mehrheit abgelehnten) Streichung des Gottesbezuges in der Präambel zu beraten hatte.[46] Im Bericht der Kommission hieß es: «Die zahlreichen Gegner des Streichungsantrages der Bezugnahme auf Gott argumentierten, bei dieser Bezugnahme handele es sich schon sachlich nicht um eine ‹invocatio dei›. Die Verfassung ergehe nicht im Namen Gottes [...].»[47]

Das ist die entscheidende Einsicht. Denn bei Licht besehen handelt es sich beim Gottesbezug der GG-Präambel um eine Demutsformel.[48] Nicht um eine transzendente Überhöhung der Verfassung geht es, sondern um die Betonung ihrer Endlichkeit und Relativität, weil sie von Menschen gemacht ist.[49] «Die Anrufung Gottes enthält einen Hinweis auf die Begrenztheit staatlicher Gewalt.»[50] Dem Absolutheits- und Wahrheitsanspruch totalitärer Staatsmodelle jedweder Provenienz wird durch den Gottesbezug gerade eine Absage erteilt. So hat man – um einige Stimmen aus dem Chor der Staatsrechtslehrer zu zitieren[51] – von einer Zurückweisung jeglicher «Absolutierung von Staatsgewalt» und der «Absage an den Atheismus als Staatsreligion» (v. Münch) gesprochen; der Gottesbezug rufe die «Begrenztheit der positiven Verfassunggebung» (Badura) in Erinnerung und gebe einen Hinweis auf die «Endlichkeit, Zeitlichkeit und Fehlbarkeit des Menschen einschließlich seiner Verfassungsbemühungen» (H.-P. Schneider). Jegliche Form der «Staats-

invocatio Dei i.w.S. oder von *commemoratio Dei* die Rede. Durchgängig von *nominatio Dei* spricht auch Essen 2004.

46 Dazu etwa Deike 1999, S. 207ff.; Weinholt 2001, S. 27ff.; komprimiert Steiger 2001, S. 664f.; Murswiek 2005, Präambel Rn. 68ff.

47 Deutscher Bundestag (Hrsg.), Zur Sache 5/1993, S. 221.

48 Diese Umschreibung hat mittlerweile breite Zustimmung gefunden: Nachweise bei Dreier 2013a, Präambel Rn. 35. Auch Goerlich 2004, S. 43 spricht von der «Demut, die die Mütter und Väter des Grundgesetzes [...] zum Ausdruck gebracht haben».

49 Tanner 1991, S. 264; eingehend und mit zahlreichen weiteren Nachweisen Weinholt 2001, S. 133ff., 393ff.

50 Schlaich 1985, S. 434. Gedanke der «Selbstbeschränkung» ebenfalls bei Essen 2004, S. 76.

51 Für die genauen Fundstellen siehe Dreier 2013a, Präambel Rn. 35.

und Verfassungsapotheose» sehe sich «in die Illegitimität verwiesen» (Hollerbach), die Bezugnahme auf Gott sei ein «Pfahl im Fleische innerweltlicher Selbstzufriedenheit des Verfassungsstaates» (Isensee). Die *nominatio Dei* erscheint so insgesamt als «Programm der Humanität und Selbstbescheidung» (Wiegand).

IV. Gefährdung der Säkularität und Neutralität des Staates?

Mit der terminologischen Präzisierung als *nominatio Dei* und ihrer Charakterisierung als Demutsformel ist freilich noch nicht gesagt, ob sich die inhaltliche Bestimmung und rechtliche Wirkungskraft des Gottesbezuges darin erschöpft. Die soeben erwähnten Umschreibungen und Deutungen sind durchweg eher negativer Art, indem sie die Abwehr von Hybris, Totalitarismus und Verabsolutierungen jeglicher Art in den Vordergrund stellen.[52] Zu klären bleibt insofern die Frage, ob der *nominatio Dei* nicht auch ein weitergehender und zugleich regulativer Gehalt innewohnt (dazu 1.) und ob durch sie nicht vielleicht doch die religiös-weltanschauliche Neutralität des Staates Einbußen erleidet (2.).

1. Normativer Gehalt der Präambel?

Die erste Frage würde sich allerdings gar nicht stellen, wenn Verfassungspräambeln von vornherein keine regulative Wirkung zukäme. So hatte die Staatsrechtslehre in der Weimarer Republik ganz überwiegend die Auffassung vertreten, es handele sich insofern um bloße Geschichtserzählungen, also um Aussagen lediglich berichtenden Charakters. In seinem maßgeblichen Kommentar zur Weimarer Reichsverfassung gebrauchte Gerhard Anschütz dafür die (schon in der Staatsrechtslehre

52 Steiger 2001, S. 669 spricht von einer «negativen Reduktion». Zudem mag man kritisieren, daß sich die meisten Aussagen auch aus den sonstigen Bestimmungen des Grundgesetzes, insbesondere dem Grundrechtskatalog sowie den Verfassungsprinzipien (Demokratie, Republik, Rechts- und Sozialstaat), entnehmen ließen (so Maurer 2003, S. 410).

des wilhelminischen Kaiserreiches geprägte) Wendung, die Präambel sei «lediglich enuntiativ, nicht dispositiv geartet».[53] Doch unter dem Grundgesetz hat sich, nicht zuletzt aufgrund der Judikatur des Bundesverfassungsgerichts, die Meinung durchgesetzt, daß man der Präambel keineswegs pauschal und in allen ihren Aussagen die normative oder regulative Kraft absprechen kann.[54] Den Umschwung brachte das KPD-Verbotsurteil aus dem Jahre 1956, in dem das Gericht zwar einerseits erklärte, dem Vorspruch des Grundgesetzes komme «naturgemäß vor allem politische Bedeutung» zu, er sei «politisches Bekenntnis, feierlicher Aufruf des Volkes zu einem Programm der Gesamtpolitik», doch andererseits deutlich festhielt, daß er darüber hinaus «auch rechtlichen Gehalt» besitze.[55] Das gewann Jahrzehnte später Relevanz in der seinerzeit als spektakulär empfundenen Entscheidung zum Grundlagenvertrag von 1973, in dem das Gericht (nach dem Eindruck vieler Beobachter aber viel zu detailliert) gewisse Rechtspflichten für alle staatlichen Organe aus der Präambel ableitete.[56] Freilich ging es in beiden Urteilen nur um das – nach der Wiedervereinigung im Zuge der Neufassung der Präambel entfallene – Wiedervereinigungsgebot, also vor allem die postulative Wendung: «Das gesamte Deutsche Volk bleibt aufgefordert, in freier Selbstbestimmung die Einheit und Freiheit Deutschlands zu vollenden.» Nicht alle Aussagen der Präambel weisen solch einen relativ hohen Grad an Rechtserheblichkeit und Rechtsverbindlichkeit auf. Da also die «normative Dichte variiert»,[57] bedarf die

53 Anschütz 1933, S. 31. Zu den Vorläufern im Kaiserreich Dreier 2013a, Präambel Rn. 6.

54 Häberle 1982, S. 224ff.; Dreier 2013a, Präambel Rn. 23ff. mit weiteren Nachweisen zum Meinungsstand und zu den Argumenten pro und contra. Speziell zur Kommentarliteratur Deike 1999, S. 205ff.

55 Alle Zitate: BVerfGE 5, 85 (127). Weiter und konkretisierend heißt es dort: «Vielmehr ist aus dem Vorspruch für alle politischen Staatsorgane der Bundesrepublik Deutschland die Rechtspflicht abzuleiten, die Einheit Deutschlands mit allen Kräften anzustreben, ihre Maßnahmen auf dieses Ziel auszurichten und die Tauglichkeit für dieses Ziel jeweils als einen Maßstab ihrer politischen Handlungen gelten zu lassen.»

56 BVerfGE 36, 1 (17ff.).

57 Steiger 2001, S. 676.

Rede von der teils politischen, teils rechtlichen Bedeutung der Präambel der Präzisierung und Differenzierung.[58] Die Frage nach der normativen oder regulativen Kraft muß für die einzelnen inhaltlichen Elemente und Aussagen getrennt beantwortet werden.

2. Schmälerung der religiös-weltanschaulichen Neutralität?

Wie steht es insofern beim Gottesbezug? Es liegt zunächst auf der Hand, daß die rechtliche Regulierungskraft gerade bei einer *nominatio Dei* denkbar gering sein dürfte. Schon der eigentliche Initiator des grundgesetzlichen Gottesbezuges, Süsterhenn, hatte bei seinem Vorstoß im Plenum als wesentliche Motivation angegeben, der Präambel «eine volkspädagogische, sozialpsychologisch dirigierende Kraft»[59] zu verleihen. Er dachte insofern gerade nicht in Kategorien von Rechten und Pflichten, sondern hatte etwas Volkskatechetisches im Sinne. Auch Theodor Heuss ging es mehr um eine «sakrale Aura», um Atmosphärisches und um eine gewisse feierliche Stimmung, in seinen Worten: um eine Art «profane Liturgie». Für eine stärkere Verbindlichkeit erhob sich auch bei den anderen Diskutanten während der Verhandlungen keine Stimme.[60] Bereits von daher darf als ausgeschlossen gelten, im Gottesbezug der Präambel eine «theonome Spitze des Grundgesetzes» zu erblicken, wie das in den 1950er Jahren Wilhelm Wertenbruch getan hat.[61] Genausowenig will sie mit der Kraft und Aura verfassungsrechtlicher Proklamationen insinuieren, daß das Grundgesetz Gott «kennt und bejaht».[62] Die Präambel demonstriert zwar eine «Offenheit für

58 Beispiele bei Häberle 1982, S. 240ff. Für die fehlende rechtliche Verbindlichkeit auch der Schweizer *invocatio Dei* Engi 2017, S. 408ff.

59 Parl. Rat IX, S. 185.

60 Ohnehin fällt auf, daß – gemessen an anderen Beratungsgegenständen – dem Gottesbezug insgesamt keine sehr intensive und auch kaum ins Detail gehende Erörterung zuteil wurde.

61 Beleg: Dreier 2013a, Rn. 38.

62 So der Richter des Bundesverfassungsgerichts v. Schlabrendorff, bezeichnenderweise in einem Sondervotum (BVerfGE 33, 40). Auf dieses Zitat bezieht sich Hillgruber 2013, S. 128.

Transzendenz»,[63] aber sie liefert «keine verfassungskräftige Erkenntnis, dass es Gott gibt».[64] Sie weist über sich und die politische Ordnung als Regelungsgegenstand der Verfassung hinaus,[65] ohne irgendeine Rechtspflicht zu statuieren oder verbindliche rechtliche Regelungen zu treffen. Das wäre schon deswegen unangemessen, weil das Gewicht des Gottesbezuges gerade darin besteht, «dass er sich nicht in Münzen des Rechtslebens schlagen» läßt.[66]

Es ist von daher verfassungsrechtlich – und im übrigen wohl auch theologisch – ganz indiskutabel, aus der Erwähnung Gottes in der Präambel ein Staatsziel mit dem Inhalt der Durchsetzung christlichen Gedankengutes zu deduzieren und eine individuelle wie staatliche Verpflichtung auf den christlichen Schöpfergott einzufordern, wie das (allerdings als singuläre Ausnahme) von Ethel Behrendt propagiert worden ist, die dezidiert von einer «Pflichtengrundlage für die Staatsgewalt» und einer «Pflichtengrundlage für einzelne» spricht.[67] Die Präambel läßt sich schon wegen des Gedankens der Einheit der Verfassung nicht gegen die eindeutigen und strikt rechtsverbindlichen Regelungen der Glaubens- und Weltanschauungsfreiheit sowie der sonstigen einschlägigen Normierungen der religiös-weltanschaulichen Neutralität des Staates ausspielen, die sie um kein Haar schmälert. Daran besteht in der staats- und verfassungsrechtlichen Literatur kein Zweifel.[68] Ebenso klar hat man das in den Beratungen der Gemeinsamen Verfassungskommission festgehalten, daß es hier auch nicht ansatzweise zur Relativierung oder Infragestellung kommt. Laut Kommissionsbericht war

63 Hollerbach 1989, § 138 Rn. 84.

64 Treffend Mahrenholz 2009, S. 63.

65 Richtig Maurer 2003, S. 411.

66 Mahrenholz 2003, S. 66; ähnlich Maurer 2003, S. 411 (Gott lasse sich «überhaupt nicht rechtlich dingfest» machen) und Essen 2004, S. 101 (Präambel verfüge nicht über die Wirklichkeit Gottes). Steiger 2001, S. 663 betont vergleichbar das Irritierende, Anstößige und Sperrige des Gottesbezuges.

67 Behrendt 1980, S. 278ff., 282f. Zur Kritik an ihr etwa Schlaich 1985, S. 434f.; Häberle 1987, S. 3, 10, 14 m. w. N.; Essen 2004, S. 32: «offenkundige Fehlinterpretation».

68 Nachweise: Dreier 2013a, Präambel Rn. 39. Auch von theologischer Seite gelangt man zu dem Ergebnis, den Bürgern solle durch die Präambel «kein religiöses Bekenntnis aufgenötigt werden» (Huber 2006, S. 40f.); desgleichen Essen 2004, S. 32, 84.

sich die ganz überwiegende Mehrheit einig: «Die Verfassung ergehe nicht im Namen Gottes; die Präambel bedeute weder eine Verpflichtung des einzelnen auf das Christentum noch charakterisiere sie die Bundesrepublik Deutschland als christlichen Staat. Eine solche Deutung der Präambel verbiete sich schon im Hinblick auf die in Artikel 4 GG verbürgte individuelle und kollektive Glaubensfreiheit.»[69]

Weder kann noch will die Präambel also die einschlägigen Normierungen der Religionsfreiheit und der religiös-weltanschaulichen Neutralität des Staates in irgendeiner Weise einschränken oder sich auch nur in ein Spannungsverhältnis zu ihnen setzen.[70] Dazu ist sie weder geeignet noch gedacht. So bleibt es am Ende nicht nur dabei, daß dem säkularen Staat der Moderne mit einschlägigen verfassungsstaatlichen Garantien «kein Gottesbezug höhere Weihen verschaffen»[71] kann. Mehr noch gilt es, mit Alexander Hollerbach festzuhalten, daß gerade wegen des ins Transzendente weisenden Verantwortungshorizontes der «Charakter der Weltlichkeit von Staat und Verfassung kräftig unterstrichen»[72] wird. Und im Falle des Grundgesetzes handelt es sich nun einmal um die Verfassung eines säkularen, religiös-weltanschaulich neutralen Staates, der umfassende Glaubens- und Gewissensfreiheit gewährleistet.

Doch damit bleibt *ein* grundlegendes Problem noch ungelöst. Wenn das Grundgesetz ganz auf Freiheit und Offenheit setzt und von dem Versuch einer homogenitätsstiftenden Verbürgung des Legalsystems im Wege seiner verbindlichen Verankerung in einer rechtstranszendenten Sphäre gerade absieht – worin soll dann eigentlich diese freiheitliche, säkulare und plurale Ordnung ihren Grund, ihren festen Halt finden? Wenn schon nicht für die umfassende Lösung, so doch für die Anzeige dieses Problems existiert seit langem eine geläufige Formel: das sog. Böckenförde-Diktum. Ihm wenden wir uns nun im Schlußkapitel zu.

69 Deutscher Bundestag (Hrsg.), Zur Sache 5/1993, S. 221.

70 Das ist der entscheidende Unterschied zum Erziehungsziel der «Ehrfrucht vor Gott», wie es in einigen Landesverfassungen normiert ist und das mit dem Gebot religiös-weltanschaulicher Neutralität kollidiert. Dazu näher oben S. 130ff.

71 Goerlich 2004, S. 43.

72 Hollerbach 1989, § 138 Rn. 84.

KAPITEL VI

Das Böckenförde-Diktum: Erfolgsgeschichte einer Problemanzeige

> «Der freiheitliche, säkularisierte Staat lebt von Voraussetzungen, die er selbst nicht garantieren kann.»

I. Omnipräsenz der These

Wenn es in der Bundesrepublik Deutschland je eine populäre staatsrechtliche Sentenz gegeben hat, eine fast zur Kreuzworträtselberühmtheit aufgestiegene Aussage, dann ist es wohl das Böckenförde-Diktum. Unzählige Male hat man es in den letzten Jahrzehnten zitiert, immer wieder – und fast immer zustimmend – an- und ausgerufen, ja zuweilen mantrahaft beschworen. Es fehlt weder in weihevollen Politikerreden bei staatstragenden Anlässen noch in den von Edelfedern verfaßten Feuilletonbeiträgen in FAZ, ZEIT oder SPIEGEL. Im Staatsrecht und der politischen Philosophie gehört es ohnehin zum festen Repertoire und zu den wenigen Aussprüchen, die Juristen (oder doch wenigstens Staatsrechtslehrer) fast auswendig aufsagen können. Schon im Jahre 1985 bezeichnete Klaus Schlaich den Satz als «klassisch»,[1] und einige Jahre zuvor hatte Hermann Lübbe mit leichter Ironie vermerkt, er werde «mit einer innovationsfreien Regelhaftigkeit wiederholt», die an-

1 Schlaich 1985, S. 437.

zeige, daß «er auf einen Sachverhalt zielt, der ebenso unwidersprechlich wie fundamental ist».[2]

Wenn es noch eines Beweises für die bedeutsame Rolle und die Popularität des Satzes bedurft hätte, ist auch dieser mittlerweile erbracht: Bei Wikipedia findet sich ein eigenständiger Eintrag zum Böckenförde-Diktum, der durchaus gehaltvoll und informativ ausfällt. Korrekt wird dort festgehalten, daß man auch vom Böckenförde-Theorem, der Böckenförde-Doktrin oder dem Böckenförde-Dilemma spricht.[3] In einem Wort: Diese Sentenz erzielt in ihrer nunmehr fünfzigjährigen Wirkungsgeschichte «in Presse und Publizistik, in Universitäten und Akademien seit langem atemberaubende Zitationserfolge» und ist «längst zur meistzitierten Bekenntnisformel der politischen Kultur der Bundesrepublik geworden».[4] Besonders große Aufmerksamkeit wurde ihr durch das aufsehenerregende Gespräch zwischen Jürgen Habermas und dem seinerzeitigen Kardinal Joseph Ratzinger im Jahre 2004 zuteil, in dem Habermas seinen kurzen Beitrag nicht nur mit Bezug auf das Böckenförde-Diktum einleitete, sondern auch im weiteren Verlauf mehrfach darauf zurückkam.[5]

Wo kommt der Satz her? Wie ist seine Karriere verlaufen? Was macht ihn so bedeutend? Wie hat man ihn interpretiert? Oder ist er, wie Peter Häberle aufgrund jahrzehntelanger wechselseitiger Abneigung gegenüber seinem Urheber nicht unvermutet kritisch, aber doch ungewohnt bissig bemerkt hat, entweder banal oder falsch?[6] Diese Fragen möchte ich im folgenden zu beantworten suchen.

2 Lübbe 1981, S. 207; weitere Nachweise bei Palm 2013, S. 24f. – Von «der gebetsmühlenhaft wiederholten Böckenförde-Formel» spricht Möllers 2014, S. 133 Fn. 76, vom geflügelten Wort Czermak 2016, S. 101. Siehe noch Menke 2017, S. 49: «der wohl am häufigsten zitierte Satz zur politischen Philosophie der Bundesrepublik».

3 Vgl. Kreß 2006, S. 248; Czermak 2008, Rn. 71; Kervegan 2018, S. 367. Des weiteren ist auch vom Böckenförde-Paradoxon (etwa Essen 2004, S. 57ff.; Fischer 2009, S. 47ff.) oder von der Böckenförde-Formel (etwa Hollerbach 1998, S. 34) die Rede. «Böckenförde-Axiom» begegnet eher selten.

4 Große Kracht 2014a, S. 155. Siehe auch Hollerbach 1998, S. 32: «eine viel gebrauchte Sentenz»; Huber 2006, S. 25: «berühmt gewordene Formel»; Rottleuthner 2006, S. 26: «das berühmte Diktum».

5 Habermas 2005b, S. 16, 20, 23, 26, 32.

6 Häberle 2013, S. 67 faßt seine Kritik an der «populären Formel» Böckenfördes wie folgt zusammen: «Sie ist entweder banal oder falsch: letzteres, weil der Verfassungs-

II. Genese und Kontext

Zunächst also: Woher stammt diese so ungeheuer erfolgreiche Wendung, in welchem Kontext ist sie entstanden und formuliert worden? Der Satz findet sich in einer Abhandlung mit dem Titel «Die Entstehung des Staates als Vorgang der Säkularisation». Dieser Text ist abgedruckt in einer Aufsatzsammlung, die 1976 im Suhrkamp Verlag erschien, und zwar in der prominenten und weitverbreiteten Reihe «Suhrkamp Taschenbuch Wissenschaft». Aus diesem Grunde datieren manche, die das Diktum zitieren (wenn man sich überhaupt die Mühe macht, eine Fundstelle anzugeben), die Publikation der Studie auf dieses Jahr.[7] Doch das ist ein Irrtum. Denn zum ersten Mal publiziert wurde der Text fast zehn Jahre zuvor, 1967, in einer Festschrift zum 65. Geburtstag von Ernst Forsthoff mit dem Titel «Säkularisation und Utopie». Ihr Untertitel «Ebracher Studien» verweist auf einen Ort, nämlich das ehemalige Zisterzienserkloster Ebrach im Steigerwald, etwa in der Mitte zwischen Würzburg und Bamberg gelegen. Hier hatten seit 1957 alljährlich Ferienseminare stattgefunden, deren *spiritus rector* Ernst Forsthoff und dessen prominentester regelmäßiger Teilnehmer sein Lehrer Carl Schmitt war.[8] Diese Ebracher Ferienseminare hat man als einen «Mythos der bundesrepublikanischen Wissenschaft» bezeichnet[9] – wohl nicht zuletzt deshalb, weil sich die Liste der Teilnehmer und Referenten wie ein who's who der Wissenschaftselite der noch jungen Republik liest: Werner Conze, Ernst Rudolf Huber, Arnold Gehlen, Dieter Henrich, Reinhart Koselleck, Hermann Lübbe, Niklas

staat durchaus Grundwerte setzt und sie z. B. in der Form von Erziehungszielen in der Schule lehrt; man denke auch an die Nationalsymbole wie Hymnen und Flaggen; zum anderen banal: alle Dinge auf dieser Welt beruhen auf Voraussetzungen, die sie selbst nicht schaffen.» Von «Banalität» spricht auch Goerlich 2004, S. 42.

7 Beispielsweise Gabriel 2012, S. 10.

8 Siehe Große Kracht 2014b, S. 30ff.

9 Meinel 2011, S. 2.

Luhmann, Christian Meier, Joachim Ritter, Robert Spaemann und Franz Wieacker – um nur einige zu nennen.[10]

Bei der Tagung im Jahre 1964 trug nun Böckenförde als seinerzeit frisch nach Heidelberg berufener Ordinarius seinen Text bzw. eine Urfassung davon zum ersten Male vor. Warum ist die Jahreszahl wichtig? Sie zeigt die Nähe zu einem Ereignis an, das für die katholische Kirche, deren treuer Anhänger Böckenförde seit jeher war und geblieben ist, einen tiefen Einschnitt bedeutete: das seit 1962 in Rom tagende Zweite Vatikanische Konzil, dessen Ziel eine Art Aussöhnung mit der modernen Welt war *(aggiornamento)*. Ein zentraler und besonders kontrovers diskutierter Punkt betraf die Anerkennung individueller Glaubensfreiheit. Die entsprechende Erklärung über die Religionsfreiheit *(dignitatis humanae)* wurde am allerletzten Tag des Vaticanums verabschiedet, am 7. Dezember 1965.[11] Böckenfördes Publikation in der Forsthoff-Festschrift erscheint kurz nach dieser bedeutsamen Erklärung, in der er stets eine «kopernikanische Wende» gesehen hat.[12] Der letzte Satz seines Beitrages, so hat sich der Autor wiederholt vernehmen lassen, sei vor diesem Hintergrund als Aufforderung an die Katholiken in Deutschland zu verstehen gewesen, die Distanz zum demokratischen pluralen Staat aufzugeben und statt dessen sein Freiheitsangebot anzunehmen, also aktiv in ihm mitzuwirken.[13] Dieser Schlußsatz lautet:

10 Namen nach Meinel 2011, S. 3 und Große Kracht 2014b, S. 31. Ob man das eine «weitgehend rechte Teilnehmerschaft» (Menke 2017, S. 49) nennen kann, scheint mir fraglich.

11 Abdruck in deutscher Übersetzung bei Rahner/Vorgrimler 2007, S. 661ff.

12 Referierend Ingenfeld 2016, S. 373f. – Zu Böckenfördes Einschätzung nicht unkritisch Gabriel/Spieß 2014, S. 84ff.

13 Bei Gosewinkel 2011, S. 431 antwortet Böckenförde auf die Frage nach den Umständen seines Vortrages 1964: «Das Vatikanische Konzil debattierte gerade über die Religionsfreiheit, die Sache war noch nicht entschieden. Aber es war ein Zeichen, daß der christliche Staat als solcher doch der Vergangenheit angehört. [...] Darüber hinaus ergab sich für mich die Frage, wie nun die Katholiken mit dieser neuen, veränderten Situation umgehen sollten. Es gab die emphatisch geführten Kämpfe um die Konfessionsschulen in Oldenburg/Niedersachsen, auch in Nordrhein-Westfalen. Der letzte Abschnitt [des Aufsatzes, H. D.] ist als Aufruf vornehmlich an die Katholiken zu verstehen, den säkularisierten Staat nicht länger als potentiellen Feind und in großer Distanz zu sehen. Sie sollten ihn eher annehmen und sich in

> «Freilich nicht in der Weise, daß er zum ‹christlichen› Staat zurückgebildet wird, sondern in der Weise, daß die Christen diesen Staat in seiner Weltlichkeit nicht länger als etwas Fremdes, ihrem Glauben Feindliches erkennen, sondern als die Chance der Freiheit, die zu erhalten und zu realisieren auch ihre Aufgabe ist.»[14]

Der Aufsatz beschäftigte sich nun aber keineswegs direkt mit dem Vaticanum und beileibe nicht allein mit aktuellen Fragen der Religionsfreiheit. Er holte sehr viel weiter aus und griff noch weiter zurück, indem er erste Momente einer Trennung von Religion und Politik im Investiturstreit des hohen Mittelalters verortete,[15] dann den Konfessionskriegen des 16. und 17. Jahrhunderts Aufmerksamkeit schenkte, zur Französischen Revolution überging und schließlich im 20. Jahrhundert und dem freiheitlichen demokratischen Verfassungsstaat mit der Gewährleistung von Religionsfreiheit und religiös-weltanschaulicher Neutralität des Staates ankam. Im drittletzten Absatz des Beitrages findet sich jene Sentenz mit der seither ganz erstaunlichen Karriere. Sie lautet:

> «Der freiheitliche, säkularisierte Staat lebt von Voraussetzungen, die er selbst nicht garantieren kann.» Es schließt sich an der Satz: «Das ist das große Wagnis, das er, um der Freiheit willen, eingegangen ist.»[16]

Es folgen noch einige Erläuterungen, auf die ich später näher eingehen werde. Aber *das* Böckenförde-Diktum: das ist eigentlich nur der eine, im Vorspann zu diesem Kapitel zitierte Satz. Wir werden aber sehen, daß man zu seinem vollen Verständnis die gesamte Schlußpassage heranziehen muß.

ihn hineinstellen, als Chance auch für sie und weil er auch auf die Kräfte, die sie ihm zuführen können, angewiesen ist.» Siehe noch Ingenfeld 2016, S. 372f.

14 Böckenförde 1967, S. 61.

15 Die (nicht allein von Böckenförde vertretene) These einer hier beginnenden «Verselbständigung» und «Freisetzung» der Politik wird in der historischen Literatur durchaus kritisch gesehen: Althoff 2012, S. 81ff.

16 Böckenförde 1967, S. 60.

III. Vorläufer

Böckenförde hat die Grundaussage nicht im strengen Sinne erfunden. Das gilt vermutlich für viele, wenn nicht alle erfolgreichen Wahrsprüche. Wenn man dem Diktum als zentralen Sinn beimißt, ein funktionierendes freiheitliches Staatswesen beruhe auf bestimmten nichtrechtlichen Ressourcen, dann ist der von Böckenförde thematisierte Sachverhalt in der Tat «ebenso unwidersprechlich wie fundamental».[17] Dann kann es allerdings auch nicht verwundern, wenn vor ihm andere (und gerade andere Staatsrechtslehrer) ähnliches formuliert hatten. So ist etwa in Hermann Hellers 1934 postum publizierter Staatslehre vom «nichtnormierten Unterbau der Verfassung» die Rede; das sind für ihn «Natur- und Kulturfaktoren», die er recht bunt aneinanderreiht und die in unseren Ohren partiell irritierend klingen. Der sozialdemokratische Hochschullehrer nennt «Boden, Blut, massenpsychische Ansteckung, Nachahmung, ferner die gemeinsam erlebte Geschichte und Kultur».[18] Sehr viel kürzer und auch unverfänglicher hat Gerhard Anschütz in seiner Heidelberger Rektoratsrede aus dem Jahre 1922 über die drei Leitgedanken der Weimarer Reichsverfassung, deren maßgeblicher Kommentator er war, von Verhältnissen gesprochen, «die keine Verfassung schaffen kann, die vielmehr jede Verfassung, vollends die eines demokratischen Staates, *voraussetzen* muß».[19] Und worin bestehen diese Voraussetzungen? Anschütz nennt hier Opferfreudigkeit, staatsbürgerliches Verantwortungsgefühl und schließlich, als größte und wichtigste Tugend, vorbehaltlose Vaterlandsliebe – eine Ressource, die damals offenbar unhinterfragt und uneingeschränkt zur Verfügung stand. Will man noch weiter zurückgehen, kann man Joseph von Eichendorffs Wort zitieren: «Keine Verfassung [...] garantiert sich selbst.»[20]

Gewiß wäre die Spekulation müßig, ob Böckenförde diese Textstel-

17 Lübbe 1981, S. 207.
18 Heller 1934, S. 251 (6. Aufl. S. 284).
19 Anschütz 1923, S. 33 (Hv. i. O., H. D.).
20 Dazu Goerlich 2014, S. 195ff.; knappe Erwähnung schon bei Kirchhof 2005, S. 108.

len gekannt und ob er sie bewußt verarbeitet hat. Viel interessanter erscheint der Umstand, daß ein Vorläufer des Diktums in seinem engsten und ihn prägenden akademischen Umfeld formuliert worden ist, nämlich im Münsteraner Collegium Philosophicum von seinem philosophischen Mentor, Joachim Ritter.[21] Ritter hatte 1957 im Anschluß an seinen Vortrag über «Hegel und die französische Revolution» ausgeführt, der Staat bleibe darauf angewiesen, «daß die Individuen selber die geschichtlichen Ordnungen wahren, daß sie die Freiheit, die die Gesellschaft freigibt und der ‹sittliche Staat› sichert, mit substanziellem Leben erfüllen». Vielleicht lohnt es, diese Stellungnahme etwas ausführlicher zu zitieren:[22]

> «Aber das bedeutet für Hegel nun auch, daß die *Gesellschaft als solche nicht in der Lage ist, die Ordnungen zu erhalten, die sie freigibt, indem sie sie von sich ausschließt.* Die Aufgabe ihrer Erhaltung fällt daher für Hegel einmal dem Staat zu, den er deshalb gegen die Gleichsetzung mit der Gesellschaft abschirmt und durch den inhaltlichen Bezug auf die nicht mit der Gesellschaft identischen sittlichen und religiösen Ordnungen definiert, deren rechtliche Sicherung seine entscheidende Aufgabe auf dem Boden der modernen Welt wird. Aber auch der Staat ist für Hegel nicht die eigentliche Macht der Bewahrung; er ist darauf verwiesen, daß die Individuen selber die geschichtlichen Ordnungen wahren, daß sie die Freiheit, die die Gesellschaft freigibt und der ‹sittliche› Staat sichert, mit substanziellem Leben erfüllen, daß die Macht der sittlich geistigen Bildung im Staat und in der Gesellschaft erhalten bleibt, die Ordnungen zu bewahren und weiterzutragen, ohne die die freigegebene Freiheit leer werden und letztlich verschwinden muß.»

Im Collegium hatte Ritter später, wie einem Brief Böckenfördes an Carl Schmitt aus dem Jahre 1959 zu entnehmen ist, die These vertreten, «daß das Recht notwendig Substanzen voraussetzt und von ihnen abhängig ist, die es nicht aus sich hervorzubringen oder gar zu definieren

21 Dazu die Schilderung Böckenfördes bei Gosewinkel 2011, S. 351ff. – Zum Collegium Philosophicum, dem so unterschiedliche Geister wie Hermann Lübbe, Odo Marquard, Jürgen Seifert, Ernst Tugendhat und Robert Spaemann angehörten, eingehend Ingenfeld 2016, S. 18ff.

22 Ritter 1957, S. 79 (Diskussion).

vermag».[23] Hierin kann man durchaus eine Art Früh- oder Vorform des Diktums sehen.[24] Das soll Böckenfördes Leistung keineswegs schmälern. Es geht nur um eine weitere Bestätigung des Umstandes, daß die Formel einen fundamentalen Sachverhalt auf den Punkt bringt, ja «den Nagel auf den Kopf trifft».[25] Und möglicherweise hat Böckenförde das Problem prägnanter und einprägsamer formuliert als viele Autoren vor und nach ihm – vielleicht auch in seiner Paradoxie mit zusätzlichem Reiz versehen.

Freilich wäre es ein Irrtum zu glauben, nach der ersten Publikation des Aufsatzes 1967 könne man eine stetig ansteigende Erfolgskurve seiner Formel verzeichnen. Weder gab es eine kontinuierlich zunehmende Rezeption noch eine inhaltlich beständige. Vielmehr lassen sich im wesentlichen zwei Rezeptionspfade ausmachen, die auf unterschiedlichen Lesarten des Diktums beruhten. Wie das mit großen und vielzitierten Sentenzen oft so ist: Bei näherem Hinsehen erscheinen sie rätselhaft und ganz verschieden interpretierbar. Speziell in unserem Fall hat man davon gesprochen, die Prägnanz des Satzes täusche «über seine schillernde Vieldeutigkeit hinweg».[26] Worin besteht diese?

23 Ich stütze mich auf die Darstellung bei Große Kracht 2014b, S. 30, der zu Recht feststellt: «Von hier aus war es dann nicht mehr weit bis zu Böckenfördes berühmtem Ausspruch am Ende seines Aufsatzes über die *Entstehung des Staates als Vorgang der Säkularisation.*»

24 Noch weitergehend wurde gesagt, Böckenfördes Diktum biete eine «prägnant reformulierte und rechtsphilosophisch interessierte Zuspitzung» der Ritterschen Gesellschaftstheorie (Ingenfeld 2016, S. 380; ähnlich S. 382).

25 So Hollerbach 1998, S. 32.

26 Goerlich 2014, S. 195; ferner ebd., S. 213: «Formulierung des enigmatischen Diktums», «schillernde Intransparenz», «Rätselhaftigkeit des Diktums». Ähnlich Walter 2014, S. 186f.: Der Satz bringe «das für einen guten Aphorismus notwendige Quantum an Mehrdeutigkeit mit».

IV. Rezeptionen und Lesarten

1. Grundwertedebatte und Grenzen des Staates

Böckenfördes eindringliches Diktum fand – aus heutiger Sicht erstaunlicherweise – zunächst kaum größere Resonanz. Das änderte sich erst Mitte der 1970er Jahre, wobei die sog. Grundwerte-Debatte eine zentrale Rolle spielte, in die sich mit Bundeskanzler Helmut Schmidt auch höchste Repräsentanten des Staates einmischten.[27] Den vielzitierten Sammelband «Grundwerte in Staat und Gesellschaft», der wesentliche Beiträge bündelt, schmücken als Autoren neben dem seinerzeitigen Bundeskanzler Schmidt etwa Helmut Kohl und Werner Maihofer, Karl Lehmann und Hans Maier, Axel Freiherr von Campenhausen, Hans-Dietrich Genscher und Franz-Josef Strauß. In der Sache ging es um die damals hochkontroversen Reformen der sozialliberalen Regierung im Ehe-, Familien- und Strafrecht, vor allem um die Liberalisierung der Abtreibung. Insbesondere die katholischen Bischöfe hatten vehement dagegen Stellung bezogen und dem Staat vorgeworfen, er erschüttere mit diesen Vorhaben das Fundament des Rechtsstaates und das sittliche Bewußtsein der Bürger. Schmidt reagierte darauf mit einer Rede vor der Katholischen Akademie in Hamburg am 23. Mai 1976. Das Interessante ist nun, daß an dieser Rede im Hintergrund (wenn man so will: als Ghostwriter) Ernst-Wolfgang Böckenförde mitwirkte, der mit dem Kanzler über die Grundsatzfragen zunächst ein längeres Gespräch geführt und danach auf dessen Bitte hin eine Ausarbeitung verfaßt hatte.[28] Tatsächlich erscheinen dann in Schmidts Rede typische Wendungen wie die von der Homogenität der Gesellschaft oder von den inneren Regulierungskräften der Freiheit. Eine zentrale Stelle lautet:

> «Der demokratische Staat hat die Werthaltungen und die sittlichen Grundhaltungen nicht geschaffen. Er findet sie vielmehr in den einzelnen und in der

27 Im folgenden stütze ich mich im wesentlichen auf die hochinformative Darstellung von Große Kracht 2014a, S. 160ff.

28 Vgl. Böckenfördes Schilderung bei Gosewinkel 2011, S. 350f.

> Gesellschaft vor und er muß bei seinen Handlungen dort anknüpfen. Das heißt, der freiheitliche Staat, der weltanschaulich neutrale, der demokratische Staat lebt von ihm vorgegebenen Werten und Werthaltungen. Er hat sie nicht geschaffen, er kann ihren Bestand nicht garantieren, ohne seine Freiheitlichkeit in Frage zu stellen. [...] Der freiheitliche Staat geht auch insoweit – um der Aufrechterhaltung der Freiheit willen – ein Risiko ein.»[29]

Kein Zweifel: Das ist nicht nur Geist vom Geiste des Böckenförde-Theorems, das *ist* das Böckenförde-Theorem – oder jedenfalls eine Facette davon, nämlich diejenige, die die beschränkten Möglichkeiten des Staates zur Generierung derjenigen Ressourcen (von «sittlichen Grundhaltungen» ist des öfteren die Rede), die für den Bestand ebendieses Staates Sorge tragen können, in den Vordergrund rückt. Für uns ist jedenfalls von großem Interesse, daß es in diesem Kontext nicht die Kirchenunterstützer waren, die das Böckenförde-Theorem für ihre Position ins Feld führten, sondern deren Kontrahenten. Das Diktum wurde hier gegen die offizielle Position der katholischen Kirche in Stellung gebracht, die gerade mit Blick auf die besagten anstehenden Reformen vom Staat verlangt hatte, sich auch gegen breite Strömungen in der Gesellschaft zu positionieren, weil bestimmte «Grundwerte» unverfügbar seien. Hier ließ sich einmal mehr die ganze crux der Rede von Werten, Grundwerten oder Wertordnung mit Händen greifen. Jedenfalls wandte man sich mit dem Böckenförde-Diktum gegen «Illusionen vom wertschaffenden Staat»,[30] und umgekehrt diente es den Vertretern der katholischen Kirche eher als «Negativfolie».[31] Das ist durchaus keine Petitesse, wie sich mit Blick auf die zweite Rezeptionswelle und auf die Begründung so mancher Kritik am Böckenförde-Theorem in den letzten Jahren und Jahrzehnten herauskristallisiert.

29 In: Gorschenek 1977, S. 20f.

30 So die ausdrucksstarke Zwischenüberschrift bei Große Kracht 2014a, S. 160.

31 Große Kracht 2014a, S. 163.

2. Religionsdebatte und Rolle der Kirchen

In den 1980er und 1990er Jahren passiert etwas Bemerkenswertes. Unser Autor erfährt mit seiner These eine komplett andere Rezeption als Jahre zuvor. Während man sich in der Grundwerte-Debatte ganz auf die Frage der Kompetenz des Staates zur Generierung und Garantie sittlicher Grundwerte konzentrierte, verlagert sich die Aufmerksamkeit jetzt auf den religiösen Glauben der Bürger und dessen Funktion für das Bestehen einer freiheitlichen Ordnung. Und weil man in Deutschland gern die Religion der Bürger mit der Existenz von Kirchen und insbesondere der beiden christlichen Großkirchen gleichsetzt, wurde das Böckenförde-Diktum nun häufig in dem Sinne ins Feld geführt, daß es die Bedeutung der christlichen Kirchen für die Reproduktion der moralischen und kulturellen Wertgrundlagen der Demokratie in den Vordergrund stelle.[32] Man hat, diese Deutungsrichtung kompakt zusammenfassend, davon gesprochen, das Böckenförde-Diktum bilde ein «Paradigma klassischer staatskirchenrechtlicher Hintergrundannahmen», indem es von der positiv konnotierten Annahme «der Integrationsmächtigkeit von Religion» ausgehe und geradezu als «Chiffre für die sozialproduktiven Leistungen von Religion» diene. Das Diktum lese sich so als «These von der Verwiesenheit des Staates auf die Religion als Quelle staatlicher Homogenität».[33]

Auf diesem Rezeptionspfad diente das Diktum nun als Begründung für eine positive Wertung der Rolle der Religion im allgemeinen und einer privilegierten Stellung der christlichen Kirchen im besonderen. Ihm wurde unterstellt, «es wolle vor allem die christlich-abendländische Religion und Moral als für den Staat der Bundesrepublik unverzichtbare Grundlage des Politischen in Stellung bringen».[34]

Es liegt auf der Hand, daß das solcherart verstandene Böckenförde-Diktum von den einen als positiv und unterstützenswert wahrgenom-

32 Näher Große Kracht 2014a, S. 166ff.

33 Alles Heinig 2003, S. 39. Siehe auch Hollerbach 1998, S. 34: «dem religiösen Glauben, der christlichen Botschaft wird damit eine eminent politische Rolle, ja eine im wahrsten Sinne des Wortes staatstragende und staatserhaltende Rolle zuerkannt».

34 Referierend Große Kracht 2014a, S. 167.

men, von den anderen aber als kritikwürdig und bekämpfenswert betrachtet worden ist. Wohlgemerkt: Es geht hier um ein und dieselbe Interpretation, aber um deren unterschiedliche Bewertung.[35] Insbesondere von Kirchenvertretern und einigen Staatskirchenrechtlern wird der Satz Böckenfördes zu einer normativen Verpflichtung für den Staat aus- (oder um-)gedeutet, die (vermeintlich) staatstragende, Gemeinschaftsressourcen generierende und insofern nützliche christliche Kirche zu unterstützen – auch und gerade finanziell.[36] Das Diktum bekam jetzt eine affirmative, den status quo sichernde Schlagseite – was angesichts der turbulenten Auseinandersetzungen über die Ausgestaltung des Religionsverfassungsrechts in Deutschland nach der Wiedervereinigung von großer Bedeutung war.

Genau diese affirmative Schlagseite bot sogleich Anlaß für heftige Kritik an dem Diktum und seinem (vermeintlichen) Inhalt. So veranstaltete die Humanistische Akademie Deutschland gemeinsam mit der Humanistischen Akademie Berlin und der Akademie der Politischen Bildung der Friedrich-Ebert-Stiftung vor zehn Jahren eigens eine ganze Tagung zum Thema «Humanismus und Böckenförde-Diktum».[37] In besonders krasser Zuspitzung hat der evangelische Theologe Hartmut Kreß davon gesprochen, dieses Theorem sei im Grunde vormodern; denn es habe seinerzeit zu verstehen geben wollen, «das katholische Christentum könne den modernen säkularen Staat akzeptieren, da dieser nach wie vor von christlichen katholischen Voraussetzungen abhängig bleibe»,[38] denn es solle «nun wieder der christliche katholische Glaube sein, der die Homogenität in Staat und Gesellschaft gewährleiste, so daß er für den Staat nach wie vor unersetzbar und unverzichtbar sei».[39] Und weil Kreß davon ausgeht, daß Böckenfördes Zuversicht,

35 Darauf weist auch hin Reiß 2008, S. 205.

36 Große Kracht 2014a, S. 167f.; Walter 2014, S. 185ff. Dezidiert gegen eine solche Interpretation Czermak 2016, S. 103, 105.

37 Tagungsband: Humanistische Akademie Berlin (Hrsg.), Humanismus und «Böckenförde-Diktum» (humanismus aktuell, Heft 22), Berlin 2008. Dazu Reiß 2008, S. 205ff.

38 Kreß 2008, S. 294.

39 Kreß 2008a, S. 9.

«der religiöse Glaube besitze eine sinnstiftende Dimension, die auch dem liberalen säkularen Staat zugute kommen könne»,[40] angesichts anhaltender sozialer Säkularisierungs-, Pluralisierungs- und Entkirchlichungsprozesse heute im Unterschied zu den 1960er Jahren nicht mehr überzeugen könne, hält er das Diktum für überholt. Es hat sich in dieser Sichtweise schlicht überlebt. Das ist nicht die einzige, wenngleich eine besonders scharf pointierte Interpretation, die das Böckenförde-Diktum als religions- oder gar katholizismus-affirmativ begreift.[41] Friedrich Wilhelm Graf, protestantischer Theologe auch er, spricht von Böckenfördes «These, daß vor allem die Religionsgemeinschaften jene sozialmoralischen Ressourcen pflegten und erzeugten, ohne die der freiheitliche Rechtsstaat auf Dauer nicht bestehen könne».[42] Aber hat Böckenförde das eigentlich so deutlich und so einseitig gesagt? Und wie kann eigentlich ein und dieselbe Textpassage so unterschiedliche Auslegungen erfahren?

V. Analyse der Deutungsdivergenzen

Worin also liegen die Gründe für so unterschiedliche Ausdeutungen und Rezeptionen des Diktums? Wenn wir nicht von bösem Willen, mutwilligen Unterstellungen oder bewußten Vereinnahmungen ausgehen wollen, spricht eine gewisse Vermutung dafür, daß der Text selbst hinlänglich offen und mehrdeutig, vielleicht (bewußt?) kryptisch gehalten ist.[43] Denn je nachdem, worauf man sein Augenmerk lenkt, stechen andere Aspekte hervor.

40 Kreß 2006, S. 252. Etwas vorsichtiger formulierend Kreß 2006, S. 250: «Jedenfalls wird man heutzutage nicht mehr ungebrochen davon ausgehen können – weder in soziologisch deskriptiver noch in normativer Hinsicht –, dass ‹der religiöse Glaube› als solcher, sei es das christliche Alltagsethos oder eine kirchliche Lehrmeinung, das geistig-sittliche Fundament der liberalen postreligiösen Staatsordnung gewährleisten könne.» Dieser Feststellung kann Böckenförde, wie wir noch sehen werden, durchaus zustimmen.

41 Weitere Beispiele bei Große Kracht 2014a, S. 170f.

42 Graf 2013, S. 23. Gegen solche Deutungen etwa Ingenfeld 2016, S. 375.

43 So die Vermutung von Goerlich 2014, S. 212f.

1. «Voraussetzungen, die er nicht garantieren kann»

So scheint die in der ersten Rezeptionswelle dominierende Interpretationsrichtung ganz davon geprägt zu sein, die konstatierte fehlende Garantiefunktion des Staates als zentral zu betrachten. Einige meinten, Böckenförde verurteile mit seinem Diktum den Staat zur Tatenlosigkeit und lasse ihn gewissermaßen völlig abhängig von frei sich bildenden oder auch nicht bildenden Kräften erscheinen. Auf dieser Linie kritisierte schon früh Hans Maier, Böckenförde reduziere den Staat auf eine Art Notarfunktion, der nur noch als «bescheidener Signatar einer werteschaffenden Gesellschaft» auftrete.[44] Und auch Klaus Schlaich hat Mitte der 1980er Jahre davon gesprochen, die «Pointe jenes zitierten Satzes» liege darin, «daß der Staat von Voraussetzungen lebt, die er nicht nur nicht garantieren *kann*, sondern die er auch nicht garantieren *darf*».[45]

Es mag sein, daß dieses fatalistische oder resignative Modell ein Stück weit durch die Formulierung des Diktums nahegelegt wird. Das gilt allerdings nur dann, wenn man nach dem einen immer wieder zitierten Satz nicht weiterliest. Denn Böckenförde hat in der folgenden Passage ausdrücklich präzisiert, der Staat könne «diese inneren Regulierungskräfte nicht von sich aus, das heißt mit den Mitteln des Rechtszwanges und des autoritativen Gebots, zu garantieren suchen, ohne seine Freiheitlichkeit aufzugeben».[46] Das läßt Freiraum für ein Ver-

44 In: Gorschenek 1977, S. 175. Ganz ähnlich, sozusagen von der anderen Seite her, die Auffassung von Kreß 2006, S. 250, Böckenförde zufolge «könne oder solle» die geistige Wertgrundlage vom Staat nicht beeinflußt werden.

45 Schlaich 1985, S. 440. Seine Begründung: «Denn staatlich definierte Freiheit ist im freiheitlichen Verständnis der Grundrechte keine Freiheit.» Schlaich mildert das aber im folgenden deutlich ab, beharrt allerdings darauf, daß der Staat auch bei Verwirklichung seines Erziehungsauftrages in der Schule bei der Vermittlung von Wertvorstellungen auf Indoktrinierung verzichten müsse.

46 Böckenförde 1967, S. 60. Insofern ist der Befürchtung von Möllers, aus dem Böckenförde-Diktum könnte im «Umkehrschluß» gefolgert werden, «bestimmte gesellschaftliche Voraussetzungen für eine Demokratie normativ zu setzen» (Möllers 2011a, S. 770), gewissermaßen *ab ovo* begegnet (von der Unmöglichkeit einer solchen Setzung einmal ganz abgesehen).

ständnis, dem Staat stünden anderweitige Möglichkeiten und Foren zur Förderung verfassungsstaatlich zuträglicher Aktivitäten zur Verfügung: begünstigende, unterstützende, kooperative. Denn in der Sache, und d. h.: den verfassungsrechtlichen Möglichkeiten nach, über die ein freiheitlicher Verfassungsstaat verfügt, ist absolute Passivität und untätiges Warten auf das Walten nichtstaatlicher Kräfte bei weitem nicht die einzige Lösung. Der Staat muß nicht «die Hände in den Schoß legen», sondern darf «stützen und fördern».[47] So schreibt Josef Isensee in einem Beitrag aus dem Jahre 1995, nachdem er sich zustimmend auf das Diktum bezogen hat, in der ihm eigenen bildkräftigen Sprache:

> «Doch ist der Staat deshalb nicht zum Fatalismus verurteilt. Wenn er auch nicht über den Boden als eigen verfügt, aus dem die Verfassung ihre Wirksamkeit zieht, so kann er doch zu dessen Pflege beitragen. Legitime Mittel, die ihm dazu bereitstehen, sind: Vorbildwirkung der Amtswalter, Öffentlichkeitsarbeit, schulische Erziehung, Kooperation mit den gesellschaftlichen Kräften, die bereit und fähig sind, sich für die Verfassung zu engagieren und Zustimmung einzuwerben.»[48]

Ziemlich genau in diesem Sinne hat sich Böckenförde denn auch später in mehreren Interviews erklärt. «Der Satz wird vielfach so zitiert, daß der Staat von Voraussetzungen lebt, die er nicht *schaffen* kann. Es heißt aber: die er nicht garantieren kann. Das ist etwas anderes, es zielt auf die hoheitlichen Mittel ab. Der Staat kann aber vorhandene Ethosbestände und Grundeinstellungen stützen und schützen und auch insbesondere durch schulische Erziehung bekräftigen und lebendig erhalten, damit sie sich in die nachfolgenden Generationen weitertragen.»[49]

Freilich gilt es, die Grenzen dieser Möglichkeiten nicht zu übersehen – und exakt daran erinnert das Diktum uns beständig und völlig zu Recht. Wenn etwa Häberle es für falsch erklärt, weil der Staat Grund-

47 Hollerbach 1998, S. 34.

48 Isensee 1995, S. 100f.; ähnlich die Deutung bei Ingenfeld 2016, S. 376ff.

49 Böckenförde bei Gosewinkel 2011, S. 432. Ganz in diesem Sinne Hollerbach 1998, S. 34: «Nicht garantieren heißt hier: nicht hervorbringen, nicht stiften, nicht erhalten, nicht gewährleisten, erst recht: nicht erzwingen.» Wohl aber: stützen und fördern (vgl. Fn. 47).

werte setze und sie in Form von Erziehungszielen lehre,[50] so deutet dieser Hinweis vermutlich unbeabsichtigt auf die engen Schranken entsprechender Aktivitäten hin: zeigt er doch erstens, daß man solcherart verpflichtende Anstrengungen eben nur in der Schule (also in der Regel gegenüber Minderjährigen) unternehmen kann; und wird man zweitens annehmen können, daß sich selbst hier rasch verfassungsrechtliche Grenzen und wohl noch viel stärker vielfältige tatsächliche pädagogische Realisierungsschwierigkeiten und sonstige Hindernisse ergeben werden.[51] Der wohlfeile und letztlich diffuse Rekurs auf Grundwerte wiederum läßt außer acht, daß der Bürger in der freiheitlichen Grundrechtsdemokratie eben gerade nicht gezwungen ist, die Wertungen und zentralen Fixierungen der Verfassung für sich als verbindlich anzuerkennen.[52] So erklärt das Bundesverfassungsgericht ausdrücklich:

> «Die Bürger sind […] rechtlich auch nicht gehalten, die der Verfassung zugrunde liegenden Wertsetzungen persönlich zu teilen. Das Grundgesetz baut zwar auf der Erwartung auf, dass die Bürger die allgemeinen Werte der Verfassung akzeptieren und verwirklichen, erzwingt Werteloyalität aber nicht.»[53]

Mit dem Hinweis auf die gesellschaftlichen Voraussetzungen eines freiheitlichen Staates hat Böckenförde eine ganz zentrale Problematik in außergewöhnlich treffender Weise angesprochen. Daran ändert auch die etwas naseweise Einrede nichts, der Staat könne seine eigenen Voraussetzungen schon deswegen nicht erzeugen, weil es sonst keine Voraussetzungen wären.[54] Denn das sachliche Problem bleibt davon ja

50 Häberle 2013, S. 67. – Zu seinem zusätzlichen Hinweis auf Nationalsymbole (Hymnen, Flaggen) muß man sagen, daß die hier erhoffte Integrationswirkung nach allen historischen und gegenwärtigen Erfahrungen wohl als eher gering einzustufen sein dürfte und man auch nicht recht sieht, wie aus diesen Symbolen wirksame Kräfte für einen Zusammenhalt des pluralistischen Gemeinwesens generiert werden können.

51 Vgl. etwa zum Erziehungsziel der Ehrfurcht vor Gott oben S. 130ff.

52 Dazu oben S. 115ff.

53 BVerfGE 124, 300 (320).

54 Möllers 2011a, S. 770; Möllers 2014, S. 133 mit Fn. 74. Ähnlich Häberle 2013, S. 67 (Aussage sei «banal: alle Dinge auf dieser Welt beruhen auf Voraussetzungen, die sie nicht selbst schaffen»).

völlig unberührt: Wie generieren sich diejenigen Einstellungen und Motivationen, die in einem stark pluralisierten und zerklüfteten staatlichen Gemeinwesen für Integration und Konsens, für Zusammenhalt und Festigkeit sorgen? Wie lassen sich entsprechende Kräfte stärken, stabilisieren und auf Dauer stellen?

2. «Moralische Substanz», «religiöser Glaube»

Diese Frage wurde nun in der zweiten Rezeptionswelle und der mit ihr einhergehenden Lesart gern mit dem Hinweis auf den besonderen Wert und Beitrag der Religion, genauer: Der christlichen Kirchen beantwortet. Jetzt las man das Diktum so: Der Staat lebe von Voraussetzungen, «die vor allem in die Verantwortung der Kirchen fallen»,[55] oder noch kürzer: der Staat lebe von der Religion.[56]

Für ein solches Verständnis hat Böckenförde selbst durchaus eine Spur gelegt, wenn er fast ganz am Ende seines Aufsatzes die Frage aufwirft, ob man nicht mit Hegel annehmen müßte, daß der Staat «letztlich aus jenen inneren Antrieben und Bindungskräften leben muß, die der religiöse Glaube seiner Bürger vermittelt». Freilich ist das vorsichtig als Frage formuliert. Es bietet wohl auch eher den Übergang zur endgültigen Schlußpassage, die man nun mit wenig kriminalistischem Spürsinn als Aufforderung an die (insbesondere katholischen) Christen lesen kann, sich mit dem freiheitlichen säkularen Staat auszusöhnen, Hoffnungen auf die (Wieder-)Errichtung eines christlichen Staates aufzugeben und sich in der noch jungen freiheitlichen Demokratie der

55 So hat es Schlaich 1985, S. 441 auf den Punkt gebracht; als Protagonisten einer solchen Haltung aus dem protestantischen Lager verweist er auf Albert Janssen (zu diesem auch kritisch Heinig 2003, S. 42). Ähnlich wie Schlaich: Walter 2006, S. 552.

56 Diese Interpretationstendenz bei Rhonheimer 2012, S. 236f., der S. 237 nach Zitierung der Schlußpassage «So wird man noch einmal [...]» schreibt: «Auch der säkulare Staat – so, denke ich, ist es gemeint – kann, ja sollte eigentlich, gerade als *säkularer* Staat, aus der Substanz des christlichen Glaubens seiner Bürger leben.» Ähnlich ebd., S. 381. Eine vergleichbare Engführung auf «Erneuerung von religiösen Orientierungen» auch bei Huber 2006, S. 541f. Eine solche Lesart des Diktums, wenngleich kritisch, desgleichen bei Möllers 2014, S. 133: der Staat bleibe zu seiner Stabilisierung auf sublimierte Reste von Religion verwiesen.

Bundesrepublik und für diese zu engagieren.[57] Zudem sollten wir neben der Frageform auch noch ganz genau auf die Wortwahl achten: Nicht von christlicher Religion spricht Böckenförde, sondern allgemein vom religiösen Glauben seiner Bürger. Auch wenn das Mitte der 1960er Jahre noch weithin identisch ist, zeigt es doch eine prinzipielle Offenheit. Von daher erscheint es als kein besonders großer Schritt und schon gar nicht als eine Art von Ab- oder Umkehr, wenn Böckenförde in späteren Jahren diesen Hinweis auf Religion nicht als exklusiv verstanden wissen wollte. In dem großen Interview, das Dieter Gosewinkel vor einigen Jahren mit ihm geführt hat, klingt es durchaus überzeugend und nicht als späte Selbstkorrektur, wenn er dort sagt:

> «Zwar wurde dieser Appell zum Teil so verstanden, als ob es nur die Religion sein könnte, die ein staatstragendes Ethos und eine relative Homogenität verbürgt. Das ist aber nicht der Fall. Es geht um die gelebte lebendige Kultur; in sie geht Religiöses mit ein, und sie hat oftmals religiöse Wurzeln, die sich aber auch abbauen und die überlagert werden können. Das habe ich gegenüber manchen Vereinnahmungsversuchen immer wieder deutlich zu machen versucht.»[58]

Schon gar nicht läßt sein Text, so interpretationsoffen er teilweise formuliert sein mag, eine strategische Parteinahme zugunsten der institutionalisierten Kirchen erkennen. Gegen entsprechende Vorwürfe restaurativer Instrumentalisierung[59] hat sich Böckenförde – ungewöhnlich genug – explizit verwahrt und entsprechende Richtigstellungen vorgenommen.[60] Schärfer gesehen als mancher linksliberale Kritiker hat hier

57 Zu dieser zeitbedingten Konstellation und Intention oben S. 192f.

58 Böckenförde in Gosewinkel 2011, S. 432. Ganz ähnlich taz-Interview v. 23.9.2009, S. 4 auf die Frage: «Sie wollten damals also nicht behaupten, dass allein die Kirche und die Religion den [sic] Ethos schaffen, der den Staat zusammenhält?», worauf Böckenförde antwortete: «Nein, das lesen vielleicht manche Kirchenvertreter hinein, aber so war das nicht gemeint. Auch weltanschauliche, politische oder soziale Bewegungen können den Gemeinsinn der Bevölkerung und die Bereitschaft fördern, nicht stets rücksichtslos nur auf den eigenen Vorteil zu schauen, vielmehr gemeinschaftsorientiert und solidarisch zu handeln.»

59 Vgl. oben S. 200f.

60 Böckenförde 2008.

jemand, der von Böckenförde gerne eine andere (nämlich die von Kritikern behauptete) Tonart vernommen hätte, sie aber mit dem Ausdruck des Bedauerns vermißt. Ich spreche von Paul Kirchhof. Dieser vermerkt in seinem Vortrag bei den Essener Gesprächen zwar ausdrücklich, daß Böckenförde das Verdienst zukomme, die «Bedingtheit des freiheitlichen Staates ins allgemeine Bewußtsein gerückt zu haben», rügt aber, daß er den resultierenden Auftrag eher «als Prinzip abwehrender Freiheit» und entsprechender «Zurückhaltung des Verfassungsstaates, zur Begrenzung der staatlichen Verantwortlichkeit für die Freiheitskultur» ausgedeutet habe.[61] Was die linksliberalen Kritiker beklagen, klagt Kirchhof ein: die parteiische Stellungnahme. Von Gerhard Czermak, gewissermaßen am anderen Ende des Spektrums staatskirchenrechtlicher oder religionsverfassungsrechtlicher Positionen stehend, wird Böckenfördes Zurückhaltung denn auch ausdrücklich begrüßt: Dieser werde «gründlich missverstanden, wenn nicht instrumentalisiert», wenn man aus dem Diktum ableite, «der Staat müsse die Kirchen und Religionsgesellschaften als Wertestifter in *besonderer* Weise fördern».[62]

Beglaubigt wird diese Deutung insbesondere dadurch, daß Böckenförde sich stets und mit besonderer Verve gegen jegliche Instrumentalisierung von Religion gewandt hat. Kaum jemand hat so deutlich wie er gegen eine utilitaristische Inanspruchnahme von Religion für vermeintlich staatstragende Zwecke Stellung bezogen, hat so vehement wie er auf deren Eigensinn und auch auf ihrer gelegentlich eben nicht staatstragenden und verfassungsförderlichen Rolle insistiert.[63] Ausdrücklich heißt es bei ihm, es könne und dürfe nicht die «eigentliche Aufgabe» der Religionsgemeinschaften sein, «zur Integration der pluralistischen Gesellschaft [...] beizutragen». Das könne sich ergeben, müsse es aber nicht. Der Grund:

> «Vielmehr kann gerade die Treue zu ihrem eigenen Auftrag Religionsgemeinschaften dazu zwingen, im Hinblick auf die bestehende Gesellschaft desinte-

61 Kirchhof 2005, S. 109.
62 Czermak 2008, Rn. 71.
63 Vgl. dazu oben S. 128f.

> grierend zu sprechen und zu handeln. [...] Dieser Anspruch hindert jedenfalls Christen und Juden daran, ihre Religion als gesellschaftlichen Integrationsfaktor auf der Basis und in den Grenzen eines mehrheitsfähigen Fundamentalkonsenses zu verstehen und sich an diesem auszurichten. Sie gäben sich damit einer Anpassungsstrategie anheim. [...]»[64]

Natürlich ist das in den späten 1980er Jahren schon mit Blick auf religiöse Pluralisierung formuliert, doch scheint diese Haltung auch dem frühen Böckenförde keineswegs fremd.

VI. Was bleibt? Versuch eines Resümees

Was bleibt nach diesem Durchgang übrig vom berühmten Böckenförde-Diktum? Wenn man es einmal befreit vom kirchenetatistischen Mißverständnis und entsprechend falschen Vereinnahmungen auf der einen Seite und von der irrigen Annahme, Böckenförde propagiere die völlige Tatenlosigkeit des Staates in Sachen Wertevermittlung und Staatsbewußtsein, auf der anderen – dann scheint auf der Hand zu liegen, daß die Sentenz in erster Linie die Bedeutung einer Problemanzeige hat. Sie verweist mit Nachdruck auf die prekären Legitimationsgrundlagen in einer vielfach gespaltenen, pluralen modernen Gesellschaft, zu deren Integration der Staat nicht länger – wie das jahrhundertelang durchaus der Fall war – auf das einigende Band einer allen gemeinsamen Religion sowie andere einheitsbildende Faktoren wie etwa die Sakralität der Herrschaft oder eines dominanten Nationalstolzes zurückgreifen kann.

Im Grunde stehen wir vor der faustischen Frage, was eine Gesellschaft, was einen Staat eigentlich im Innersten zusammenhält – insbesondere eine freiheitliche, plurale Demokratie, in der (um die bekannte Wendung von Rawls zu zitieren) die Bürger doch ganz unterschiedliche

64 Alles Böckenförde 1989, S. 268; ähnlich Böckenförde 2007, S. 29f.; dazu etwa Ingenfeld 2016, S. 372. – Entsprechende Zweifel an der von einigen Sozialphilosophen betonten sozialintegrativen Funktion von Religion auch bei Graf 2013, S. 37f.

religiöse, philosophische und moralische Überzeugungen[65] hegen, divergente Lebensformen und Lebensstile pflegen und sich auch sonst in allen erdenklichen Hinsichten spürbar voneinander unterscheiden.

Hier liegt auf der Hand, daß die bloße Addition der Grundrechtsausübungen noch kein funktionierendes Staatswesen ergibt – schon gar nicht, wenn vornehmlich die Wahrnehmung von Freiheitsrechten in ihrer staatsabwehrenden Dimension in Rede steht. Und umgekehrt geht das politische Gemeinwesen nicht im reibungslosen Funktionieren seiner Institutionen und in der Summe staatlicher Zwangs-, Hoheits- oder Leistungsakte auf, so unerläßlich diese selbstverständlich für die Stabilität des Staates sind und so wichtig zudem die Identifikation der staatlichen Amtswalter mit der Verfassungsordnung und ein entsprechend hoher Legalitätsglaube auch sein mögen. Schließlich kann man nicht unterstellen, der demokratische Prozeß werde gleichsam aus sich selbst heraus hinlängliche motivationale Voraussetzungen generieren; Jürgen Habermas scheint das zwar in seiner Diskussion mit Kardinal Ratzinger zu behaupten,[66] vermag sich aber des Problems nur vordergründig zu entledigen, das dann prompt an anderer Stelle wiederkehrt.[67] Denn in «Faktizität und Geltung» hält Habermas richtig fest, daß die Bürger von ihren subjektiven Rechten, auch den im politischen Diskurs relevanten, durchaus einen strategischen oder auch gar keinen Gebrauch machen können.[68] Nichts garantiert also, daß der politische Prozeß automatisch aus sich heraus das einigende Band herstellt. Aus-

65 Rawls 1993, p. XVIII: «How is it possible that there may exist over time a stable and just society of free and equal citizens profoundly divided by reasonable though incompatible religious, philosophical, and moral doctrines?» Für Rawls sind dann letztlich Freiheitsinteressen und ein «sense of justice» zentral.

66 Habermas 2005b, S. 23: Der liberale Staat sei nicht unfähig, «seine motivationalen Voraussetzungen aus eigenen säkularen Beständen zu reproduzieren», demokratische Praktiken würden «eine eigene politische Dynamik entfalten», etwa die «Teilnahme der Staatsbürger am öffentlichen Streit über Themen, die alle gemeinsam betreffen». Fazit (S. 24): «Das vermisste ‹einigende Band› ist der demokratische Prozess selbst». Zu diesem Aspekt näher Fischer 2009, S. 188ff.; Kervegan 2018, S. 369ff.; Menke 2017, S. 53ff.

67 Zum folgenden klar und überzeugend Reiß 2008, S. 214ff.; tendenziell ebenso, wenngleich weniger pointiert: Kervegan 2018, S. 371ff.

68 Habermas 1994, S. 152f.

drücklich spricht Habermas von «staatsbürgerlichen Tugenden» und davon, diese könnten dem Bürger nur «angesonnen» (und keinesfalls erzwungen) werden: sie regenerierten sich aus «freiheitlichen Traditionen» und einer «liberalen politischen Kultur».[69] Letztlich ist auch bei ihm die Existenz gewisser politischer oder vorpolitischer Tugenden, etwa eine Orientierung des eigenen Handelns an Gemeinwohlbelangen, erforderlich,[70] wobei sich bis in die Formulierung hinein eine große Nähe zu Böckenförde zeigt.[71]

Das Problem zu erkennen ist freilich sehr viel einfacher, als Lösungen zu benennen, also die erkannte Leerstelle zu füllen. Es ist schon nicht ganz leicht, einigermaßen genau anzugeben, was eine freie Gesellschaft eigentlich als «Sozialkapital» oder an Integrationsfaktoren benötigt, um nicht von schleichender Anomie und dem Zerfall in partikulare Einheiten bedroht zu sein. Eine vollständige Antwort auf diese Frage könnte wohl (wenn überhaupt) nur eine der hohen Komplexität moderner Gesellschaften adäquate Sozialtheorie bieten, die ebenso praxis- und erfahrungsgesättigt wie soziologisch und politisch informiert zu sein hätte. Ob eine solche Theorie in Sichtweite ist, wage ich nicht zu beurteilen.

Deshalb will und muß ich es an dieser Stelle bei nur wenigen und eher punktuellen Andeutungen belassen. Hier wäre die erste Frage: Worin bestehen eigentlich die Gehalte und Elemente, die Wirkmechanismen und Funktionsimperative, die den «nichtnormierten Unterbau»[72] einer liberalen Grundrechtsdemokratie tragen? Evidenterweise dürf-

69 Habermas 1994, S. 165.

70 Vgl. Habermas 1994, S. 641: Es bedürfe «eines konsonanten Hintergrundes von rechtlich nicht erzwingbaren Motiven und Gesinnungen eines am Gemeinwohl orientierten Bürgers». S. 678: Das demokratische Rechtsetzungsverfahren sei darauf angelegt, «daß die Staatsbürger von ihren Kommunikations- und Teilhaberechten *auch* einen gemeinwohlorientierten Gebrauch machen, der politisch zwar angesonnen, aber rechtlich nicht erzwungen werden kann». Das alles rekapituliert im übrigen auch in aller Kürze Habermas 2005b, S. 22, um dann in einer Volte doch den Selbstand (d. h.: der liberale Verfassungsstaat könne seinen «Legitimationsbedarf selbstgenügsam [...] bestreiten») zu behaupten (vgl. Fn. 66).

71 Habermas 2005c, S. 9: «Der liberale Staat ist langfristig auf Mentalitäten angewiesen, die er nicht aus eigenen Ressourcen erzeugen kann.»

72 Nochmals Heller 1934, S. 251 (6. Aufl. S. 284).

ten unter den heutigen Umständen einer hochpluralen, ja auch segregierten Gesellschaft nationaler Stolz, religiöse Homogenität oder die elementare Verwurzelung in gemeinsamer Tradition und Kultur keine geeigneten Kandidaten mehr sein.[73] Genausowenig scheint mir die heutzutage gern gehandelte Idee einer Art Zivilreligion als ernsthafter Kandidat in Betracht zu kommen: Hierbei handelt es sich doch ebenso wie beim Verfassungspatriotismus um eine eher blutleere Intellektuellenvorstellung, die in ihrer praktischen Wirkung über den Gehalt von Sonntagspredigten und Abschiedsreden von Bundespräsidenten kaum hinausreichen dürfte.[74] Wo könnte eine Lösung liegen?

Böckenförde selbst kleidete seine Hinweise lange Zeit in eher allgemeine Formeln. 1967 ist von der «moralischen Substanz des einzelnen und der Homogenität der Gesellschaft» die Rede.[75] Später spricht er häufig von einem «staatstragende[n] Ethos» oder von «Ethosbeständen»;[76] in einem taz-Interview aus dem Jahre 2009 ist von einem «Ethos in der Gesellschaft» und von der «moralische[n] Substanz» der Staatsbürger,[77] an anderer Stelle von «Gemeinsinn» die Rede. Hier wird er nur punktuell etwas konkreter. Auf die Frage, ob es letztlich um eine Art Wir-Gefühl gehe, antwortet Böckenförde: «Ja. Ralf Dahrendorf nennt es sense of belonging, also Zugehörigkeitsgefühl. Hierzu können viele Faktoren beitragen: gemeinsame Sprache, gemeinsame Geschichte, erfolgreiche Politik, die Fußballnationalmannschaft.»[78] Das wirkt ein ganz klein bißchen beliebig.[79]

73 Näher Dreier 2010, S. 30ff.; dort S. 32ff. auch zum sogleich erwähnten Verfassungspatriotismus.

74 Ausführlicher Dreier 2013, S. 89ff., 100ff.

75 Böckenförde 1967, S. 60.

76 So bei Gosewinkel 2011, S. 432; die «Ethosbestände» dann noch einmal ebd., S. 433.

77 taz-Interview v. 23.9.2009, S. 4.

78 taz-Interview v. 23.9.2009, S. 4.

79 Speziell die «Voraussetzungen der Demokratie» hat Böckenförde aber andernorts einer überzeugenden systematischen Analyse unterzogen und insofern sozio-kulturelle (gesellschaftliche und geistig-bildungsmäßige), politisch-strukturelle und ethische Voraussetzungen unterschieden (Böckenförde 2004, § 24 Rn. 58ff.); zu den letztgenannten zählt er insb. ein demokratisches Ethos. Vgl. auch Isensee 1995, S. 99ff.

Systematischer geht er die Frage dann in seinem großen Vortrag bei der Carl Friedrich von Siemens Stiftung aus dem Jahre 2006 an, in dem das Thema des Beitrages von 1967 noch einmal in voller Breite aufgegriffen und vertieft ausgelotet wird.[80] Schon im Vorwort macht er darauf aufmerksam, daß die «Frage nach den haltenden Kräften und Voraussetzungen für den Bestand und die Lebenskraft des säkularisierten Staates, die vor 40 Jahren mit Blick auf die Religion gestellt wurde, [...] einer Erweiterung und neuen Erörterung» bedürfe (S. 9f.). Im dritten und letzten Abschnitt seines Vortrages greift er die Frage nach den «vorrechtlichen Voraussetzungen» auf, «von denen ein staatliches Gemeinwesen, ein freiheitliches zumal, in seiner Lebensfähigkeit abhängig ist» (S. 24). Eingangs hält er fest, daß sich der Staat nicht auf «Machtkonzentration und Ausübung von Zwangsgewalt» gründen könne, genausowenig aber «allein aus der Gewährleistung selbstbezogener individueller Freiheit leben» könne (S. 24f.). Es ginge eben nicht «ohne ein ein bestimmtes Wir-Gefühl vermittelndes einigendes Band», das viele Facetten aufweise, unter denen «die Religion eine wichtige, aber keineswegs die alleinige Rolle» (S. 25) spiele. Dieser wendet er sich dann auch sogleich zu, indem er ihr eine «tragende stabilisierende Kraft» (S. 25) durchaus zuspricht, dies allerdings nur unter der Voraussetzung ihrer (in Deutschland seit Jahrzehnten schwindenden) Vitalität und Wirksamkeit. Insofern schätzt er die tatsächlichen Möglichkeiten zu Recht sehr skeptisch ein und gelangt zu dem Ergebnis: «Der Staat kann mithin nur noch recht begrenzt und für die Zukunft mit abnehmender Tendenz auf die christliche Religion als gemeinsam verbindende und ein tragendes Ethos vermittelnde Kraft bauen.» (S. 27). Daneben findet noch die «Kultur» Platz, bei der er freilich sofort einräumt, daß sie zum einen nur etwas «tatsächlich Gegebenes» (S. 30), zum anderen ein «bewegliches, auch fließendes Element» (S. 31) ist. Übrig bleibt schließlich nur der Rekurs auf den schulischen Bildungs- und Erziehungsauftrag sowie den «Erhalt und die Förderung geisteswissenschaftlicher Bildung und Forschung» (S. 31) – sicherlich beides keine sonderlich massenwirk-

80 Böckenförde 2007. Die in der folgenden Textpassage in Klammern gesetzten Seitenzahlen beziehen sich auf diese Publikation.

samen Phänomene. Auch die im weiteren Gang der Argumentation entwickelte Vorstellung, die Gesetzesloyalität als «Grundlage des gemeinsamen Zusammenlebens» (S. 36) anzusehen, bleibt seltsam vage – setzen wir doch Gesetzesgehorsam schon immer und unverhandelbar als Grundlage verfaßter Staatlichkeit voraus, ohne daß die Frage nach den haltenden Kräften und dem Wir-Gefühl damit schon beantwortet wäre![81] Eigentlich liegt hier nur eine «Neubeschreibung des Problems»[82] vor.

Wenn komplexe Gesellschaften und politische Gemeinwesen auf Dauer bestehen sollen, müssen sie auf mehr bauen können als auf das reibungslose Funktionieren ihrer administrativen Organisationsstrukturen und die liberalen Freiheitsgarantien für ihre Bürger. Mit Begriffen wie Wir-Gefühl, Solidarität, Gemeinsinn etc. ist dieses Desiderat naturgemäß höchst unzulänglich und auch höchst vage umschrieben.[83] Doch daß es solche Sphären und Aktivitätszonen von zivilgesellschaftlichem Engagement geben muß, daß es eines lebendigen Vereinslebens, daß es der allgemeinen Wertschätzung von Freiheit und Selbstbestimmung bedarf, zudem einer prinzipiellen Friedfertigkeit und einer wechselseitigen Haltung der Toleranz, das alles läßt sich meines Erachtens gar nicht bestreiten.[84] Diese Haltungen speisen sich im Zweifel aus vielen und unterschiedlichen Quellen, und niemand wird diese im einzel-

81 Das Problem ist scharf erkannt bei Habermas 2005b, S. 22ff. mit seiner (in motivationaler Hinsicht getroffenen) Unterscheidung zwischen Rechtsadressaten (Gesellschaftsbürgern), bei denen Rechtsgehorsam genüge, und Staatsbürgern als Mitgesetzgebern: Bei diesen verlange es einen «kostspieligeren Motivationsaufwand, der legal nicht erzwungen werden kann» (S. 22); deswegen seien «politische Tugenden» wichtig (S. 23). Vgl. oben S. 209f.

82 So treffend Reiß 2008, S. 219, der konstatiert: «Ein ‹Ethos der Gesetzlichkeit› ist entweder, wenn es integrierende Kraft haben soll, *mehr* als ein bloßes Ethos der *Gesetzlichkeit*, oder, wenn es tatsächlich bloße Gesetzesloyalität beschreiben soll, *kein* gehaltvolles *Ethos* mehr.»

83 Ähnlich Hollerbach 1998, S. 33: «Toleranz, Solidarität und Gemeinsinn». – Zur Notwendigkeit politischer Tugenden auch Rawls 1992, S. 319ff., 379, 391ff. (er nennt Toleranz, Höflichkeit, Verantwortlichkeit, Sinn für Fairneß).

84 Als Element einer Theorie der Verfassungsvoraussetzungen ist das näher ausgearbeitet bei Isensee 2011a, § 190 Rn. 271ff., 312ff., 317ff.; siehe auch Hofmann 1977, S. 57ff., 63ff.; Dreier 1987, S. 139ff.; Dreier 2010, S. 34ff.

nen ganz exakt benennen oder gar in ihrer Relevanz allgemeingültig gewichten können. Aber daß ohne die Grundrechtsaktivität der Bürger, ohne anhaltendes politisches und gesellschaftliches Engagement, ohne die Fähigkeit zum friedlichen Austrag von Konflikten eine freiheitliche demokratische Ordnung auf Dauer nicht wird bestehen können, scheint mir sicher.[85] Dabei ist vielleicht der Dissens, ausgetragen im Modus geregelter Auseinandersetzung, noch wichtiger als die immer wieder gestellte und immer wieder unbeantwortet gebliebene Frage, worin eigentlich in einer so zerklüfteten, gespaltenen, heterogenen und pluralen Gesellschaft wie der unseren letztlich noch das Gemeinsame, das Einigende, das alle Verbindende liegt oder zu finden wäre. Vielleicht würde es schon reichen, wenn man sich einig darin wäre, allfällige Konflikte in geregelten Verfahren und auf einem klar abgesteckten Turnierfeld auszutragen. Nicht vager Konsens, sondern wohlgeordneter Dissens wäre dann das Programm – freilich in einer Art von verfassungsrechtlicher Rahmenordnung, deren Verbindlichkeit im Kern nicht in Frage gestellt werden dürfte.[86] Integrativ kann eben auch der friedliche Streit der Meinungen wirken. Lebendige Demokratie und zivile Streitkultur wären hier die zentralen Stichworte, getreu der Einsicht von Günter Dürig: «Nicht Differenzen vernichten das Gemeinsame, es tötet nur die Indifferenz.»[87]

So liegt denn der bleibende Wert des Böckenförde-Diktums darin, uns beharrlich daran zu erinnern, daß das politische Gemeinwesen seine Dauerhaftigkeit weder allein aus dem reibungslosen Funktionieren der staatlichen Institutionen noch aus der Gewährleistung beliebigen Freiheitsgebrauchs seiner Bürger gewinnen kann, sondern daß es eines gesellschaftlichen «Surplus» bedarf. Das Diktum ist ein Weckruf, ein Aufruf, ein Mahnruf. Wir sollten ihn nicht überhören.

85 Kräftiges Plädoyer in dieser Richtung bei Gramm 2017, insbesondere mit Hinweisen auf den Grundrechtsaktivismus und die Gemeinwohlorientierung der Bürger jenseits einer strengen Rechte- oder Pflichtendimension.

86 Die Grenze wird in der Verfassungsordnung des Grundgesetzes durch das Konzept der «streitbaren Demokratie» (vgl. Art. 9 Abs. 2, 18, 21 Abs. 2 GG) markiert. Dazu Dreier 1994, S. 750ff. und nunmehr eingehend BVerfGE 144, 20 (193ff., 202ff.).

87 Dürig 1963, S. 81.

Abkürzungsverzeichnis

AfkKR	Archiv für katholisches Kirchenrecht
AöR	Archiv des öffentlichen Rechts
APuZ	Aus Politik und Zeitgeschichte. Beilage zur Wochenzeitschrift «Das Parlament»
AR	Augsburger Religionsfrieden (1555)
ARSP	Archiv für Rechts- und Sozialphilosophie (bis 1933: Archiv für Rechts- und Wirtschaftsphilosophie)
Art.	Artikel
BVerfGE	Entscheidungen des Bundesverfassungsgerichts
BVerwGE	Entscheidungen des Bundesverwaltungsgerichts
CIC	Corpus Iuris Canonici
Daedalus	Daedalus. Journal of the American Academy of Arts and Sciences
Der Staat	Der Staat. Zeitschrift für Staatslehre und Verfassungsgeschichte, deutsches und europäisches Öffentliches Recht
DJT/Verh. DJT	Verhandlungen des Deutschen Juristentages
DVJS	Deutsche Vierteljahrsschrift für Literaturwissenschaft und Geistesgeschichte
DZPhil	Deutsche Zeitschrift für Philosophie
epd-Dokumentation	Zeitschrift des Evangelischen Pressedienstes
Ethica	Ethica – Wissenschaft und Verantwortung
EuGRZ	Europäische Grundrechte-Zeitschrift
EVKOMM	Evangelische Kommentare. Monatsschrift zum Zeitgeschehen in Kirche und Gesellschaft
FAZ	Frankfurter Allgemeine Zeitung
FS	Festschrift
GG	Grundgesetz für die Bundesrepublik Deutschland
GuG	Geschichte und Gesellschaft. Zeitschrift für historische Sozialwissenschaft
h. M.	herrschende Meinung
Hrsg.	Herausgeber
IPO	Instrumentum Pacis Osnabrugense (Osnabrücker Friedensvertrag von 1648)
Ius Commune	Ius Commune. Zeitschrift für Europäische Rechtsgeschichte
Ius Ecclesiasticum	Ius Ecclesiasticum. Beiträge zum evangelischen Kirchenrecht und Staatskirchenrecht

JAAR	Journal of the American Academy of Religion
JöR	Jahrbuch des öffentlichen Rechts
JRE	Jahrbuch für Recht und Ethik
JRP	Journal für Rechtspolitik
Jura	Juristische Ausbildung
JuS	Juristische Schulung
JZ	Juristenzeitung
KuR	Kirche und Recht
Leviathan	Leviathan. Berliner Zeitschrift für Sozialwissenschaft
LThK	Lexikon für Theologie und Kirche, herausgegeben von Walter Kasper, Freiburg, Sonderausgabe 2006 in 11 Bänden (= durchgesehene Auflage der 3. Auflage 1993–2001)
Merkur	Merkur. Deutsche Zeitschrift für europäisches Denken
MWG	Max Weber Gesamtausgabe, herausgegeben von Horst Baier, Gangolf Hübinger, M. Rainer Lepsius, Wolfgang J. Mommsen, Wolfgang Schluchter, Johannes Winckelmann
m. w. N.	mit weiteren Nachweisen
NJW	Neue Juristische Wochenschrift
NVwZ	Neue Zeitschrift für Verwaltungsrecht
RDH	Reichsdeputationshauptschluß (1803)
Redescriptions	Yearbook of Political Thought, Conceptual History and Feminist Theory
Rg	Rechtsgeschichte. Zeitschrift des Max-Planck-Instituts für europäische Rechtsgeschichte
RW	Rechtswissenschaft. Zeitschrift für rechtswissenschaftliche Forschung
StL	Staatslexikon, herausgegeben von der Görres-Gesellschaft
SZ	Süddeutsche Zeitung
ThLZ	Theologische Literaturzeitung
ThQ	Theologische Quartalschrift
TRE	Theologische Realenzyklopädie, Hauptherausgeber Gerhard Müller, 38 Bde., Berlin–New York 1977–2004
VVDStRL	Veröffentlichungen der Vereinigung der Deutschen Staatsrechtslehrer
WRV	Weimarer Reichsverfassung
ZEE	Zeitschrift für Evangelische Ethik
ZevKR	Zeitschrift für evangelisches Kirchenrecht
ZfP	Zeitschrift für Politik
ZfR	Zeitschrift für Religionswissenschaft
ZHF	Zeitschrift für Historische Forschung
ZRG KA	Zeitschrift der Savigny-Stiftung für Rechtsgeschichte. Kanonistische Abteilung
ZThK	Zeitschrift für Theologie und Kirche

Literaturverzeichnis

Althoff 2012

Althoff, Gerd: Libertas ecclesiae oder die Anfänge der Säkularisierung im Investiturstreit?, in: Karl Gabriel/Christel Gärtner/Detlef Pollack (Hrsg.), Umstrittene Säkularisierung. Soziologische und historische Analysen zur Differenzierung von Religion und Politik, Berlin 2012 (2. Aufl. 2014), S. 78–100.

Anschütz 1912

Anschütz, Gerhard: Die Verfassungs-Urkunde für den Preußischen Staat vom 31. Januar 1850. Ein Kommentar für Wissenschaft und Praxis. Erster [und einziger] Band: Einleitung; Die Titel vom Staatsgebiete und von den Rechten der Preußen, Berlin 1912.

Anschütz 1923

Anschütz, Gerhard: Drei Leitgedanken der Weimarer Reichsverfassung. Rede, gehalten bei der Jahresfeier der Universität Heidelberg am 22. November 1922, Tübingen 1923.

Anschütz 1932

Anschütz, Gerhard: Die Religionsfreiheit, in: Gerhard Anschütz/Richard Thoma (Hrsg.), Handbuch des Deutschen Staatsrechts, Bd. 2, Tübingen 1932, § 106 (S. 675–689).

Anschütz 1933

Anschütz, Gerhard: Die Verfassung des Deutschen Reichs vom 11. August 1919. Ein Kommentar für Wissenschaft und Praxis, 14. Aufl., Berlin 1933.

Anter 2014

Anter, Andreas: Entzauberung der Welt und okzidentale Rationalisierung (Weber), in: Thomas M. Schmidt/Annette Pitschmann (Hrsg.), Religion und Säkularisierung. Ein Handbuch, Stuttgart–Weimar 2014, S. 14–20.

Appleby 2000

Appleby, R. Scott: The Ambivalence of the Sacred. Religion, Violence, and Reconciliation, New York–Oxford u. a. 2000.

Arndt 1966

Arndt, Adolf: Umwelt und Recht, in: NJW 1966, S. 25–28.

Asche 2007

Asche, Matthias: Auswanderungsrecht und Migration aus Glaubensgründen – Kenntnisstand und Forschungsperspektiven zur *ius emigrandi* Regelung des Augsburger Religionsfriedens, in: Heinz Schilling/Heribert Smolinsky (Hrsg.), Der Augsburger Religionsfrieden 1555. Wissenschaftliches Symposion aus Anlass des 450. Jahrestages des Friedensschlusses, Münster 2007, S. 75–104.

Assmann 1990/2006

Assmann, Jan: Ma'at. Gerechtigkeit und Unsterblichkeit im alten Ägypten, 2. Aufl., München 2006.

Badura 1989

Badura, Peter: Der Schutz von Religion und Weltanschauung durch das Grundgesetz. Verfassungsfragen zur Existenz und Tätigkeit der neuen «Jugendreligionen», Tübingen 1989.

Ballestrem 1981

Ballestrem, Karl Graf: Zur Theorie und Geschichte des Emigrationsrechtes, in: Günter Birtsch (Hrsg.), Grund- und Freiheitsrechte im Wandel von Gesellschaft und Geschichte, Göttingen 1981, S. 146–161.

Behrendt 1980

Behrendt, Ethel Leonore: Gott im Grundgesetz. Der vergessene Grundwert «Verantwortung vor Gott», München 1980.

Bendix 1980 (I)

Bendix, Reinhard: Könige oder Volk. Machtausübung und Herrschaftsmandat, Erster Teil, Frankfurt a. M. 1980.

Berger 1969

Berger, Peter L.: The Sacred Canopy. Elements of a Sociological Theory of Religion, New York 1969 (dt.: Zur Dialektik von Religion und Gesellschaft. Elemente einer soziologischen Theorie, Frankfurt a. M. 1973).

Blumenberg 1964

Blumenberg, Hans: «Säkularisation». Kritik einer Kategorie historischer Illegitimität, in: Helmut Kuhn/Franz Wiedmann (Hrsg.), Die Philosophie und die Frage nach dem Fortschritt, München 1964, S. 240–265.

Blumenberg 1966

Blumenberg, Hans: Die Legitimität der Neuzeit, Frankfurt a. M. 1966.

Blumenberg 1974

Blumenberg, Hans: Säkularisierung und Selbstbehauptung. Erweiterte und überarbeitete Neuausgabe von «Die Legitimität der Neuzeit», erster und zweiter Teil, Frankfurt a. M. 1974.

Böckenförde 1967

Böckenförde, Ernst-Wolfgang: Die Entstehung des Staates als Vorgang der Säkularisation (1967), in: Ernst-Wolfgang Böckenförde, Staat, Gesellschaft, Freiheit. Studien zur Staatstheorie und zum Verfassungsrecht, Frankfurt a. M. 1976, S. 42–64.

Böckenförde 1969

Böckenförde, Ernst-Wolfgang: Entstehung und Wandel des Rechtsstaatsbegriffs, in: Festschrift für Adolf Arndt zum 65. Geburtstag, Frankfurt a. M. 1969, S. 53–76.

Böckenförde 1986

Böckenförde, Ernst-Wolfgang: Die verfassunggebende Gewalt des Volkes. Ein Grenzbegriff des Verfassungsrechts, Baden-Baden 1986.

Böckenförde 1989

Böckenförde, Ernst-Wolfgang: Stellung und Bedeutung der Religion in einer «Civil Society» (1989), in: Ernst-Wolfgang Böckenförde, Staat, Nation, Europa. Studien zur Staatslehre, Verfassungstheorie und Rechtsphilosophie, Frankfurt a. M. 1999, S. 256–275.

Böckenförde 1996
Böckenförde, Ernst-Wolfgang: Das Politische im Zeitalter der Systemtheorie, in: FAZ Nr. 55 v. 5. März 1996, S. 39.
Böckenförde 1997
Böckenförde, Ernst-Wolfgang: Auf dem Weg zum Klassiker, in: FAZ Nr. 158 v. 11. Juli 1997, S. 35.
Böckenförde 2004
Böckenförde, Ernst-Wolfgang: Demokratie als Verfassungsprinzip, in: Josef Isensee/Paul Kirchhof (Hrsg.), Handbuch des Staatsrechts der Bundesrepublik Deutschland, Bd. II, 3. Aufl., Heidelberg 2004, § 24 (S. 429–496).
Böckenförde 2007
Böckenförde, Ernst-Wolfgang: Der säkularisierte Staat. Sein Charakter, seine Rechtfertigung und seine Probleme im 21. Jahrhundert, München 2007.
Böckenförde 2008
Böckenförde, Ernst-Wolfgang: Stellungnahme, in: Ethica 16 (2008), S. 369–371.
Borowski 2006
Borowski, Martin: Die Glaubens- und Gewissensfreiheit des Grundgesetzes, Tübingen 2006.
Braun 1984
Braun, Klaus: Kommentar zur Verfassung des Landes Baden-Württemberg, Stuttgart u. a. 1984.
Breuer 1998
Breuer, Stefan: Der Staat. Entstehung, Typen, Organisationsstadien, Reinbek 1998.
Brink 2014
Brink, Ulrike: Kommentierung von Art. 33, in: Lars Brocker/Michael Droege/Siegfried Jutzi (Hrsg.), Verfassung für Rheinland-Pfalz, Baden-Baden 2014, S. 331–341.
Britz 2013
Britz, Gabriele: Kommentierung von Art. 5 III (Wissenschaft), in: Horst Dreier (Hrsg.), Grundgesetz-Kommentar, Bd. I, 3. Aufl., Tübingen 2013, S. 792–838.
Brosius-Gersdorf 2013
Brosius-Gersdorf, Frauke: Kommentierung von Art. 7, in: Horst Dreier (Hrsg.), Grundgesetz-Kommentar, Bd. I, 3. Aufl., Tübingen 2013, S. 935–1021.
Campenhausen 2009
Campenhausen, Axel Freiherr von: Religionsfreiheit, in: Josef Isensee/Paul Kirchhof (Hrsg.), Handbuch des Staatsrechts der Bundesrepublik Deutschland, Bd. VII, 3. Aufl., Heidelberg 2009, § 157 (S. 597–662).
Casanova 1994
Casanova, José: Public Religions in the Modern World, Chicago 1994.
Casanova 2006
Casanova, José: Secularization Revisited: A Reply to Talal Asad, in: David Scott/Charles Hirschkind (eds.), Powers of the Secular Modern: Talal Asad and His Interlocutors, Stanford/Calif. 2006, S. 12–30.
Casanova 2015
Casanova, José: Europas Angst vor der Religion, 3. Aufl., Berlin 2015.

Cassirer 1949
Cassirer, Ernst: Der Mythus des Staates. Philosophische Grundlagen politischen Verhaltens (1949), 2. Aufl., Zürich–München 1978.
Conrad 1961
Conrad, Hermann: Religionsbann, Toleranz und Parität am Ende des Alten Reiches (1961), in: Heinrich Lutz (Hrsg.), Zur Geschichte der Toleranz und Religionsfreiheit, Darmstadt 1977, S. 155–192.
Conze 1984
Conze, Werner: Art. Säkularisation, Säkularisierung (I), in: Otto Brunner/Werner Conze/Reinhart Koselleck (Hrsg.), Geschichtliche Grundbegriffe, Bd. 5, Stuttgart 1984, S. 790–791.
Czermak 2008
Czermak, Gerhard: Religions- und Weltanschauungsrecht. Eine Einführung, Berlin–Heidelberg 2008.
Czermak 2016
Czermak, Gerhard: Das Böckenförde-Dilemma. Bedeutung, Missbrauch und Kritik des geflügelten Worts, in: Gerhard Czermak, Weltanschauung in Grundgesetz und Verfassungswirklichkeit. Eine kritische Einführung auch für Nichtjuristen, Aschaffenburg 2016, S. 101–110.
Deike 1999
Deike, Heinz: «Im Bewußtsein seiner Verantwortung vor Gott und den Menschen …». Zur Geschichte der Präambel des Grundgesetzes und der in ihr enthaltenen sog. «invocatio», der Bezugnahme auf Gott, in: Günter Brakelmann/Norbert Friedrich/Traugott Jähnichen (Hrsg.), Auf dem Weg zum Grundgesetz. Beiträge zum Verfassungsverständnis des neuzeitlichen Protestantismus, Münster 1999, S. 190–210.
Depenheuer 2007a
Depenheuer, Otto: Das Bürgeropfer im Rechtsstaat. Staatsphilosophische Überlegungen zu einem rechtsstaatlichen Tabu, in: Otto Depenheuer u. a. (Hrsg.), Staat im Wort. Festschrift für Josef Isensee, Heidelberg 2007, S. 43–60.
Depenheuer 2007b
Depenheuer, Otto: Selbstbehauptung des Rechtsstaates, Paderborn u. a. 2007.
Depenheuer 2009
Depenheuer, Otto: Die Kraft des Mythos und die Rationalität des Rechts. Einführung, in: Otto Depenheuer (Hrsg.), Mythos als Schicksal. Was konstituiert die Verfassung?, Wiesbaden 2009, S. 7–24.
Di Fabio 2008
Di Fabio, Udo: Staat und Kirche: Christentum und Rechtskultur als Grundlage des Staatskirchenrechts, in: Die Verfassungsordnung für Religion und Kirche in Anfechtung und Bewährung, (= Essener Gespräche zum Thema Staat und Kirche, Bd. 42), Münster 2008, S. 129–144 (auch in: Christian Hillgruber [Hrsg.], Das Christentum und der Staat. Annäherungen an eine komplexe Beziehung und ihre Geschichte, Göttingen 2014, S. 91–109).
Di Fabio 2016
Di Fabio, Udo: Begegnung mit dem Absoluten, in: FAZ Nr. 299 v. 22. Dezember 2016, S. 6.

Dreier 1987
Dreier, Horst: Staatliche Legitimität, Grundgesetz und neue soziale Bewegungen, in: Joseph Marko/Armin Stolz (Hrsg.), Demokratie und Wirtschaft, Wien–Köln–Graz 1987, S. 139–185.

Dreier 1988
Dreier, Horst: Demokratische Repräsentation und vernünftiger Allgemeinwille. Die Theorie der amerikanischen Federalists im Vergleich mit der Staatsphilosophie Kants, in: AöR 113 (1988), S. 450–483.

Dreier 1994
Dreier, Horst: Grenzen demokratischer Freiheit im Verfassungsstaat, in: JZ 1994, S. 741–752.

Dreier 2002
Dreier, Horst: Kanonistik und Konfessionalisierung – Marksteine auf dem Weg zum Staat, in: JZ 2002, S. 1–13.

Dreier 2007
Dreier, Horst: Grundlagen und Grundzüge staatlichen Verfassungsrechts: Deutschland, in: Armin von Bogdandy/Peter M. Huber (Hrsg.), Handbuch Ius Publicum Europaeum, Bd. I, Heidelberg 2007, § 1 (S. 3–85).

Dreier 2008
Dreier, Horst: Religion und Verfassungsstaat im Kampf der Kulturen, in: Horst Dreier/Eric Hilgendorf (Hrsg.), Kulturelle Identität als Grund und Grenze des Rechts. Akten der IVR-Tagung vom 28.–30. September 2006 in Würzburg (= ARSP-Beiheft Nr. 113), Stuttgart 2008, S. 11–28.

Dreier 2009
Dreier, Horst: Gilt das Grundgesetz ewig? Fünf Kapitel zum modernen Verfassungsstaat (= Carl Friedrich von Siemens Stiftung, Reihe «Themen», Bd. 91), München 2009.

Dreier 2010
Dreier, Horst: Der freiheitliche Verfassungsstaat als riskante Ordnung, in: RW 1 (2010), S. 11–38.

Dreier 2011
Dreier, Horst: Säkularisierung des Staates am Beispiel der Religionsfreiheit, in: Rg 19 (2011), S. 72–86.

Dreier 2013
Dreier, Horst: Säkularisierung und Sakralität. Zum Selbstverständnis des modernen Verfassungsstaates (mit Kommentaren von Christian Hillgruber und Uwe Volkmann), Tübingen 2013 [Nachdruck 2014].

Dreier 2013a
Dreier, Horst: Kommentierung der Präambel, der Vorbemerkungen vor Art. 1 GG, des Art. 1 Abs. 1 und des Art. 1 Abs. 2 GG, in: Horst Dreier (Hrsg.), Grundgesetz-Kommentar, Bd. I, 3. Aufl., Tübingen 2013, S. 1–41, 42–153, 154–261, 262–279.

Dreier 2013b
Dreier, Horst: Bioethik – Politik und Verfassung, Tübingen 2013.

Dreier 2014
Dreier, Horst: Grund- und Menschenrechte, in: Horst Dreier, Idee und Gestalt des freiheitlichen Verfassungsstaates, Tübingen 2014, S. 39–69.

Dreier 2015

Dreier, Horst: Kommentierung zu Art. 20 GG (Demokratie), in: Horst Dreier (Hrsg.), Grundgesetz-Kommentar, Bd. II, 3. Aufl., Tübingen 2015, S. 27–116.

Dreier 2015a

Dreier, Horst: Gott und Spott, in: SZ Nr. 274 v. 27. November 2015, S. 11.

Dreier 2016

Dreier, Horst: Recht und Gerechtigkeit, in: Assunta Verrone/Peter Nickl (Hrsg.), Welche Gerechtigkeit? Texte zum 4. Festival der Philosophie Hannover 2014, Münster 2016, S. 64–80.

Dreischer et al. 2013

Dreischer, Stephan/Lundgreen, Christoph/Scholz, Sylka/Schulz, Daniel: Transzendenz und Konkurrenz: eine Einführung, in: dies. (Hrsg.), Jenseits der Geltung. Konkurrierende Transzendenzbehauptungen von der Antike bis zur Gegenwart, Berlin–Boston/Mass. 2013, S. 1–26.

Droege 2006

Droege, Michael: Art. Neutralität, in: Werner Heun/Martin Honecker/Martin Morlok/Joachim Wieland (Hrsg.), Evangelisches Staatslexikon, Neuausgabe [= 4. Aufl.], Stuttgart 2006, Sp. 1620–1624.

Droege 2012

Droege, Michael: Art. Säkularisation/Säkularisierung, in: Hans Michael Heinig/Hendrik Munsonius (Hrsg.), 100 Begriffe aus dem Staatskirchenrecht, Tübingen 2012, S. 218–220.

Dürig 1963

Dürig, Günter: Grundrechtsverwirklichung auf Kosten von Grundrechten?, in: Summum ius summa iniuria. Individualgerechtigkeit und der Schutz allgemeiner Werte im Rechtsleben. Ringvorlesung, gehalten von Mitgliedern der Tübinger Juristenfakultät im Rahmen des Dies academicus Wintersemester 1962/63, Tübingen 1963, S. 80–96.

Ebers 1930

Ebers, Godehard Josef: Art. 137, 138, 140, 141. Religionsgesellschaften, in: Hans Carl Nipperdey (Hrsg.), Die Grundrechte und Grundpflichten der Reichsverfassung, Bd. 2, Berlin 1930, S. 361–427.

Ebertz 2010

Ebertz, Michael N.: Säkularisierung, Entchristlichung oder Entkirchlichung? Eine religionssoziologische Perspektive, in: Thomas Dienberg (Hrsg.), Woran glaubt Europa? Zwischen Säkularisierung und der Rückkehr des Religiösen, Münster 2010, S. 17–42.

Ebertz 2014

Ebertz, Michael N.: Was unter «Säkularisierung» verstanden werden kann, in: Archiv für katholisches Kirchenrecht 183 (2014), S. 353–374.

Engi 2017

Engi, Lorenz: Die religiöse und ethische Neutralität des Staates. Theoretischer Hintergrund, dogmatischer Gehalt und praktische Bedeutung eines Grundsatzes des schweizerischen Staatsrechts, Zürich–Basel–Genf 2017.

Enns/Weiße 2016

Fernando Enns/Wolfram Weiße (Hrsg.), Gewaltfreiheit und Gewalt in den Religionen. Politische und theologische Herausforderungen, Münster–New York 2016.

Ennuschat 2002
Ennuschat, Jörg: Kommentierung des Artikel 7, in: Wolfgang Löwer/Peter J. Tettinger (Hrsg.), Kommentar zur Verfassung des Landes Nordrhein-Westfalen, Stuttgart 2002, S. 208–224.

Enzensperger 2015
Enzensperger, Daniel: Verfassungsmäßigkeit eines pauschalen Kopftuchverbots für Lehrkräfte an öffentlichen Schulen, in: NVwZ 2015, S. 871–873.

Erbentraut 2008
Erbentraut, Philipp: Review. Ulrich Haltern 2007. Was bedeutet Souveränität? Tübingen, in: Redescriptions 12 (2008), S. 285–289.

Erkens 2002
Erkens, Franz-Reiner (Hrsg.), Die Sakralität von Herrschaft. Herrschaftslegitimierung im Wechsel der Zeiten und Räume. Fünfzehn interdisziplinäre Beiträge zu einem weltweiten epochenübergreifenden Phänomen, Berlin 2002.

Essen 2001
Essen, Georg: Der «Präambelgott» – Verfassungsanker oder Verfassungsstörer? Theologische Anmerkungen zur verfassungsrechtlichen und rechtsphilosophischen Bedeutung der nominatio dei im Grundgesetz für die Bundesrepublik Deutschland, in: KuR 7 (2001), S. 125–138.

Essen 2004
Essen, Georg: Sinnstiftende Unruhe im System des Rechts. Religion im Beziehungsgeflecht von modernem Verfassungsstaat und säkularer Zivilgesellschaft, Göttingen 2004.

Fateh-Moghadam 2014
Fateh-Moghadam, Bijan: Die religiös-weltanschauliche Neutralität des Strafrechts. Zur strafrechtlichen Beobachtung religiöser Pluralisierung, Habilitationsschrift, Manuskript Münster 2014 (erscheint im Druck: Tübingen 2018).

Fateh-Moghadam 2014a
Fateh-Moghadam, Bijan: Sakralisierung des Strafrechts? Zur Renaissance der Rechts- und Sozialphilosophie Émile Durkheims, in: Hermann-Josef Große Kracht (Hrsg.), Der moderne Glaube an die Menschenwürde. Philosophie, Soziologie und Theologie im Gespräch mit Hans Joas, Bielefeld 2014, S. 129–150.

Fateh-Moghadam et al. 2015
Fateh-Moghadam, Bijan/Gutmann, Thomas/Neumann, Michael/Weitin, Thomas: Säkulare Tabus. Die Begründung von Unverfügbarkeit, Berlin 2015.

Fischer 2009
Fischer, Karsten: Die Zukunft einer Provokation. Religion im liberalen Staat, Berlin 2009.

Foljanty 2013
Foljanty, Lena: Recht oder Gesetz. Juristische Identität und Autorität in den Naturrechtsdebatten der Nachkriegszeit, Tübingen 2013.

Forst 2003
Forst, Rainer: Toleranz im Konflikt. Geschichte, Gehalt und Gegenwart eines umstrittenen Begriffs, Frankfurt a. M. 2003.

Franzius 2015
Franzius, Claudio: Vom Kopftuch I zum Kopftuch II – Rückkehr zur Verhältnismäßigkeitsprüfung?, in: Der Staat 54 (2015), S. 435–452.

Friedrich 1999
Friedrich, Martin: Die Anfänge des neuzeitlichen Staatskirchenrechts: Vom preußischen Allgemeinen Landrecht (1794) bis zur Paulskirchenverfassung (1848/49), in: Günter Brakelmann/Norbert Friedrich/Traugott Jähnichen (Hrsg.), Auf dem Weg zum Grundgesetz. Beiträge zum Verfassungsverständnis des neuzeitlichen Protestantismus, Münster 1999, S. 13–29.

Fuchs 2010
Fuchs, Ralf-Peter: Ein ‹Medium zum Frieden›. Die Normaljahrsregel und die Beendigung des Dreißigjährigen Krieges, München 2010.

Fürstenau 1891
Fürstenau, Hermann: Das Grundrecht der Religionsfreiheit nach seiner geschichtlichen Entwickelung und heutigen Geltung in Deutschland, Leipzig 1891.

Gabriel 2008
Gabriel, Karl: Jenseits von Säkularisierung und Wiederkehr der Götter, in: APuZ 58 (2008), Heft 52, S. 9–15.

Gabriel 2012
Gabriel, Ingeborg: Erosion der Demokratie? Eine Problemanzeige (= Kirche und Gesellschaft Nr. 394), Köln 2012.

Gabriel/Spieß 2014
Gabriel, Karl/Spieß, Christian: Das Zweite Vatikanum und die Religionsfreiheit: Eine kopernikanische Wende?, in: Hermann-Josef Große Kracht/Klaus Große Kracht (Hrsg.), Religion – Recht – Republik. Studien zu Ernst-Wolfgang Böckenförde, Paderborn 2014, S. 77–89.

Gärditz 2010
Gärditz, Klaus Ferdinand: Säkularität der Verfassung, in: Otto Depenheuer/Christoph Grabenwarter (Hrsg.), Verfassungstheorie, Tübingen 2010, § 5 (S. 153–198).

Geis 2014
Geis, Max-Emanuel: Kommentierung des Artikel 131, in: Theodor Meder/Winfried Brechmann (Hrsg.), Die Verfassung des Freistaates Bayern. Kommentar, 5. Aufl., Stuttgart u. a. 2014, S. 1150–1157.

Gerhardt 2007
Gerhardt, Volker: Die säkulare Verantwortung der Politik, in: Ludger Heidbrink/Alfred Hirsch (Hrsg.), Staat ohne Verantwortung? Zum Wandel der Aufgaben von Staat und Politik, Frankfurt a. M. 2007, S. 119–141.

Giesing 2002
Giesing, Benedikt: Religion und Gemeinschaftsbildung. Max Webers vergleichende Theorie, Opladen 2002.

Goerlich 2001
Goerlich, Helmut: Art 140 GG, Art. 137 Abs. 5 S. 2 WRV und Verfahrenseingriffe: eine weitere Begegnung der Zeugen Jehovas mit staatlichem Recht, (Anmerkung zu: BVerwG, Urt. v. 21.12.2000 – 7 C 1/01), in: NVwZ 2001, S. 1369–1371.

Goerlich 2004
Goerlich, Helmut: Der Gottesbezug in Verfassungen, in: Helmut Goerlich/Wolfgang Huber/Karl Lehmann, Verfassung ohne Gottesbezug? Zu einer aktuellen Kontroverse, Leipzig 2004, S. 9–43.

Goerlich 2011
Goerlich, Helmut: Säkularität – Religiosität – Egalität – in einer nicht nur auf die Grenzen verfasster Rechte fixierten Perspektive, in: Denkströme. Journal der Sächsischen Akademie der Wissenschaften zu Leipzig, Heft 7 (2011), S. 33–52.

Goerlich 2014
Goerlich, Helmut: Die Legitimation von Verfassung, Recht und Staat bei Ernst-Wolfgang Böckenförde, in: Reinhard Mehring/Martin Otto (Hrsg.), Voraussetzungen und Garantien des Staates. Ernst-Wolfgang Böckenfördes Staatsverständnis, Baden-Baden 2014, S. 194–223.

Gorschenek 1977
Günther Gorschenek (Hrsg.), Grundwerte in Staat und Gesellschaft, München 1977.

Gosewinkel 2011
Gosewinkel, Dieter: «Beim Staat geht es nicht allein um Macht, sondern um die staatliche Ordnung als Freiheitsordnung». Biographisches Interview mit Ernst-Wolfgang Böckenförde, in: Wissenschaft, Politik, Verfassungsgericht. Aufsätze von Ernst-Wolfgang Böckenförde. Biographisches Interview von Dieter Gosewinkel, Frankfurt a. M. 2011, S. 305–486.

Gotthard 2004
Gotthard, Axel: Der Augsburger Religionsfrieden, Münster 2004.

Gräb-Schmidt 2013
Gräb-Schmidt, Elisabeth: Abschied von der Säkularisierungsthese. Herausforderungen für die protestantische Theologie der Gegenwart im Anschluss an Friedrich Schleiermacher und Karl Barth, in: ZThK 110 (2013), S. 74–108.

Graf 2003
Graf, Friedrich Wilhelm: Art. Overbeck, in: Hans Dieter Betz/Don S. Browning/Bernd Janowski/Eberhard Jüngel (Hrsg.), Religion in Geschichte und Gegenwart. Handwörterbuch für Theologie und Religionswissenschaft, 4. Aufl., Bd. 6, Tübingen 2003, Sp. 758–759.

Graf 2004
Graf, Friedrich Wilhelm: Die Wiederkehr der Götter. Religion in der modernen Kultur, München 2004.

Graf 2005
Graf, Friedrich Wilhelm: Art. Rothe, Richard, in: Neue Deutsche Biographie, Bd. 22, Berlin 2005, S. 119–120.

Graf 2006
Graf, Friedrich Wilhelm: Der Protestantismus. Geschichte und Gegenwart, München 2006.

Graf 2009
Graf, Friedrich Wilhelm: Missbrauchte Götter. Zum Menschenbilderstreit in der Moderne, München 2009.

Graf 2013
Graf, Friedrich Wilhelm: Einleitung, in: Friedrich Wilhelm Graf/Heinrich Meier (Hrsg.), Politik und Religion. Zur Diagnose der Gegenwart, München 2013, S. 7–45.

Graf 2014
Graf, Friedrich Wilhelm: Götter global. Wie die Welt zum Supermarkt der Religionen wird, München 2014.

Graf/Meier 2010
Graf, Friedrich Wilhelm/Meier, Heinrich (Hrsg.), Der Tod im Leben. Ein Symposion (2004), 5. Aufl., München 2010.

Graf/Mosebach 2015
Graf, Friedrich Wilhelm/Mosebach, Martin: Sind wir Christen noch bei Trost?, in: FAZ Nr. 299 v. 24. Dezember 2015, S. 11.

Grawert 2008
Grawert, Rolf: Verfassung für das Land Nordrhein-Westfalen, 2. Aufl., Wiesbaden 2008.

Gramm 2017
Gramm, Christof: Verfassungskultur, in: FAZ Nr. 166 v. 20. Juli 2017, S. 8.

Grimm 2007/2008
Grimm, Dieter: Nach dem Karikaturenstreit: Brauchen wir eine neue Balance zwischen Pressefreiheit und Religionsschutz? Vortrag vom 12. März 2007, in: Juristische Studiengesellschaft, Jahresband 2007/2008, Heidelberg, S. 21–36.

Grimm 2012
Grimm, Dieter: Was schuldet der Staat der Religion?, in: SZ Nr. 222 v. 25. September 2012, S. 12.

Groh 1998
Groh, Ruth: Arbeit an der Heillosigkeit der Welt. Zur politisch-theologischen Mythologie und Anthropologie Carl Schmitts, Frankfurt a. M. 1998.

Große Kracht 2014a
Große Kracht, Hermann-Josef: Fünfzig Jahre Böckenförde-Theorem. Eine bundesrepublikanische Bekenntnisformel im Streit der Interpretationen, in: Hermann-Josef Große Kracht/Klaus Große Kracht (Hrsg.), Religion – Recht – Republik. Studien zu Ernst-Wolfgang Böckenförde, Paderborn 2014, S. 155–183.

Große Kracht 2014b
Große Kracht, Klaus: Unterwegs zum Staat. Ernst-Wolfgang Böckenförde auf dem Weg durch die intellektuelle Topographie der frühen Bundesrepublik, 1949–1964, in: Hermann-Josef Große Kracht/Klaus Große Kracht (Hrsg.), Religion – Recht – Republik. Studien zu Ernst-Wolfgang Böckenförde, Paderborn 2014, S. 11–40.

Grzeszick 2007
Grzeszick, Bernd: Verfassungstheoretische Grundlagen des Verhältnisses von Staat und Religion, in: Hans Michael Heinig/Christian Walter (Hrsg.), Staatskirchenrecht oder Religionsverfassungsrecht? Ein begriffspolitischer Grundsatzstreit, Tübingen 2007, S. 131–162.

Grundmann 1987
Grundmann, Siegfried: Art. Säkularisation, in: Roman Herzog u. a. (Hrsg.), Evangelisches Staatslexikon, 3. Aufl., Stuttgart 1987, Bd. 2, Sp. 3032–3037.

Gutmann 2011
Gutmann, Thomas: Säkularisierung und Normenbegründung, in: Nils Jansen/Peter Oestmann (Hrsg.), Gewohnheit. Gebot. Gesetz. Normativität in Geschichte und Gegenwart. Eine Einführung, Tübingen 2011, S. 221–248.

Gutmann 2013
Gutmann, Thomas: Religion und Normative Moderne, in: Ulrich Willems u. a. (Hrsg.), Moderne und Religion. Kontroversen um Modernität und Säkularisierung, Bielefeld 2013, S. 447–488.

Gutmann 2014
Gutmann, Thomas: Person (Rezension von: Hans Joas, Die Sakralität der Person. Eine neue Genealogie der Menschenrechte. Berlin: Suhrkamp 2011), in: Soziologische Revue 37 (2014), S. 503–506.

Gutmann 2015
Gutmann, Thomas: Recht als Kultur? Über die Grenzen des Kulturbegriffs als normatives Argument, Baden-Baden 2015.

Gutmann et al. 2012
Gutmann, Thomas/Jakl, Bernhard/Siep, Ludwig/Städtler, Michael: Einleitung, in: dies. (Hrsg.), Von der religiösen zur säkularen Begründung von Normen. Zum Verhältnis von Religion und Politik in der Philosophie der Neuzeit und in rechtssystematischen Fragen der Gegenwart, Tübingen 2012, S. 1–32.

Habermas 1994
Habermas, Jürgen: Faktizität und Geltung. Beiträge zur Diskurstheorie des Rechts und des demokratischen Rechtsstaates, 4. Aufl., Frankfurt a. M. 1994.

Habermas 2005a
Habermas, Jürgen: Religion in der Öffentlichkeit. Kognitive Voraussetzungen für den «öffentlichen Vernunftgebrauch» religiöser und säkularer Bürger, in: Jürgen Habermas, Zwischen Naturalismus und Religion. Philosophische Aufsätze, Frankfurt a. M. 2005, S. 119–154.

Habermas 2005b
Habermas, Jürgen: Vorpolitische Grundlagen des demokratischen Rechtsstaates?, in: Jürgen Habermas/Joseph Ratzinger, Dialektik der Säkularisierung. Über Vernunft und Religion, Freiburg i. Br.–Basel–Wien 2005, S. 15–38.

Habermas 2005c
Habermas, Jürgen: Zwischen Naturalismus und Religion. Philosophische Aufsätze, Frankfurt a. M. 2005.

Häberle 1982
Häberle, Peter: Präambeln im Text und Kontext von Verfassungen, in: Demokratie in Anfechtung und Bewährung. Festschrift für Johannes Broermann, Berlin 1982, S. 211–249.

Häberle 1987
Häberle, Peter: «Gott» im Verfassungsstaat?, in: Walther Fürst/Roman Herzog/Dieter C. Umbach (Hrsg.), Festschrift für Wolfgang Zeidler, Bd. 1, Berlin–New York 1987, S. 3–17.

Häberle 2013
Häberle, Peter: Eine Theorie des Religionsverfassungsrechts von 1976 – nach 35 Jahren wiedergelesen und im Verfassungsstaat fortgeschrieben, in: Thomas Holzner/Hannes

Ludyga (Hrsg.), Entwicklungstendenzen des Staatskirchen- und Religionsverfassungsrechts. Ausgewählte begrifflich-systematische, historische, gegenwartsbezogene und biographische Beiträge, Paderborn u. a. 2013, S. 29–71.

Hahn 2003

Hahn, Alois: Herrschaft und Religion, in: Joachim Fischer/Hans Joas (Hrsg.), Kunst, Macht und Institution. Studien zur philosophischen Anthropologie, soziologischen Theorie und Kultursoziologie der Moderne. Festschrift für Karl-Siegbert Rehberg, Frankfurt a. M.–New York 2003, S. 331–346.

Haltern 2003

Haltern, Ulrich: Recht als Tabu? Was Juristen nicht wissen wollen sollten, in: Otto Depenheuer (Hrsg.), Recht und Tabu, Wiesbaden 2003, S. 141–190.

Haltern 2007

Haltern, Ulrich: Was bedeutet Souveränität?, Tübingen 2007.

Haltern 2008

Haltern, Ulrich: Notwendigkeit und Umrisse einer Kulturtheorie des Rechts, in: Horst Dreier/Eric Hilgendorf (Hrsg.), Kulturelle Identität als Grund und Grenze des Rechts. Akten der IVR-Tagung vom 28.–30. September 2006 in Würzburg (= ARSP-Beiheft Nr. 113), Stuttgart 2008, S. 193–221.

Hammer 2006

Hammer, Felix: Art. Säkularisation, in: Werner Heun/Martin Honecker/Michael Morlok/Joachim Wieland (Hrsg.), Evangelisches Staatslexikon, Neuausgabe [= 4. Aufl.], Stuttgart 2006, Sp. 2069–2073.

Heckel 1980

Heckel, Martin: Säkularisierung. Staatskirchenrechtliche Aspekte einer umstrittenen Kategorie (1980), in: Martin Heckel, Gesammelte Schriften. Staat, Kirche, Recht, Geschichte, Bd. II (= Ius Ecclesiasticum 38), herausgegeben von Klaus Schlaich, Tübingen 1989, S. 773–911.

Heckel 1983

Heckel, Martin: Deutschland im konfessionellen Zeitalter (= Deutsche Geschichte Bd. 5), Göttingen 1983.

Heckel 1984

Heckel, Martin: Das Säkularisierungsproblem in der Entwicklung des deutschen Staatskirchenrechts, in: Gerhard Dilcher/Ilse Staff (Hrsg.), Christentum und modernes Recht. Beiträge zum Problem der Säkularisierung, Frankfurt a. M. 1984, S. 35–95.

Heckel 1987

Heckel, Martin: Art. Augsburger Religionsfriede, in: Roman Herzog u. a. (Hrsg.), Evangelisches Staatslexikon, 3. Aufl., Stuttgart 1987, Bd. 1, Sp. 111–117.

Heckel 1988

Heckel, Martin: Der Westfälische Friede als Instrument internationaler Friedenssicherung und religiös-weltanschaulicher Koexistenzordnung, in: JuS 1988, S. 336–341.

Heckel 1990

Heckel, Martin: «In Verantwortung vor Gott und den Menschen …» – Staatskirchenrecht und Kulturverfassung des Grundgesetzes 1949–1989, in: 40 Jahre Bundesrepublik Deutschland – 40 Jahre Rechtsentwicklung, herausgegeben von Mitgliedern der Juristischen Fakultät der Universität Tübingen, Tübingen 1990, S. 1–27.

Heckel 1997
Heckel, Martin: Religionsfreiheit. Eine säkulare Verfassungsgarantie, in: Martin Heckel, Gesammelte Schriften. Staat, Kirche, Recht, Geschichte, Bd. IV (= Ius Ecclesiasticum 58), herausgegeben von Klaus Schlaich, Tübingen 1997, S. 647–859.
Heckel 1999
Heckel, Martin: Kontinuität und Wandlung des deutschen Staatskirchenrechts unter den Herausforderungen der Moderne (1999), in: Martin Heckel, Gesammelte Schriften. Staat, Kirche, Recht, Geschichte, Bd. V (= Ius Ecclesiasticum 73), Tübingen 2004, S. 243–286.
Heckel 1999a
Heckel, Martin: Religionskunde im Lichte der Religionsfreiheit, in: Martin Heckel, Gesammelte Schriften. Staat, Kirche, Recht, Geschichte, Bd. V (= Ius Ecclesiasticum 73), Tübingen 2004, S. 484–561.
Heckel 2001
Heckel, Martin: Religionsbedingte Spannungen im Kulturverfassungsrecht (2001), in: Martin Heckel, Gesammelte Schriften. Staat, Kirche, Recht, Geschichte, Bd. V (= Ius Ecclesiasticum 73), Tübingen 2004, S. 365–399.
Heckel 2002
Heckel, Martin: Ius reformandi. Auf dem Weg zum «modernen» Staatskirchenrecht im Konfessionellen Zeitalter (2002), in: Martin Heckel, Gesammelte Schriften. Staat, Kirche, Recht, Geschichte, Bd. V (= Ius Ecclesiasticum 73), Tübingen 2004, S. 135–184.
Heckel 2003
Heckel, Martin: Zu den Anfängen der Religionsfreiheit im Konfessionellen Zeitalter (2003), in: Martin Heckel, Gesammelte Schriften. Staat, Kirche, Recht, Geschichte, Bd. V (= Ius Ecclesiasticum 73), Tübingen 2004, S. 81–134.
Heckel 2005
Heckel, Martin: Der Augsburger Religionsfriede. Sein Sinnwandel vom provisorischen Notstandsinstrument zum sakrosankten Reichsfundamentalgesetz religiöser Freiheit und Gleichheit, in: JZ 2005, S. 961–970.
Heckel 2007
Heckel, Martin: Vom Religionskonflikt zur Ausgleichsordnung. Der Sonderweg des deutschen Staatskirchenrechts vom Augsburger Religionsfrieden 1555 bis zur Gegenwart, München 2007.
Heckel 2009
Heckel, Martin: Zur Zukunftsfähigkeit des deutschen «Staatskirchenrechts» oder «Religionsverfassungsrechts»?, in: AöR 134 (2009), S. 309–390.
Heckel 2016
Heckel, Martin: Martin Luthers Reformation und das Recht. Die Entwicklung der Theologie Luthers und ihre Auswirkung auf das Recht unter den Rahmenbedingungen der Reichsreform und der Territorialstaatsbildung im Kampf mit Rom und den «Schwärmern», Tübingen 2016.
Hecker 2005
Hecker, Michael: Napoleonischer Konstitutionalismus in Deutschland, Berlin 2005.
Heimann 2016
Heimann, Hans Markus: Deutschland als multireligiöser Staat. Eine Herausforderung, Frankfurt a. M. 2016.

Heinig 2003
Heinig, Hans Michael: Öffentlich-rechtliche Körperschaften. Studien zur Rechtsstellung der nach Art. 138 Abs. 5 WRV korporierten Religionsgemeinschaften in Deutschland und in der Europäischen Union, Berlin 2003.

Heinig 2009
Heinig, Hans Michael: Verschärfung oder Abschied von der Neutralität? Zwei verfehlte Alternativen in der Debatte um den herkömmlichen Grundsatz religiös-weltanschaulicher Neutralität, in: JZ 2009, S. 1136–1140.

Heinig 2011
Heinig, Hans Michael: Rezension zu Karl Heinz Ladeur/Ino Augsberg: Toleranz – Religion – Recht. Die Herausforderung des «neutralen» Staates durch neue Formen von Religiosität in der postmodernen Gesellschaft, Tübingen 2007, in: ZevKR 56 (2011), S. 94–96.

Heinig/Morlok 2003
Heinig, Hans Michael/Morlok, Martin: Von Schafen und Kopftüchern. Das Grundrecht auf Religionsfreiheit in Deutschland vor den Herausforderungen religiöser Pluralisierung, in: JZ 2003, S. 777–785.

Heller 1934
Heller, Hermann: Staatslehre, Leiden 1934 (6. Aufl., Tübingen 1983).

Hennecke 2001
Hennecke, Frank: Kommentierung des Artikel 33, in: Christoph Grimm/Peter Caesar (Hrsg.), Verfassung für Rheinland-Pfalz. Kommentar, Baden-Baden 2001, S. 237–245.

Herms 2001
Herms, Eilert: Die weltanschaulich-religiöse Neutralität von Staat und Recht aus sozialethischer Sicht, in: Der Staat 40 (2001), S. 327–347 (auch in: Eilert Herms, Politik und Recht im Pluralismus, Tübingen 2008, S. 170–194).

Herold/Röder 2013
Herold, Maik/Röder, Jan: Die Präambel des Grundgesetzes zwischen Sachlichkeit und Numinosität, in: Stephan Dreischer/Christoph Lundgreen/Sylka Scholz/Daniel Schulz (Hrsg.), Jenseits der Geltung. Konkurrierende Transzendenzbehauptungen von der Antike bis zur Gegenwart, Berlin–Boston/Mass. 2013, S. 370–387.

Hesse 1995
Hesse, Konrad: Grundzüge des Verfassungsrechts der Bundesrepublik Deutschland, 20. Aufl., Heidelberg 1995.

Heun 2000
Heun, Werner: Die Begriffe der Religion und Weltanschauung in ihrer verfassungshistorischen Entwicklung, in: ZRG KA 86 (2000), S. 334–366.

Heun 2005
Heun, Werner: Diskussionsbemerkung, in: Religionen in Deutschland und das Staatskirchenrecht (= Essener Gespräche zum Thema Staat und Kirche, Bd. 39), Münster 2005, S. 133–134.

Heun 2006
Heun, Werner: Art. Säkularisierung (J), in: Werner Heun/Martin Honecker/Martin Morlok/Joachim Wieland (Hrsg.), Evangelisches Staatslexikon, Neuausgabe [= 4. Aufl.], Stuttgart 2006, Sp. 2073–2077.

Hildebrandt et al. 2001
Matthias Hildebrandt/Manfred Brocker/Harmut Behr (Hrsg.): Säkularisierung und Resakralisierung in westlichen Gesellschaften. Ideengeschichtliche und theoretische Perspektiven, Wiesbaden 2001.

Hillgruber 2007
Hillgruber, Christian: Staat und Religion. Überlegungen zur Säkularität, zur Neutralität und zum religiös-weltanschaulichen Fundament des modernen Staates, Paderborn u. a. 2007.

Hillgruber 2010
Hillgruber, Christian: Können Minderheiten Mehrheiten blockieren? Religionsbezüge staatlicher Ordnung zwischen individueller Religionsfreiheit und demokratischer Mehrheitsentscheidung, in: Kirche und Recht 16 (2010), S. 8–25.

Hillgruber 2013
Hillgruber, Christian: Kommentar, in: Horst Dreier, Säkularisierung und Sakralität. Zum Selbstverständnis des modernen Verfassungsstaates, Tübingen 2013, S. 119–133.

Hilpert 2006
Hilpert, Konrad: Im Namen Gottes. Anspruch und Grenzen der Religionsfreiheit, München 2006.

Hirsch 1926
Hirsch, Emanuel: Die idealistische Philosophie und das Christentum, Gütersloh 1926.

Hirsch 2002
Hirsch, Michael: Der Staat als Kirche. Die Gemeinschaft «des Politischen», in: Gralf-Peter Calliess/Matthias Mahlmann (Hrsg.), Der Staat der Zukunft (= ARSP-Beiheft 83), Stuttgart 2002, S. 155–171.

Hölscher 2017
Hölscher, Lucian: Protestantische Frömmigkeit in Deutschland – zwischen Reformation und säkularer Gesellschaft, Freiburg i. Br. 2017.

Hoesch 2014
Hoesch, Matthias: Vernunft und Vorsehung. Säkularisierte Eschatologie in Kants Religions- und Geschichtsphilosophie, Berlin–Boston 2014.

Hoffmann 2012
Hoffmann, Patrick: Die Weltanschauungsfreiheit. Analyse eines Grundrechts, Berlin 2012.

Hofmann 1977
Hofmann, Hasso: Legitimität und Rechtsgeltung. Verfassungstheoretische Bemerkungen zu einem Problem der Staatslehre und der Rechtsphilosophie, Berlin 1977.

Hofmann 1991
Hofmann, Hasso: Rechtsphilosophie, in: Peter Koslowski (Hrsg.), Orientierung durch Philosophie, Tübingen 1991, S. 118–145.

Hofmann 2009
Hofmann, Hasso: Recht und Kultur. Drei Reden, Berlin 2009.

Hofmann 2012
Hofmann, Hasso: Rechtsphilosophie nach 1945. Zur Geistesgeschichte der Bundesrepublik Deutschland, Berlin 2012.

Hollerbach 1967
Hollerbach, Alexander: Das Staatskirchenrecht in der Rechtsprechung des Bundesverfassungsgerichts, in: AöR 92 (1967), S. 99–127.
Hollerbach 1981
Hollerbach, Alexander: Das Staatskirchenrecht in der Rechtsprechung des Bundesverfassungsgerichts (II), in: AöR 106 (1981), S. 218–283.
Hollerbach 1989
Hollerbach, Alexander: Grundlagen des Staatskirchenrechts, in: Josef Isensee/Paul Kirchhof (Hrsg.), Handbuch des Staatsrechts der Bundesrepublik Deutschland, Bd. VI, Heidelberg 1989, § 138 (S. 471–555).
Hollerbach 1998
Hollerbach, Alexander: Religion und Kirche im freiheitlichen Verfassungsstaat, Berlin–New York 1998.
Holzke 2002
Holzke, Frank: Die «Neutralität» des Staates in Fragen von Religion und Weltanschauung, in: NVwZ 2002, S. 903–913.
Holzner 2014
Holzner, Thomas: Verfassung des Freistaates Bayern unter besonderer Berücksichtigung der Staats- und Kommunalverwaltung. Kommentar, München 2014.
Hötte 2013
Hötte, Franziska: Religiöse Schiedsgerichtsbarkeit. Angloamerikanische Rechtspraxis, Perspektive für Deutschland, Tübingen 2013.
Huber I
Huber, Ernst Rudolf: Deutsche Verfassungsgeschichte seit 1789, Bd. I: Reform und Restauration 1789 bis 1830, 2. Aufl., Stuttgart u. a. 1967 (Nachdruck 1975).
Huber II
Huber, Ernst Rudolf: Deutsche Verfassungsgeschichte seit 1789, Bd. II: Der Kampf um Einheit und Freiheit 1830 bis 1850, 3. Aufl., Stuttgart u. a. 1988.
Huber III
Huber, Ernst Rudolf: Deutsche Verfassungsgeschichte seit 1789, Bd. III: Bismarck und das Reich, 3. Aufl., Stuttgart u. a. 1988.
Huber 1999
Huber, Wolfgang: Säkularisierung, nicht Laizismus. Zum Verhältnis von Staat und Kirche in Deutschland, in: Eine Welt ohne Gott? Religion und Ethik in Staat, Schule und Gesellschaft, herausgegeben von Brigitte Sauzay und Rudolf von Thadden, Göttingen 1999, S. 35–42.
Huber 2006
Huber, Wolfgang: Gerechtigkeit und Recht. Grundlinien christlicher Rechtsethik (1996), 3. Aufl., Gütersloh 2006.
Huber 2008
Huber, Wolfgang: Kirche und Verfassungsordnung, in: Die Verfassungsordnung für Religion und Kirche in Anfechtung und Bewährung (= Essener Gespräche zum Thema Staat und Kirche, Bd. 42), Münster 2008, S. 7–26 (auch in: Christian Hillgruber [Hrsg.], Das Christentum und der Staat, Göttingen 2014, S. 111–133).

Hütter 2006
Hütter, Manfred: Art. Sakralisierung, Sakralität, in: Lexikon für Theologie und Kirche. Herausgegeben von Walter Kasper, Freiburg i. Br., Sonderausgabe 2006 in elf Bänden (= durchgesehene Ausgabe der 3. Auflage 1993–2001), Bd. 8, Sp. 1437.

Hufeld 2003
Hufeld, Ulrich (Hrsg.): Der Reichsdeputationshauptschluss von 1803. Eine Dokumentation zum Untergang des Alten Reiches, Köln 2003 (darin: Einleitung des Herausgebers, S. 1–32).

Huster 2002
Huster, Stefan: Die ethische Neutralität des Staates. Eine liberale Interpretation der Verfassung, Tübingen 2002.

Huster 2004
Huster, Stefan: Der Grundsatz der religiös-weltanschaulichen Neutralität des Staates – Gehalt und Grenzen (= Schriftenreihe der Juristischen Gesellschaft zu Berlin, Heft 176), Berlin 2004.

Huster 2015
Huster, Stefan: Gleichheit statt Freiheit. Die Verschiebung der Argumentationsgewichte im Religionsverfassungsrecht unter Bedingungen des Pluralismus, in: Hans Michael Heinig/Christian Walter (Hrsg.), Religionsverfassungsrechtliche Spannungsfelder, Tübingen 2015, S. 203–230.

Ingenfeld 2016
Ingenfeld, Martin: Fortschritt und Verfall. Zur Diskussion von Religion und Moderne im Ausgang von Joachim Ritter, Köln 2016.

Isensee 1987
Isensee, Josef: Staat und Verfassung, in: Josef Isensee/Paul Kirchhof (Hrsg.), Handbuch des Staatsrechts der Bundesrepublik Deutschland, Bd. I, Heidelberg u. a. 1987, § 13 (S. 591–661).

Isensee 1995
Isensee, Josef: Das Volk als Grund der Verfassung – Mythos und Relevanz der Lehre von der verfassunggebenden Gewalt –, Opladen 1995.

Isensee 2006
Isensee, Josef: Menschenwürde: die säkulare Gesellschaft auf der Suche nach dem Absoluten, in: AöR 131 (2006), S. 173–218.

Isensee 2011
Isensee, Josef: Würde des Menschen, in: Detlef Merten/Hans-Jürgen Papier (Hrsg.), Handbuch der Grundrechte in Deutschland und Europa, Bd. IV, Heidelberg 2011, § 87 (S. 3–135).

Isensee 2011a
Isensee, Josef: Grundrechtsvoraussetzungen und Verfassungserwartungen an die Grundrechtsausübung, in: Josef Isensee/Paul Kirchhof (Hrsg.), Handbuch des Staatsrechts der Bundesrepublik Deutschland, Bd. IX, 3. Aufl., Heidelberg 2011, § 190 (S. 265–411).

Joas 2007a
Joas, Hans: Gesellschaft, Staat und Religion. Ihr Verhältnis in der Sicht der Weltreligionen, in: Hans Joas/Klaus Wiegandt (Hrsg.), Säkularisierung und die Weltreligionen

(= Fünftes Kolloquium der Stiftung «Forum für Verantwortung»), Frankfurt a. M. 2007, S. 9–43.

Joas 2007b
Joas, Hans: Die religiöse Lage in den USA, in: Hans Joas/Klaus Wiegandt (Hrsg.), Säkularisierung und die Weltreligionen, Frankfurt a. M. 2007, S. 358–375.

Joas 2009
Joas, Hans: Die säkulare Option. Ihr Aufstieg und ihre Folgen, in: DZPhil 57 (2009), S. 293–300.

Joas 2011
Joas, Hans: Die Sakralität der Person. Eine neue Genealogie der Menschenrechte, Berlin 2011.

Joas 2011a
Joas, Hans: Wellen der Säkularisierung, in: Michael Kühnlein/Matthias Lutz-Bachmann (Hrsg.), Unerfüllte Moderne? Neue Perspektiven auf das Werk von Charles Taylor, Berlin 2011, S. 716–729.

Joas 2012
Joas, Hans: Glaube als Option. Zukunftsmöglichkeiten des Christentums, Freiburg i. Br.–Basel–Wien 2012.

Kamp 2010
Kamp, Manuel: Kommentierung des Artikel 7 NWV, in: Andreas Heusch/Klaus Schönenbroicher (Hrsg.), Die Landesverfassung Nordrhein-Westfalens. Kommentar, Siegburg 2010, S. 99–117.

Kasper 1988
Kasper, Walter: Art. Säkularisierung, in: Staatslexikon. Recht – Wirtschaft – Gesellschaft, herausgegeben von der Görres-Gesellschaft, 7. Aufl., Bd. IV, Freiburg i. Br. 1988, Sp. 993–998.

Kaube 2012
Kaube, Jürgen: Säkularisierung, Wiederkehr der Religion, in: Merkur 66 (2012), Nr. 762, S. 1039–1044.

Kelsen 1929
Kelsen, Hans: Vom Wesen und Wert der Demokratie, 2. Aufl., Tübingen 1929.

Kervegan 2018
Kervegan, Jean-François: Unsittliche Sittlichkeit? Überlegungen zum ‹Böckenförde-Theorem› und seine kritische Übernahme bei Habermas und Honneth, in: Pirmin Stekeler-Weithofer/Benno Zabel (Hrsg.), Philosophie der Republik, Tübingen 2018, S. 367–381.

Kirchhof 1995
Kirchhof, Paul: Die Kirchen als Körperschaften des öffentlichen Rechts, in: Joseph Listl/Dietrich Pirson (Hrsg.), Handbuch des Staatskirchenrechts der Bundesrepublik Deutschland, Bd. I, 2. Aufl., Berlin 1995, § 22 (S. 650–687).

Kirchhof 1999
Kirchhof, Paul: Der Beitrag der Kirchen zur Verfassungskultur der Freiheit, in: Karl-Hermann Kästner/Knut Wolfgang Nörr/Klaus Schlaich (Hrsg.), Festschrift für Martin Heckel zum siebzigsten Geburtstag, Tübingen 1999, S. 775–797.

Kirchhof 2005
Kirchhof, Paul: Die Freiheit der Religionen und ihr unterschiedlicher Beitrag zu einem freien Gemeinwesen, in: Religionen in Deutschland und das Staatskirchenrecht (= Essener Gespräche zum Thema Staat und Kirche, Bd. 39), Münster 2005, S. 105–118.

Kley 2005
Kley, Andreas: Sakralisierung von Staatsrecht und Politik, in: Mélanges en l'honneur de Pierre Moor, Bern 2005, S. 95–114.

Knecht 2007
Knecht, Ingo: Der Reichsdeputationshauptschluß vom 25. Februar 1803. Rechtmäßigkeit, Rechtswirksamkeit und verfassungsgeschichtliche Bedeutung, Berlin 2007.

Knoblauch 2009
Knoblauch, Hubert: Populäre Religion. Auf dem Weg in eine spirituelle Gesellschaft, Frankfurt a. M.–New York 2009.

Knöbl 2013
Knöbl, Wolfgang: Aufstieg und Fall der Modernisierungstheorie und des säkularen Bildes ‹moderner Gesellschaften›. Versuch einer Historisierung, in: Ulrich Willems u. a. (Hrsg.), Moderne und Religion. Kontroversen um Modernität und Säkularisierung, Bielefeld 2013, S. 75–116.

Köbele/Quast 2014
Köbele, Susanne/Quast, Bruno: Perspektiven einer mediävistischen Säkularisierungsdebatte. Zur Einführung, in: dies. (Hrsg.), Literarische Säkularisierung im Mittelalter, Berlin 2014, S. 9–20.

Korioth 2004
Korioth, Stefan: Vom institutionellen Staatskirchenrecht zum grundrechtlichen Religionsverfassungsrecht? Chancen und Gefahren eines Bedeutungswandels des Art. 140 GG, in: Michael Brenner/Peter M. Huber/Markus Möstl (Hrsg.), Der Staat des Grundgesetzes – Kontinuität und Wandel. Festschrift für Peter Badura zum 70. Geburtstag, Tübingen 2004, S. 727–747.

Korioth 2011
Korioth, Stefan: Freiheit der Kirchen und Religionsgemeinschaften, in: Detlef Merten/Hans-Jürgen Papier (Hrsg.), Handbuch der Grundrechte in Deutschland und Europa, Bd. IV, Heidelberg 2011, § 97 (S. 617–662).

Koschorke 2013
Koschorke, Albrecht: ‹Säkularisierung› und ‹Wiederkehr der Religion›. Zu zwei Narrativen der europäischen Moderne, in: Ulrich Willems u. a. (Hrsg.), Moderne und Religion. Kontroversen um Modernität und Säkularisierung, Bielefeld 2013, S. 237–260.

Koselleck 2000
Koselleck, Reinhart: Zeitverkürzung und Beschleunigung. Eine Studie zur Säkularisation, in: Reinhart Koselleck, Zeitschichten. Studien zur Historik, Frankfurt a. M. 2000, S. 177–202.

Krech 2003
Krech, Volkhard: Götterdämmerung. Auf der Suche nach Religion, Bielefeld 2003.

Krech 2015
Krech, Volker: Beobachtungen zu Sakralisierungsprozessen in der Moderne – mit einem Seitenblick auf Kunstreligion, in: Hermann Deuser/Markus Kleinert/Magnus

Schlette (Hrsg.), Metamorphosen des Heiligen. Struktur und Dynamik von Sakralisierung am Beispiel der Kunstreligion, Tübingen 2015, S. 411–425.

Kreß 2006
Kreß, Hartmut: Modernes Religionsrecht im Licht der Säkularisierung und des Grundrechts auf Religionsfreiheit. Ist das «Böckenförde-Diktum» heute noch tragfähig?, in: Theologische Literaturzeitung 131 (2006), S. 243–258.

Kreß 2008
Kreß, Hartmut: Religion, Staat und Toleranz angesichts des heutigen Pluralismus. Kritische Anmerkungen zum Böckenförde-Diktum, in: Ethica 16 (2008), S. 291–314.

Kreß 2008a
Kreß, Hartmut: Das Böckenförde-Diktum – im modernen Pluralismus noch tragfähig?, in: Humanismus und «Böckenförde-Diktum», herausgegeben im Auftrag der Humanistischen Akademie Berlin und mit einem Vorwort von Horst Groschopp (= humanismus aktuell, Heft 22), Berlin 2008, S. 7–19.

Kroeschell 1973
Kroeschell, Karl: Deutsche Rechtsgeschichte/2 (1250–1650), Reinbek bei Hamburg 1973.

Krüger 1966
Krüger, Herbert: Allgemeine Staatslehre (1964), 2. Aufl., Stuttgart 1966.

Krüper 2005
Krüper, Julian: Die grundrechtlichen Grenzen staatlicher Neutralität: Zum Inhalt eines Verfassungsprinzips – aus Anlaß des «Kopftuchstreits», in: JöR 53 (2005), S. 79–110.

Küenzlen 2003
Küenzlen, Gottfried: Die Wiederkehr der Religion – Lage und Schicksal in der säkularen Moderne, München 2003.

Kühne 1985
Kühne, Jörg-Detlef: Die Reichsverfassung der Paulskirche. Vorbild und Verwirklichung im späteren deutschen Rechtsleben, Frankfurt a. M. 1985.

Kühne 1994
Kühne, Jörg-Detlef: Kommentierung des Artikel 7 NWV (2. Ergänzungslieferung 1994), in: Gregor Geller/Kurt Kleinrahm/Alfred Dickersbach (Hrsg.), Die Verfassung des Landes Nordrhein-Westfalen, 3. Aufl., Göttingen 1977, S. 1–27.

Ladeur 2015
Ladeur, Karl-Heinz: Das islamische Kopftuch in der christlichen Gemeinschaftsschule, in: JZ 2015, S. 633–637.

Ladeur/Augsberg 2007a
Ladeur, Karl-Heinz/Augsberg, Ino: Der Mythos vom neutralen Staat, in: JZ 2007, S. 12–18.

Ladeur/Augsberg 2007b
Ladeur, Karl-Heinz/Augsberg, Ino: Toleranz – Religion – Recht. Die Herausforderung des «neutralen» Staates durch neue Formen der Religiosität in der postmodernen Gesellschaft, Tübingen 2007.

Lehmann 2004
Lehmann, Hartmut: Säkularisierung. Der europäische Sonderweg in Sachen Religion, Göttingen 2004.

Leicht 1974
Leicht, Robert: Das Grundgesetz – eine säkularisierte Heilsordnung?, in: APuZ 24 (1974), Heft 2–3, S. 3–8.
Leonhardt 2017
Leonhardt, Rochus: Religion und Politik im Christentum. Vergangenheit und Gegenwart eines spannungsreichen Verhältnisses, Baden-Baden 2017.
Link 2010
Link, Christoph: Kirchliche Rechtsgeschichte. Kirche, Staat und Recht in der europäischen Geschichte von den Anfängen bis ins 21. Jahrhundert, 2. Aufl., München 2010.
Löwith 1964
Löwith, Karl: Von Hegel zu Nietzsche. Der revolutionäre Bruch im Denken des neunzehnten Jahrhunderts (1950), 5. Aufl., Stuttgart 1964.
Lottes 2002
Lottes, Günther: Das Recht auf Glaubensfreiheit als Keimzelle des modernen Grundrechtsverständnisses vom 16. bis zum Ende des 20. Jahrhunderts, in: Margarete Grandner/Wolfgang Schmale/Michael Weinzierl (Hrsg.), Grund- und Menschenrechte. Historische Perspektiven – Aktuelle Problematiken, Wien–München 2002, S. 180–195.
Lübbe 1981
Lübbe, Hermann: Staat und Zivilreligion. Ein Aspekt politischer Legitimität (1981), in: Heinz Kleger/Alois Müller (Hrsg.), Religion des Bürgers. Zivilreligion in Amerika und Europa; mit einem neuen Vorwort: Von der atlantischen Zivilreligion zur Krise des Westens, 2. ergänzte Aufl., Münster 2011, S. 195–220.
Lübbe 1986
Lübbe, Hermann: Religion nach der Aufklärung, Graz–Wien–Köln 1986.
Lübbe 2003
Lübbe, Hermann: Säkularisierung. Geschichte eines ideenpolitischen Begriffs (1965), 3. Aufl. mit einem neuen Nachwort, Freiburg i. Br.–München 2003.
Lübbe 2008
Lübbe, Hermann: Krisen zivilisatorischer Evolution. Über Säkularisierungszwänge, in: Voegeliniana. Occasional Papers No. 65, April 2008, S. 7–36.
Lüddecke 2011
Lüddecke, Dirk: Heilig sei fortan jedes menschliche Wesen, in: SZ Nr. 275 v. 29. November 2011, S. 14.
Maclure/Taylor 2011
Maclure, Jocelyn/Taylor, Charles: Laizität und Gewissensfreiheit, Berlin 2011.
Mahlmann 2016
Mahlmann, Matthias: Religionsfreiheit und Grundrechtsordnung, in: Logi Gunnarsson/Norman Weiß (Hrsg.), Menschenrechte und Religion: Kongruenz oder Konflikt? Berlin 2016, S. 59–73.
Mahrenholz 2009
Mahrenholz, Ernst Gottfried: «Verantwortung vor Gott und den Menschen». Gedanken zur Präambel des Grundgesetzes, in: JöR 57 (2009), S. 61–70.
Maier 2003
Maier, Hans: Säkularisation. Schicksale eines Rechtsbegriffs im neuzeitlichen Europa, in: Alois Schmid (Hrsg.), Die Säkularisation in Bayern 1803, München 2003, S. 1–28.

Marramao 1992
Marramao, Giacomo: Art. Säkularisierung, in: Joachim Ritter/Karlfried Gründer (Hrsg.), Historisches Wörterbuch der Philosophie, Bd. 8, Basel 1992, Sp. 1133–1161.
Marramao 1999
Marramao, Giacomo: Die Säkularisierung der westlichen Welt, Frankfurt a. M.–Leipzig 1999.
Maurer 1999
Maurer, Hartmut: Idee und Wirklichkeit der Grundrechte, in: JZ 1999, S. 689–697.
Maurer 2003
Maurer, Hartmut: Gott in der Verfassung, in: Mensch und Staat. Festgabe der Rechtswissenschaftlichen Fakultät der Universität Freiburg für Thomas Fleiner zum 65. Geburtstag, Freiburg, Schweiz 2003, S. 395–411.
Meier 1994/2009
Meier, Heinrich: Die Lehre Carl Schmitts. Vier Kapitel zur Unterscheidung Politischer Theologie und Politischer Philosophie (1994), 3. Aufl., Stuttgart–Weimar 2009.
Meier 2010
Meier, Heinrich (Hrsg.), Über das Glück. Ein Symposion (2008), 2. Aufl., München 2010.
Meier 1988/2013
Meier, Heinrich: Carl Schmitt, Leo Strauss und der «Begriff des Politischen». Zu einem Dialog unter Abwesenden (1988), 3. Aufl., Stuttgart–Weimar 2013.
Meier 2013
Meier, Heinrich: Epilog. Politik, Religion und Philosophie, in: Friedrich Wilhelm Graf/Heinrich Meier (Hrsg.), Politik und Religion. Zur Diagnose der Gegenwart, München 2013, S. 301–313.
Meier/Neumann 2010
Meier, Heinrich/Neumann, Gerhard (Hrsg.), Über die Liebe. Ein Symposion (2001), 4. Aufl., München 2010.
Meinel 2011
Meinel, Florian: Der Jurist in der industriellen Gesellschaft. Ernst Forsthoff und seine Zeit, Berlin 2011.
Menke 2017
Menke, Christoph: Am Tag der Krise, in: Merkur 71 (2017), Heft 820, S. 49–57.
Mertens/Köhler 2008
Christian Mertens/Thomas Köhler: Schlüsselbegriff: Säkularität. Wenn es um das Maß geht. Zum Verhältnis von Staat und Kirche, Politik und Religion, in: Christian Sebastian Moser/Peter Danich/Dietmar Halper (Hrsg.), Schlüsselbegriffe der Demokratie, Wien–Köln–Weimar 2008, S. 195–210.
Mertesdorf 2008
Mertesdorf, Christine: Weltanschauungsgemeinschaften. Eine verfassungsrechtliche Betrachtung mit Darstellung einzelner Gemeinschaften, Frankfurt a. M. 2008.
Meßerschmidt 2000
Meßerschmidt, Klaus: Gesetzgebungsermessen, Berlin 2000.
Mirbt 1930
Mirbt, Hermann: Art. 135 und 136. Glaubens- und Gewissensfreiheit, in: Hans Carl

Nipperdey (Hrsg.), Die Grundrechte und Grundpflichten der Reichsverfassung, Bd. 2, Berlin 1930, S. 319–360.

Mohr 2009
Mohr, Gerhard: Kommentierung des Artikel 30, in: Rudolf Wendt/Roland Rixecker (Hrsg.), Verfassung des Saarlandes. Kommentar, Saarbrücken 2009, S. 240–241.

Möllers 2000
Möllers, Christoph: Staat als Argument, München 2000 (2. Aufl., Tübingen 2011).

Möllers 2008
Möllers, Christoph: Die drei Gewalten. Legitimation der Gewaltengliederung in Verfassungsstaat, europäischer Integration und Internationalisierung, Weilerswist 2008.

Möllers 2009
Möllers, Christoph: Religiöse Freiheit als Gefahr?, in: VVDStRL 68 (2009), S. 47–93.

Möllers 2011
Möllers, Christoph: Etwas am Menschen ist heilig, in: Die Zeit Nr. 42 v. 13. Oktober 2011, S. 51.

Möllers 2011a
Möllers, Christoph: Demokratische Ebenengliederung, in: Öffentliches Recht im öffentlichen Staat. Festschrift für Rainer Wahl zum 70. Geburtstag, herausgegeben von Ivo Appel, Georg Hermes und Christoph Schönberger, Berlin 2011, S. 759–778.

Möllers 2014
Möllers, Christoph: Grenzen der Ausdifferenzierung. Zur Verfassungstheorie der Religion in der Demokratie, in: ZevKR 59 (2014), S. 115–140 (auch in: Hans Michael Heinig/Christian Walter [Hrsg.], Religionsverfassungsrechtliche Spannungsfelder, Tübingen 2015, S. 9–34).

Möllers 2015
Möllers, Christoph: Die Möglichkeit der Normen. Über eine Praxis jenseits von Moralität und Kausalität, Berlin 2015.

v. Mohl 1829
v. Mohl, Robert: Das Staatsrecht des Königreichs Württemberg, Bd. I, Tübingen 1829.

Mommsen 1849
Mommsen, Theodor: Die Grundrechte des deutschen Volkes mit Belehrungen und Erläuterungen, Leipzig 1849 (Nachdruck Frankfurt a. M. 1969).

Morlok 1993
Morlok, Martin: Selbstverständnis als Rechtskriterium, Tübingen 1993.

Morlok 2013a
Morlok, Martin: Kommentierung zu Art. 4 GG, in: Horst Dreier (Hrsg.), Grundgesetz-Kommentar, Bd. I, 3. Aufl., Tübingen 2013, S. 544–609.

Morlok 2013b
Morlok, Martin: Neutralität des Staates und religiöser Radikalismus, in: Johannes Masing/Olivier Jouanjan (Hrsg.), Weltanschauliche Neutralität, Meinungsfreiheit, Sicherungsverwahrung, Tübingen 2013, S. 3–20.

Morlok 2018
Morlok, Martin: Kommentierung zu Art. 140 GG, Art. 140/137 WRV und Art. 140/139 WRV, in: Horst Dreier (Hrsg.), Grundgesetz-Kommentar, Bd. III, 3. Aufl., Tübingen 2018, S. 1688–1715, 1727–1804, 1825–1840.

Möstl 2009
Möstl, Markus: Kommentierung des Artikels 131 BV, in: Josef Franz Lindner/Markus Möstl/Heinrich Amadeus Wolff (Hrsg.), Verfassung des Freistaates Bayern, München 2009, S. 964–971.

Moxter 2014
Moxter, Michael: Eigenständigkeit der Moderne (Blumenberg), in: Thomas M. Schmidt/Annette Pitschmann (Hrsg.), Religion und Säkularisierung. Ein Handbuch, Stuttgart–Weimar 2014, S. 49–63.

Muckel 2001
Muckel, Stefan: Körperschaftsrechte für die Zeugen Jehovas? Anmerkung zu BVerfG, Urt. v. 19. 12. 2000 – 2 BvR 1500/97, in: Jura 2001, S. 456–462.

Muckel 2011
Muckel, Stefan: Schutz von Religion und Weltanschauung, in: Detlef Merten/Hans-Jürgen Papier (Hrsg.), Handbuch der Grundrechte in Deutschland und Europa, Bd. IV, Heidelberg 2011, § 96 (S. 541–615).

Mückl 2009
Mückl, Stefan: Grundlagen des Staatskirchenrechts, in: Josef Isensee/Paul Kirchhof (Hrsg.), Handbuch des Staatsrechts der Bundesrepublik Deutschland, Bd. VII, 3. Aufl., Heidelberg 2009, § 159 (S. 711–789).

Mückl 2012
Mückl, Stefan: Säkularer Staat und Religion. Zum staatskirchenrechtlichen Prinzip der Säkularität, in: Gerhard Robbers (Hrsg.), Gelebte Wissenschaft. Geburtstagssymposium für Alexander Hollerbach zum 80. Geburtstag, Berlin 2012, S. 35–77.

Müller 2007
Müller, Hans Martin: Die christlichen Wurzeln und die theologische Dimension der Religionsfreiheit, in: ZevKR 52 (2007), S. 257–274.

Munsonius 2016
Munsonius, Hendrik: Öffentliche Religion im säkularen Staat, Tübingen 2016.

Murswiek 2005
Murswiek, Dietrich: Kommentierung der Präambel (2005), in: Bonner Kommentar zum Grundgesetz (Loseblatt-Kommentar), S. 1–262.

Nettesheim 2017
Nettesheim, Martin: Liberaler Verfassungsstaat und gutes Leben. Über verfassungsrechtliche Grenzen ethisch imprägnierter Gesetzgebung, Paderborn 2017.

Nipperdey 1983
Nipperdey, Thomas: Deutsche Geschichte 1800–1866. Bürgerwelt und starker Staat, München 1983.

Nolte 2000
Nolte, Achim: Das Kreuz mit dem Kreuz. Hintergründe und Kritik am Urteil des Bundesverwaltungsgerichts vom 21. April 1999, in: JöR 48 (2009), S. 87–116.

Oberdorfer 2008
Oberdorfer, Bernd: Resakralisierung als Signum der Postmoderne? Chancen und Gefahren für den Frieden, in: Bernd Oberdorfer/Peter Waldmann (Hrsg.), Die Ambivalenz des Religiösen. Religionen als Friedensstifter und Gewalterzeuger, Freiburg i. Br.–Berlin–Wien 2008, S. 377–394.

Oberdorfer/Waldmann 2008
Oberdorfer, Bernd/Waldmann, Peter (Hrsg.): Die Ambivalenz des Religiösen. Religionen als Friedensstifter und Gewalterzeuger, Freiburg i. Br.–Berlin–Wien 2008.

Obermayer 1971
Obermayer, Klaus: Kommentierung des Art. 140 GG (Zweitb. 1971), in: Bonner Kommentar zum Grundgesetz (Loseblatt), S. 1–84.

Palm 2013
Palm, Julia: Berechtigung und Aktualität des Böckenförde-Diktums. Eine Überprüfung vor dem Hintergrund der religiös-weltanschaulichen Neutralität des Staates. Möglichkeiten des Staates zur Pflege seiner Voraussetzungen durch Werterziehung in der öffentlichen Schule, Frankfurt a. M. 2013.

Parl. Rat II, V, VII, IX
Der Parlamentarische Rat 1948–1949. Akten und Protokolle, herausgegeben vom Deutschen Bundestag und vom Bundesarchiv, Boppard am Rhein 1975ff. (Bd. II: Der Verfassungskonvent auf Herrenchiemsee, bearbeitet von Peter Bucher, 1981; Bd. V: Ausschuß für Grundsatzfragen, bearbeitet von Eberhart Pikart und Wolfram Werner, 1993; Bd. VII: Entwürfe zum Grundgesetz, bearbeitet von Michael Hollmann, 1995; Bd. IX: Plenum, bearbeitet von Wolfram Werner, 1996).

Parsons 1963
Parsons, Talcott: Christianity and Modern Industrial Society, in: Edward Ashod Tiryakian (ed.), Sociological Theory, Values and Sociocultural Change. Essays in Honor of Pitirim A. Sorokin, New Brunswick–London 1963, S. 33–70.

Pawlowski 1989
Pawlowski, Hans-Martin: Ehrfurcht vor Gott als schulisches Erziehungsziel in Bayern. Besprechung zu BayVerfGH, Entsch. v. 02.05.1988 – Vf. 18-VII/86, in: NJW 1989, S. 2240–2242.

Pohlig et al. 2008
Pohlig, Matthias u. a.: Säkularisierungen in der Frühen Neuzeit. Methodische Probleme und empirische Fallstudien (= Zeitschrift für historische Forschung, Beiheft 41), Berlin 2008.

Pohlig 2012
Pohlig, Matthias: Religionsfrieden als pax politica. Zum Verhältnis von Religion und Politik im konfessionellen Zeitalter, in: Karl Gabriel/Christel Gärtner/Detlef Pollack (Hrsg.), Umstrittene Säkularisierung. Soziologische und historische Analysen zur Differenzierung von Religion und Politik, Berlin 2012 (2. Aufl. 2014), S. 225–251.

Polke 2009
Polke, Christian: Öffentliche Religion in der Demokratie. Eine Untersuchung zur weltanschaulichen Neutralität des Staates, Leipzig 2009.

Pollack 2003
Pollack, Detlef: Säkularisierung – ein moderner Mythos? Studien zum religiösen Wandel in Deutschland, Tübingen 2003.

Pollack 2009
Pollack, Detlef: Rückkehr des Religiösen? Studien zum religiösen Wandel in Deutschland und Europa II, Tübingen 2009.

Pollack 2011
Pollack, Detlef: Historische Analyse statt Ideologiekritik. Eine historisch-kritische Diskussion über die Gültigkeit der Säkularisierungstheorie, in: GuG 37 (2011), S. 482–522.

Pollack 2016
Pollack, Detlef: Religion und gesellschaftliche Differenzierung. Studien zum religiösen Wandel in Europa und den USA III, Tübingen 2016.

Pollack/Rosta 2015
Pollack, Detlef/Rosta, Gergely: Religion in der Moderne. Ein internationaler Vergleich, Frankfurt a. M. 2015.

Pott 2002
Pott, Sandra: Säkularisierung in den Wissenschaften seit der Frühen Neuzeit, Bd. 1: Medizin, Medizinethik und schöne Literatur, Berlin–New York 2002.

Raab 1988
Raab, Heribert: Art. Säkularisation, in: Staatslexikon. Recht – Wirtschaft – Gesellschaft, herausgegeben von der Görres-Gesellschaft, 7. Aufl., Bd. IV, Freiburg i. Br. 1988, Sp. 990–993.

Radbruch 1973
Radbruch, Gustav: Rechtsphilosophie, 8. Aufl., herausgegeben von Erik Wolf und Hans-Peter Schneider, Stuttgart 1973.

Rahner/Vorgrimler 2007
Karl Rahner/Herbert Vorgrimler (Hrsg.), Kleines Konzilskompendium (1966). Sämtliche Texte des Zweiten Vatikanums, 34. Aufl., Freiburg i. Br. u. a. 2007.

Raimondi 2014
Raimondi, Francesca: Sakralität und Geschichte. Zu Hans Joas' Verfahren einer ‹affirmativen Genalogie›, in: Hermann-Josef Große Kracht (Hrsg.), Der moderne Glaube an die Menschenwürde. Philosophie, Soziologie und Theologie im Gespräch mit Hans Joas, Bielefeld 2014, S. 81–96.

Rawls 1992
Rawls, John: Die Idee des politischen Liberalismus. Aufsätze 1978–1989, herausgegeben von Wilfried Hinsch, Frankfurt a. M. 1992.

Rawls 1993
Rawls, John: Political Liberalism, New York 1993.

Reiß 2008
Reiß, Tim: Homogenität oder Demokratie als «einigendes Band»? Zur Diskussion der «Voraussetzungen des Rechtsstaats» bei Böckenförde und Habermas, in: MenschenRechtsMagazin 2/2008, S. 205–219.

Renck 1989
Renck, Ludwig: Religionsfreiheit und das Bildungsziel der Ehrfurcht vor Gott. Zugleich Besprechung von BayVerfGH, Entsch. v. 02. 05. 1988 – Vf. 18–VII/86, in: NJW 1989, S. 2442–2445.

Rendtorff 1967
Rendtorff, Trutz: Zur Säkularisierungsproblematik, in: Joachim Matthes (Hrsg.), Religion und Gesellschaft, Reinbek 1967, S. 208–229.

Reuter 2007
Reuter, Astrid: Säkularität und Religionsfreiheit – ein doppeltes Dilemma, in: Leviathan 35 (2007), S. 178–192.
Ritter 1957
Ritter, Joachim: Hegel und die französische Revolution (Arbeitsgemeinschaft für Forschung des Landes Nordrhein-Westfalen, Heft 63), Köln–Opladen 1957.
Rhonheimer 2012
Rhonheimer, Martin: Christentum und säkularer Staat. Geschichte – Gegenwart – Zukunft, Freiburg i. Br. 2012.
Riesebrodt 2000
Riesebrodt, Martin: Die Rückkehr der Religionen. Fundamentalismus und der «Kampf der Kulturen», München 2000.
Roellecke 2009
Roellecke, Gerd: Benötigen Verfassungen einen Mythos? Zur Rechtfertigung von Verfassungen, in: Otto Depenheuer (Hrsg.), Mythos als Schicksal. Was konstituiert die Verfassung?, Wiesbaden 2009, S. 151–162.
Rosa 2014
Rosa, Sybille de la: Hannah Arendt im Spannungsfeld zwischen Säkularisierung und Sakralisierung, in: Leviathan 42 (2014), S. 174–190.
Rottleuthner 2006
Rottleuthner, Hubert: Wie säkular ist die Bundesrepublik?, in: Matthias Mahlmann/Hubert Rottleuthner (Hrsg.), Ein neuer Kampf der Religionen? Staat, Recht und religiöse Toleranz, Berlin 2006, S. 13–42.
Ruh 1980
Ruh, Ulrich: Säkularisierung als Interpretationskategorie. Zur Bedeutung des christlichen Erbes in der modernen Geistesgeschichte, Freiburg i. Br. 1980.
Ruh 2006
Ruh, Ulrich: Art. Säkularisierung (I. Terminologie), in: Lexikon für Theologie und Kirche. Herausgegeben von Walter Kasper, Freiburg i. Br., Sonderausgabe 2006 in elf Bänden (= durchgesehene Ausgabe der 3. Auflage 1993–2001), Bd. 8, Sp. 1467–1468.
Sachs 2001
Sachs, Michael: Anmerkung zu: BVerfG, Urt. v. 19.12.2000 – 2 BvR 1500/97 – (Körperschaftsstatus von Religionsgemeinschaften; «Zeugen Jehovas»), in: JuS 2001, S. 496–498.
Sägmüller 1908
Sägmüller, Johannes B.: Der Begriff des exercitium religionis publicum, exercitium religionis privatum und der devotio domestica im Westfälischen Frieden, in: Theologische Quartalschrift 90 (1908), S. 255–279.
Sandkühler 2010
Sandkühler, Thomas: Art. Säkularisierung, in: Enzyklopädie Philosophie, herausgegeben von Hans Jörg Sandkühler, Bd. 3, Hamburg 2010, S. 2350–2355.
v. Scheliha 2013
von Scheliha, Arnulf: Protestantische Ethik des Politischen, Tübingen 2013.
Scheuner 1950
Scheuner, Ulrich: Die Auswanderungsfreiheit in der Verfassungsgeschichte und im Ver-

fassungsrecht Deutschlands, in: Festschrift für Richard Thoma zum 75. Geburtstag am 19. Dezember 1949, Tübingen 1950, S. 199–224.

Scheuner 1975
Scheuner, Ulrich: Staatsräson und religiöse Einheit des Staates, in: Roman Schnur (Hrsg.), Staatsräson. Studien zur Geschichte eines politischen Begriffs, Berlin 1975, S. 363–405.

Scheyhing 1968
Scheyhing, Robert: Deutsche Verfassungsgeschichte der Neuzeit, Köln u. a. 1968.

Schieder 2001
Schieder, Rolf: Wieviel Religion verträgt Deutschland?, Frankfurt a. M. 2001.

Schieder 2016
Schieder, Rolf: Zwischen Säkularisierung und Resakralisierung, in: Forschung und Lehre, Heft 12/2016, S. 1062–1064.

Schlaich 1972
Schlaich, Klaus: Neutralität als verfassungsrechtliches Prinzip: vornehmlich im Kulturverfassung- und Staatskirchenrecht, Tübingen 1972.

Schlaich 1985
Schlaich, Klaus: Konfessionalität – Säkularität – Offenheit. Der christliche Glaube und der freiheitlich-demokratische Verfassungsstaat (1985), in: Klaus Schlaich, Gesammelte Aufsätze. Kirche und Staat von der Reformation bis zum Grundgesetz, herausgegeben von Martin Heckel und Werner Heun, Tübingen 1997, S. 423–447.

Schlaich 1987a
Schlaich, Klaus: Art. Neutralität (II. Innerstaatlich), in: Roman Herzog u. a. (Hrsg.), Evangelisches Staatslexikon, 3. Aufl., Stuttgart 1987, Bd. 2, Sp. 2239–2244.

Schlaich 1987b
Schlaich, Klaus: Art. Westfälischer Frieden, in: Roman Herzog u. a. (Hrsg.), Evangelisches Staatslexikon, 3. Aufl., Stuttgart 1987, Bd. 2, Sp. 3970–3974.

Schmal 2013
Schmal, Barbara: Das staatliche Kirchenaustrittsrecht in seiner historischen Entwicklung, Tübingen 2013.

Schmale 1988
Schmale, Wolfgang: Entchristianisierung, Revolution und Verfassung. Zur Mentalitätsgeschichte der Verfassung in Frankreich, 1789–1794, Berlin 1988.

Schmidt 2016
Schmidt, Jochen: Kultur der Heiligkeit. Über theologische Rede vom Unverfügbaren in einem säkularen Zeitalter, in: ZThK 113 (2016), S. 279–290.

Schmitt 1932
Schmitt, Carl: Inhalt und Bedeutung des zweiten Teils der Reichsverfassung, in: Gerhard Anschütz/Richard Thoma (Hrsg.), Handbuch des Deutschen Staatsrechts, Bd. 2, Tübingen 1932, § 101 (S. 572–606).

Schnädelbach 2009
Schnädelbach, Herbert: Religion in der modernen Welt, Frankfurt a. M. 2009.

Schneider 2001
Schneider, Bernd Christian: Ius reformandi. Die Entwicklung eines Staatskirchenrechts von seinen Anfängen bis zum Ende des Alten Reiches, Tübingen 2001.

Schönberger 2007
Schönberger, Christoph: Rezension: Ulrich Haltern, Was bedeutet Souveränität? Tübingen 2007, in: JZ 2007, S. 628.

Schroeder 1989
Schroeder, Klaus-Peter: Der Reichsdeputationshauptschluß vom 25.2.1803 – Letztes Grundgesetz des Alten Reiches, in: JuS 1989, S. 351–357.

Schröder 2007
Schröder, Richard: Säkularisierung: Ursprung und Entwicklung eines umstrittenen Begriffs, in: Christina von Braun/Wilhelm Gräb/Johannes Zachhuber (Hrsg.), Säkularisierung. Bilanz und Perspektiven einer umstrittenen These, Berlin–Münster 2007, S. 61–74.

Schulte 2006
Schulte, Christian: Art. Säkularisierung (III. Historisch), in: Lexikon für Theologie und Kirche. Herausgegeben von Walter Kasper, Freiburg i. Br., Sonderausgabe 2006 in elf Bänden (= durchgesehene Ausgabe der 3. Auflage 1993–2001), Bd. 8, Sp. 1469–1472.

Schulz 2015
Schulz, Daniel: Hat der Verfassungspatriotismus eine Zukunft?, in: Marcus Llanque/Daniel Schulz (Hrsg.), Verfassungsidee und Verfassungspolitik, Berlin 2015, S. 367–372.

Schulze-Fielitz 1996
Schulze-Fielitz, Helmuth: Kontrolle der Verwaltung durch Rechnungshöfe, in: Veröffentlichungen der Vereinigung der Deutschen Staatsrechtslehrer, Bd. 55, Berlin–New York 1996, S. 231–277.

Schuppert 2017
Schuppert, Gunnar Folke: Governance of Diversity. Zum Umgang mit kultureller und religiöser Pluralität in säkularen Gesellschaften, Frankfurt a. M. 2017.

Sendler 2002
Sendler, Horst: Kommentar: Auf jede Stimme kommt es an! Das BVerfG und der Schutz der Wahlbeteiligungsfreiheit, in: NJW 2002, S. 2611–2613.

Siep 2015
Siep, Ludwig: Der Staat als irdischer Gott. Genese und Relevanz einer Hegelschen Idee, Tübingen 2015.

Sieyes 1981
Sieyes, Emmanuel Joseph: Politische Schriften 1788–1790 mit Glossar und kritischer Sieyes-Bibliographie, übersetzt und herausgegeben von Eberhard Schmitt und Rolf Reichardt, 2., überarbeitete und erweiterte Auflage, München–Wien 1981.

Sloterdijk 2016
Sloterdijk, Peter: Was geschah im 20. Jahrhundert?, Berlin 2016.

Steiger 2001
Steiger, Heinhard: «Verantwortung vor Gott und den Menschen ...»?, in: Weg und Weite. Festschrift für Karl Lehmann, herausgegeben von Albert Raffelt, Freiburg i. Br.–Basel–Wien 2001, S. 663–681.

Steinberg 2015
Steinberg, Rudolf: Kopftuch und Burka. Laizität, Toleranz und religiöse Homogenität in Deutschland und Frankreich, Baden-Baden 2015.

Steinberg 2017
Steinberg, Rudolf: Religiöse Symbole im säkularen Staat. Kann das multireligiöse Deutschland von der französischen Laïcité lernen?, in: Der Staat 56 (2017), S. 157–192.
Stettner 2003
Stettner, Rupert: Kommentierung des Artikels 131 (12. Ergänzungslieferung 2003), in: Hans Nawiasky (Hrsg.), Die Verfassung des Freistaates Bayern, 2. Aufl., München 1963, S. 1–26.
Stolleis 1988
Stolleis, Michael: Geschichte des öffentlichen Rechts in Deutschland, Erster Band: Reichspublizistik und Policeywissenschaft 1600–1800, München 1988.
Stolleis 2012
Stolleis, Michael: Geschichte des öffentlichen Rechts in Deutschland, Vierter Band: Staats- und Verwaltungsrechtswissenschaften in West und Ost 1945–1990, München 2012.
Strätz 1984
Strätz, Hans-Wolfgang: Art. Säkularisation, Säkularisierung (II.). Der kanonistische und der staatskirchenrechtliche Begriff, in: Otto Brunner/Werner Conze/Reinhart Koselleck, Geschichtliche Grundbegriffe. Historisches Lexikon zur politisch-sozialen Sprache in Deutschland, Bd. 5, Stuttgart 1984, S. 792–801.
Strohm 2008
Strohm, Christoph: Calvinismus und Recht. Weltanschaulich-konfessionelle Aspekte reformierter Juristen in der Frühen Neuzeit, Tübingen 2008.
Svarez 1960
Vorträge über Recht und Staat von Carl Gottlieb Svarez (1746–1798), herausgegeben von Hermann Conrad und Gerd Kleinheyer, Köln–Opladen 1960.
Tanner 1991
Tanner, Klaus: Gehört Gott in die Verfassung? Die Präambel des Grundgesetzes im Lichte der europäischen Integration, in: Evangelische Kommentare 1991, S. 260–264.
Taylor 2009
Taylor, Charles: Ein säkulares Zeitalter, Frankfurt a. M. 2009.
Thomas 2001
Thomas, Günter: Implizite Religion. Theoriegeschichtliche und theoretische Untersuchungen zum Problem ihrer Identifikation, Würzburg 2001.
Tödt 1987
Tödt, Heinz Eduard: Art. Säkularisierung, in: Roman Herzog u. a. (Hrsg.), Evangelisches Staatslexikon, 3. Aufl., Stuttgart 1987, Bd. 2, Sp. 3037–3045.
Troeltsch 1912
Troeltsch, Ernst: Die Soziallehren der christlichen Kirchen und Gruppen, Tübingen 1912.
Troeltsch 1916
Troeltsch, Ernst: Die deutsche Idee von der Freiheit (1916), in: Ernst Troeltsch, Deutscher Geist und Westeuropa. Gesammelte kulturphilosophische Aufsätze und Reden, herausgegeben von Hans Baron, Aalen 1966, S. 80–107.
Troeltsch 1922/2004
Troeltsch, Ernst: Protestantisches Christentum und Kirche in der Neuzeit, in: Paul

Hinneberg (Hrsg.), Die Kultur der Gegenwart. Ihre Entwicklung und ihre Ziele, Teil I, Abteilung IV/I, 2. Aufl. Berlin–Leipzig 1922, S. 431–755. = Troeltsch, Ernst: Protestantisches Christentum und Kirche in der Neuzeit. Kritische Gesamtausgabe, Bd. 7, herausgegeben von Volker Drehsen, Berlin 2004.

Troeltsch 1928
Troeltsch, Ernst: Die Bedeutung des Protestantismus für die Entstehung der modernen Welt, München–Berlin 1928.

Uhle 2005
Uhle, Arnd: Freiheitlicher Verfassungsstaat und kulturelle Identität, Tübingen 2005.

Unruh 2017
Unruh, Peter: Reformation – Staat – Religion. Zu Grundlegung und Aktualität der reformatorischen Unterscheidung von Geistlichem und Weltlichem, Tübingen 2017.

Vogt 2007
Vogt, Andreas: Der Gottesbezug in der Präambel des Grundgesetzes, Hamburg 2007.

Wagrandl 2016
Wagrandl, Ulrich: Die weltanschauliche Neutralität des Staates. Eine Auseinandersetzung aus Anlass der «Wertekurse für Flüchtlinge», in: Journal für Rechtspolitik 24 (2016), S. 309–323.

Waldhoff 2007
Waldhoff, Christian: «Der Gesetzgeber schuldet nichts als das Gesetz». Zu alten und neuen Begründungspflichten des parlamentarischen Gesetzgebers, in: Otto Depenheuer u. a. (Hrsg.), Staat im Wort. Festschrift für Josef Isensee, Heidelberg 2007, S. 325–343.

Waldhoff 2010
Waldhoff, Christian: Neue Religionskonflikte und staatliche Neutralität: Erfordern weltanschauliche und religiöse Entwicklungen Antworten des Staates?, in: Verhandlungen des 68. Deutschen Juristentages, München 2010, Bd. I, S. D 1–D 176.

Waldhoff 2010a
Waldhoff, Christian: Entstehung des Verfassungsgesetzes, in: Otto Depenheuer/Christoph Grabenwarter (Hrsg.), Verfassungstheorie, Tübingen 2010, § 8 (S. 289–348).

de Wall 2014
de Wall, Heinrich: Religionsfreiheit im Deutschen Bund, in: ZRG KA 131 (2014), S. 534–552.

Walter 2006
Walter, Christian: Religionsverfassungsrecht in vergleichender und internationaler Perspektive, Tübingen 2006.

Walter 2014
Walter, Christian: Das Böckenförde-Diktum und die Herausforderungen eines modernen Religionsverfassungsrechts, in: Hermann-Josef Große Kracht/Klaus Große Kracht (Hrsg.), Religion – Recht – Republik. Studien zu Ernst-Wolfgang Böckenförde, Paderborn 2014, S. 185–198.

Weber 1969
Weber, Hermann: Schule, Staat und Religion, in: Der Staat 8 (1969), S. 493–512.

Weber 1976
Weber, Hermann: Anmerkung zu: BVerfG, Beschl. v. 17.12.1975 – 1 BvR 63/68 – (Simultanschule), in: JuS 1976, S. 462–464.

Weber 2005
Weber, Hermann: Diskussionsbemerkung, in: Religionen in Deutschland und das Staatskirchenrecht (= Essener Gespräche zum Thema Staat und Kirche, Bd. 39), Münster 2005, S. 125–126.

Weber 1917/1919
Weber, Max: Wissenschaft als Beruf (1917/1919), in: Max Weber, Wissenschaft als Beruf (1917/1919). Politik als Beruf (1919), herausgegeben von Wolfgang J. Mommsen/Wolfgang Schluchter (= Max Weber Gesamtausgabe Abt. I, Bd. 17), Tübingen 1992, S. 70–111.

Weber 1920
Weber, Max: Gesammelte Aufsätze zur Religionssoziologie I, Tübingen 1920 (9. Aufl. 1988).

Weber 1976
Weber, Max: Wirtschaft und Gesellschaft. Grundriß der verstehenden Soziologie, 5. Auflage, Tübingen 1976.

Wehler I
Wehler, Hans-Ulrich: Deutsche Gesellschaftsgeschichte, Bd. I: Vom Feudalismus des Alten Reiches bis zur defensiven Modernisierung der Reformära 1700–1815, 4. Aufl., München 2006.

Weidner 2004
Weidner, Daniel: Zur Rhetorik der Säkularisierung, in: Deutsche Vierteljahrsschrift für Literaturwissenschaft und Geistesgeschichte 78 (2004), S. 95–132.

Weinholt 2001
Weinholt, Werner: Gott in der Verfassung. Studie zum Gottesbezug in Präambeltexten der deutschen Verfassungstexte des Grundgesetzes und der Länderverfassungen seit 1945, Frankfurt a. M. u. a. 2001.

Willems 2013
Willems, Ulrich: Religion und Moderne bei Jürgen Habermas, in: Ulrich Willems u. a. (Hrsg.), Moderne und Religion. Kontroversen um Modernität und Säkularisierung, Bielefeld 2013, S.489–526.

Willoweit 2013
Willoweit, Dietmar: Deutsche Verfassungsgeschichte. Vom Frankenreich bis zur Wiedervereinigung Deutschlands, 7. Aufl., München 2013.

Willoweit 2013a
Willoweit, Dietmar: Die Sakralisierung des Rechts, in: JZ 2013, S. 157–163.

Winzeler 2012
Winzeler, Christoph: Religion im demokratischen Staat. Beiträge zum Religionsverfassungsrecht und zur Religionsfreiheit, Zürich 2012.

Wittreck 2003
Wittreck, Fabian: Religionsfreiheit als Rationalisierungsverbot. Anmerkungen aus Anlaß der Schächtentscheidung des Bundesverfassungsgerichts, in: Der Staat 42 (2003), S. 519–555.

Wittreck 2017
Wittreck, Fabian: Zur Bedeutung einzelstaatlicher Grundrechte für die deutsche Grundrechtsentwicklung – Vom Frühkonstitutionalismus bis zur Gründung der Bundesrepublik Deutschland, in: Detlef Merten/Hans-Jürgen Papier (Hrsg.), Handbuch der Grundrechte in Deutschland und Europa, Bd. VIII, Heidelberg 2017, § 231 (S. 3–112).

Zabel 1984
Zabel, Hermann: Säkularisation, Säkularisierung (III. Der geschichtsphilosophische Begriff; IV. Ausblick: Die Tragfähigkeit der Kategorie ‹Säkularisierung›/‹Verweltlichung›), in: Otto Brunner/Werner Conze/Reinhart Koselleck (Hrsg.), Geschichtliche Grundbegriffe. Historisches Lexikon zur politisch-sozialen Sprache in Deutschland, Bd. 5, Stuttgart 1984, S. 809–829.

Zeindler 2000
Zeindler, Matthias: «Im Namen Gottes des Allmächtigen!» Theologische Überlegungen zur Anrufung Gottes in der Präambel der Schweizerischen Bundesverfassung, in: Schweizerisches Jahrbuch für Kirchenrecht 5 (2000), S. 47–71.

Zwirner 1987
Zwirner, Henning: Zur Entstehung der Selbstbestimmungsgarantie der Religionsgesellschaften i. J. 1848/49, in: ZRG KA 73 (1987), S. 210–295.

Sachregister